クレサラ対協
40周年記念誌

失われ続ける時代、生活再建の今

全国クレサラ・生活再建問題対策協議会

発刊に際して

全国クレサラ・生活再建問題対策協議会 代表幹事 弁護士 木 村 達 也

　本書は、全国クレサラ・生活再建問題対策協議会（以下、「クレサラ対協」と呼ぶ）の創立40周年を記念して出版されるものです。

　クレサラ対協は、1978年11月、サラ金の多重債務者救済とサラ金の法規制を目的に全国サラ金問題対策協議会として設立され、貸金業規制法の立法実現後の1985年４月、全国クレジット・サラ金問題対策協議会と改称し、サラ金問題だけでなく、クレジット問題にも取り組むこととしました。

　2010年６月の貸金業法の完全施行から10年近く経過して、クレサラ・多重債務問題は、ほぼ解決しました。

　しかし、時代が進み、貧困者の増大、格差の拡大が進み、新たに貧困問題に取り組む必要があるとして、2014年１月、名称を現在の通りに変更しました。

　名称や取り組みテーマの変更は、「歌は世につれ、世は歌につれ。」と言う通り、市民運動、被害者運動は社会の動きに合わせて、社会の求めるところに従って、その課題設定をすることが求められる訳ですから、当然の流れと言えます。「十年一昔」と言いますが、人々の記憶は儚いものです。私達のこれまでの運動の成果も記録しておかなければ歴史の闇に瞬く間に消えてしまうでしょう。私達はこれからの運動のためにも、私達のこれまでの運動の歴史を振り返り、その歴史に学ばなければなりません。そのためにも、この10年間の活動記録が必要なのです。

　私達第一世代が30年に亘って取り組んできたクレサラ・多重債務の問題は、ほぼその目的を達成し、より深刻広汎な脱貧困・生活再建問題に取り組むため変身・脱皮が必要となっています。しかし、私達の第一世代は高齢化しており、「新しい酒は新しい革袋に盛る」ことが求められています。私達の第２世代、第３世代の方々は、今、私達からバトンを受け継ぎ、元気一杯にこの新しいテーマに取り組もうとしています。この40周年記念誌の出版はこうした時期に当たっているため、編集委員、執筆者は全て新しい世代の方々に委ねることにしました。幸い、編集長は聖学院大学元教授の柴田武男先生が引き受けてくださることになりました。

　テーマは「失われ続ける時代、生活再建の今」です。

　本書は新しい世代による新しいテーマ設定の下に出版されました。

　クレサラ対協はこの記念誌の出版を機に必ずや変身・脱皮を遂げ、その社会的責務を果たせるものと確信しています。

　末筆ながら、本記念誌出版にご協力頂いた事務局メンバー、編集委員、更には、ご多忙の中、本書のためにご執筆頂いた国内外の研究者、ジャーナリスト、法律実務家の方々に心よりお礼申し上げます。

　　2019年４月吉日

目　次

発刊に際して ……………………………………………………………………… 木村　達也　1

第1章　クレサラ運動の過去・現在・未来

総論　私たちはどこに向かうのか ………………………………………… 柴田　武男　6

「全国クレジット・サラ金問題対策協議会」から
　「全国クレサラ・生活再建問題対策協議会」へ ……………………… 山田　治彦　11

クレサラ対協と多重債務救済の歴史を紐解く―時代別の検証― ……… 大山　小夜　12

銀行カードローン問題と再燃する金融被害 …………………………… 木村　裕二　21

貸金業関係事件における最高裁判決の概要―最近10年間を中心に― ……… 井上　耕史　25

第2章　鼎談　多重債務から生活再建へ

―クレサラ対協40年の活動と今後の課題―

新里　宏二／小久保哲郎／小野　順子／岡澤　史人　33

第3章　私たちと仲間たち

第1節　私たちと一緒に歩んできた団体 …………………………………… 54

新しい被害者運動を目指して ……………………………………………… 鍋谷　健一　54

第2節　私たちが担っている団体 ……………………………………………… 58

1　クレジット・サラ金・ヤミ金問題に取り組む団体

43条対策会議の課題 ……………………………………………………… 茆原　洋子　58

クレちほの10年を振り返る ……………………………………………… 拝師　徳彦　66

利息制限法金利引下実現全国会議の立ち上げから現在まで ………… 茆原　正道　70

生活を破壊しない金利水準の実現を！―これまでの活動の記録として― …… 小澤　吉徳　76

武富士創業家への責任追及
　―強欲資本家の逃げ得と弱者踏みにじりを許すな― ……………… 及川　智志　78

保証人問題（保証被害対策）道半ば―保証被害対策全国会議― …………… 辰巳　裕規　81

全国ヤミ金融・悪質金融対策会議 ………………………………………… 三上　理　85

2　生活再建・貧困問題に取り組む団体

行政対策充実会議の活動について ……………………………………… 山田　治彦　88

生活再建と国際交流部会 ………………………………………………… 小野　慶　91

クレサラ運動に育てられた生活保護運動
　―生活保護問題対策全国会議、12年間の軌跡― ………………… 小久保哲郎　94

非正規労働者の権利実現全国会議 ……………………………………… 村田　浩治　101

奨学金問題対策全国会議
　―「被害に始まり、被害に終わる」の先にあるもの― …………… 岩重　佳治　103

2

多重債務問題から社会保障問題へ ……………………………………………… 土井　裕明　107

依存症問題対策全国会議と
　　全国カジノ賭博場設置反対連絡協議会の運動と課題 ……………………… 吉田　哲也　110

生活弱者の住み続ける権利対策会議の活動と
　　賃借人の権利保障のための課題 ………………………………………………… 増田　　尚　114

滞納処分対策全国会議 ……………………………………………………………… 佐藤　靖祥　119

第3節　私たちの仲間が担っている団体あるいは活動 …………………… 124

公正な税制を求める市民連絡会 …………………………………………………… 猪股　　正　124

多重債務と自殺─当会の歩みと法律家に望むこと─ ………………………… 弘中　照美　134

青木ヶ原樹海での自殺防止看板の設置と相談電話の受付を通して ………… 吉田　豊樹　139

「暮らしとこころの総合相談会」を実施して …………………………………… 吉田　豊樹　141

第4章　寄稿　クレサラ対協40周年に寄せて

社会保障問題とクレサラ対協の役割─多様化する社会問題にどう応えるのか─ …… 伊藤　周平　146

日弁連の活動とクレサラ対協 ……………………………………………………… 辻　　泰弘　151

多重債務者救済から生活困窮者支援へ─野洲市の取組について─ ………… 生水　裕美　156

数字を使った分析にも力を入れよう ……………………………………………… 白井　康彦　163

クレサラ運動が鍛えたジャーナリスト─ヤミ金、武富士、大東建託─ …… 三宅　勝久　168

特別報告　優生保護法による強制不妊手術・謝罪と補償を
　　　　　　─被害者が声を上げることが社会を変える力─ ……………… 新里　宏二　172

第5章　国際交流とクレサラ対協

国際交流14年間を振り返る ………………………………………………………… 大山　小夜　180

国際交流部会の発足の経緯 ………………………………………………………… 永田　廣次　184

韓国でのクレサラ運動、10年を振り返って …………………………………… 金　　寛起　187

台湾カードローン債務者運動10周年の回顧 …………………………………… 林　　永頌　192

結び　40周年記念誌「まとめ」にかえて
　　　　─民主的勢力のためのインフラ整備と名称について─ …………… 柴田　武男　196

資料

年表（2008〜2019）…………………………………………………………………… 201

新聞記事 ………………………………………………………………………………… 208

声明 ……………………………………………………………………………………… 223

クレサラ対協並びに関係団体組織一覧 …………………………………………… 234

編集後記 ………………………………………………………………………………… 水谷　英二　235

第1章

クレサラ運動の過去・現在・未来

木村達也代表幹事

総論　私たちはどこに向かうのか

社会活動家　編集長　**柴　田　武　男**

クレサラ対協40周年記念誌は「失われ続ける時代、生活再建の今」というタイトルで発行されます。このタイトルの「失われ続ける時代」というとき、私たちは何を失ってきたのかという問いがあります。一つには、我々のクレサラ運動自体の高揚するエネルギーが失われ続けてきたという実感はありますが、それは一つの現象形態に過ぎません。その根っこにあるもの、つまり、私たちのエネルギーを奪い、失わせ、さらに日本社会そのものを閉塞感で覆ったものの正体です。端的に言えば、私たちの社会は何でこんなに悪くなったのかということです。まず、その問いから答えたいと思います。その解答は我々自身が取り組んだ問題にあります。私たちが近年立ち上げた、生活保護問題対策全国会議、奨学金問題対策全国会議、滞納処分対策全国会議という三つの組織を例にして説明します。

生活保護問題では、小田原市のジャンパー事件が衝撃的でした。生活保護利用者に対してSHATという刺繍の入ったジャンパーで威嚇して攻撃対象とするということが鮮烈に報道され問題とされました。奨学金問題では、日本学生支援機構の強硬な取り立て行為を問題にしています。2004年に日本育英会から日本学生支援機構に改組され、独立行政法人として採算性を財務省から問われた日本学生支援機構は延滞した奨学金を厳しく督促して、法的措置もためらわないという取り立てをしています。地方税の延滞でも同じように、徴収率をノルマのように設定して、税収確保の

ために納税者の実情を無視しての差押えを乱発しています。

これらはバラバラの別々の問題に見えますが、そうではありません。共通項があります。それは、弱い立場の人を助ける側の組織が、助けるどころか足をひっぱっているという現実です。助けるところが逆に足をひっぱるのですから、生活の劣化は加速化されます。私たちが30周年誌で取り組んだ時代はもう少しまともでした。武富士のように悪いところが悪いことをしていました。サラ金に融資して利益を上げていた共犯構造がありましたが、銀行がカードローンで多重債務問題を再燃させるようなことはまだありませんでした。銀行法という業法で公共性が謳われている銀行ですら、今ではサラ金以上の過剰貸付をしています。まともと思われていた組織が、武富士同様の悪辣な行為を平然としています。銀行もそうであり、生活保護利用者を受け付けない水際作戦に必死となり、滞納処分で差押えを乱発する自治体もそうですし、学生を支援するはずの日本学生支援機構の延滞した返還金の強硬な取り立てもそうです。弱い立場の人を助ける側が、助けるどころか足をひっぱりだして生活の劣化が加速する、それが我々の直面する現実です。なぜ、私たちの社会はそこまで劣化したのか、それを原点から問い返します。

中村隆英氏の著作『昭和史（下）』（文庫電子版、東洋経済新報社、2012年9月）の一節から原点の問題を考えます。現代日本社会の

骨格を形成している小泉構造改革のさらなる原点が指摘されています。長文となりますが引用します。

「その反面において、鈴木内閣は国内的には財政再建を旗印として、一九八一年三月、臨時行政調査会（臨調）を設置し、会長には経団連名誉会長土光敏夫が就任した。消費税導入が不可能となったなかで、財政再建のためには、思い切った行政改革を実現するより仕方がないという判断からだったのである。その担当大臣は、行政管理庁長官中曽根康弘であった。中曽根は、臨調によって行政改革、財政再建を実現することにより、次の首相にふさわしい実績をつくりあげようとしたものと思われる。

この時期の財政は、なお赤字公債の累積がつづいていたから、放置すれば増税が避けられない。それを承知であえて「増税なき財政再建」を旗印に掲げた土光臨調は、第一次石油ショック後の財界が実行した減量経営を政府に対しても要求したのである。その背後には、一九八〇年代の世界をおおう自由経済への回帰の思想があった。土光会長の鈴木首相に対する申し入れは手厳しい内容をもっていた。第一に、答申が出たら政府は必ずこれを実行してほしい。第二に、徹底的な行政の合理化を図って、小さな政府を目指し、増税によることなく財政再建を実現すること。第三に、行政改革は中央政府だけではなく、各地方自治体の問題をも含め、日本全体の行政の合理化、簡素化を抜本的に進めることが必要である。第四に、このさい、三Ｋ赤字解消、特殊法人の整理、民営への移管を極力図り、官業の民業圧迫を排除するなど、民間活力を最大限に活かす方策が必要である。ここでいう三Ｋ赤字とは、国債、国鉄および健康保険の三者の赤字である。鈴木首相はこれを受けて、その実行を確約した。

この答申は以後三次まで行われ、第二次答申は許認可の整理合理化、第三次は国鉄、電電公社、専売公社の民営化、省庁の統廃合を含む野心的なものであった。この答申の背景には、第一次石油ショックを減量経営で乗り切ったという財界の自信があふれていたのは事実であった。」

この中村隆英氏の指摘は的確です。「増税なき財政再建」を旗印にして徹底的な行政の合理化を図って、増税によることなく財政再建を実現するためには、各政府事業の赤字解消、特殊法人の整理、民営への移管を極力図り、官業の民業圧迫を排除するなど、民間活力を最大限に活かす方策、すなわち市場メカニズム優先の自由主義政策に基づく小さな政府論があります。この路線を支えたのが「第一次石油ショックを減量経営で乗り切ったという財界の自信」ということです。その立役者が東芝を再建した土光敏夫氏です。彼の信条は、「国民が自分のことは自分で解決するという自立の精神と気概」というもので、究極の自己責任論です。この土光氏率いる第二臨調がいわゆる中曽根行革ということで、国鉄の民営化という「偉業」を成し遂げて、この路線は小泉構造改革に引き継がれて完成されたのです。再言しますが、これは東芝再建に成功した企業の論理を「自分のことは自分で解決するという自立の精神と気概」として国民に押しつけるものでした。

経済界の論理が日本社会を支える論理として跋扈した理由を付言すれば、土光敏夫の信条だけを指摘するのはもちろん不十分です。日本社会が近代の歩みにおいて主権者たる国民自身が民主的成果を勝ち取ってこなかったという、市民側の歴史も指摘されねばなりません。つまり、市民革命の経験無き市民社会の脆弱性を突いて「第一次石油ショックを減量経営で乗り切ったという財界の自信」を背景にして土光臨調という形式で「一九八〇年代の世界をおおう自由経済への回帰の思想」

を「国民が自分のことは自分で解決するという自立の精神と気概」という分かり易い考え方として押しつけてきたのです。それは、1970年代後半から準備され、黙々と着実に自民党政権と経済界との合作である構造改革路線として実行されてきましたが、それに対して、民主的勢力はあまりに無防備でした。対抗原理も、組織的な対抗組織も持たずに、ズルズルと自己責任原則を標榜する構造改革路線に押し切られてきたのです。

この文脈で我々の運動が担ってきた社会の課題からその意味が明確に理解できます。山口剛氏は高知の交流集会での大会宣言で、次のように述べています。「多重債務被害が利用者を生活破壊に、そして死に追い込むたぐいのものであるならば、何よりお金より人の命を重しとするのであれば、このような多重債務問題を放置することは許されないのは当然のことであって、高利過剰融資を許容する社会の側こそ変革されなければならなかったのです。」

「これに対して、障がい者が抱える不利益は社会の側に要因があり、社会的障壁を除去することによって障がいに伴う不利益を解消することが可能である以上、社会側の変革によって障がいに伴う不利益を解消すべきであるとする障がいの社会モデルが提唱され、障がい観についても視点が更新されつつあるといわれています（障がい者総合支援法等）。」

つまり、我々は多重債務者救済運動で「高利過剰融資を許容する社会の側こそ変革されなければならなかった」ことを学び、「社会側の変革によって障がいに伴う不利益を解消すべき」ということを運動の原点にしているのです。高利と分かって借りたお金だ、返すのは当然、お金を借りて返せない人は加害者だという社会の認識を、高利のお金を借りるしか生きられない社会こそおかしい、高金利で返済困難になり窮迫している多重債務者こ

そ被害者であるという視点の転換こそ、我々の運動の原点です。弱い立場の人の責任を問うのではなく、そういう弱い立場の人を生み出している社会の責任こそ問われるべきなのです。

そう考えると、我々が担っている運動の意味が明確に理解できます。いくつか具体的に指摘しておきます。

生活保護問題対策全国会議　一番鮮明に現れる問題です。生活保護を受けるのは怠け者だ、みんな頑張ってきちんと働いているのに、怠けて税金で暮らそうとするのは許せない、という攻撃があります。生活保護は恩恵ではありません。権利です。それも不十分な生活保護給付基準で「最低限度」以下の生活を強いられてます。被害者なのです。

非正規労働者の権利実現全国会議　正社員につけないのは本人の努力が足りないのだ、賃金が低い不安定な仕事しかないのは仕方ない、まともな生活をしたかったらもっと努力をすることだという批判があります。非正規労働者は38％という現実があります。いくら努力しようとも38％は非正規で働かざるを得ないのです。労働者を守らない労働法制の被害者です。求められるのは、働く人の努力ではなく、労働法制改革の努力です。

奨学金問題対策全国会議　奨学金は借金で返すのは当たり前、それを分かって借りたのじゃないのか。それで大学進学できたのだから、返すのは当たり前。返すのが大変と借りてから泣き言を言っても聞く耳を持たない、本人の責任、という批判は巷にあふれています。奨学金を借りないと進学できない厳しい家計状況と高額な授業料の問題は目に入りません。多額な奨学金を借りないと進学できない状況こそ問題であり、社会の側に責任がある典型です。

全国カジノ賭博場設置反対連絡協議会　一定

の割合で人がギャンブル依存症になるのは知られている事実です。これを防ぐには、ギャンブルの機会をなくすしかありません。ギャンブル施設を許し、競馬、競艇などはテレビCMまでして人を誘い、ギャンブル依存症の悲劇を増加させ続けています。さらに、カジノまで開設しようとしています。ギャンブル依存症はギャンブルを放置している社会の側に責任があるのです。

滞納処分対策全国会議　納税は国民の義務です。だったら、その義務を果たせる状況を社会が作り出すべきです。払いたくても払えない、これが税金の滞納者の実情です。人の経済状況には当然浮き沈みがあります。国税徴収法はそれを予定して、猶予・減免・停止などの対応があります。しかし、目先の税収増を意図する地方自治体は、これらの法律の規定を無視して過酷な差し押さえを乱発しています。法律を守っていないのは、滞納者ではなく自治体側なのです。

　こうして見ていくと、我々が担っている課題が理解できます。それは、社会が引き受けるべき問題を個人に押しつけて済まそうというやり方に、それは違う、それは社会が引き受けるべき問題であり、個人に押しつけても何の解決にもならない、むしろ問題を深刻化させるという異議申し立てです。

　「国民が自分のことは自分で解決するという自立の精神と気概」を構造改革の名の下に個人に押しつけてくる、社会の問題を社会が引き受けようとしない、それによって問題が解決するどころかかえって問題を深刻化させているのです。「自分のことは自分で解決するという自立の精神と気概」は営利を目的とする企業の論理です。企業に押しつけるべき論理ですが、逆に企業側には企業再生支援機構があります。「経営者は自社のことは自社で解決するという自立の精神と気概」は企業の論理としてあって良いはずですが、その企業社会の論理を国民生活に強制することは間違いなのです。

　土光臨調は、企業社会の論理を国民生活に押しつけて、社会が引き受けるべき問題を回避して行政コストを削減して、企業活動重視の社会を目標としました。それは中曽根行革に留まらず、小泉構造改革として完成され、さらに安倍政権の下で「世界一企業が活動しやすい国」を政権公約として進化し続けています。社会の引き受けるべき問題を社会が引き受けないことで、逆に、社会問題が深刻化して行政コストが高まるというところまできてます。

　私たちは、いくつもの運動を展開しています。それは一見するとバラバラに無秩序に展開されているかのように思えますが、そうではありません。私たちの運動の原点は多重債務者救済運動です。そこから学んだのは、被害者が加害者とされるという悲劇です。被害者が加害者とされる社会ではいつまでたっても問題は解決しないのです。問題を解決するためには、責任を問われるのは問題を引き起こしている側であり、社会の側を変革して直していかねばならないという方法論が必要です。私たちの運動はすべて、その視点から組み立てられているのです。そこに、私たちがクレサラ運動を担い続ける意義があります。

　小泉改革では「民でできることは民で」という精神を打ち出しました。これも、社会で引き受けるべき問題を放置するという意味で、土光臨調路線の精神を継承するものです。「民でできることは民で」に対抗する論理として「公ですべきは公で」という「すべき論」があります。「民でできることは民で」ただし、「公ですべきは公で」としなければなりません。この後者の論理で対抗できなかったので、際限の無い民営化論に日本社会が飲み込まれていったのです。

我々の取り組むべき課題

このように問題を整理したとき、我々の課題はどのようなものなのでしょうか。我々の歴史は次のように語られています。

「クレサラ対協は1978年11月全国サラ金問題対策協議会として発足し、貸金業規制法が成立した後の1985年4月全国クレジット・サラ金問題対策協議会と改称しました。そして2006年12月改正貸金業法の成立、2010年6月の完全施行を実現し、ようやくクレジット・サラ金による多重債務者の発生は食い止められ、多重債務者の救済システムも完備することが出来ました。今は東アジアに展開する消費者信用業者の暗躍を国際連帯の中で監視を続けています。

そして今私たちは今日迄の運動経験を活かして、新生クレサラ対協へと脱皮を図っています。今日日本の消費者問題を考える時、貧困問題を抜きにしては考えられません。多重債務の背景にある貧困問題の解決は私たちの社会的責務であります。私たちは今、全国クレサラ・生活再建問題対策協議会（略称クレサラ対協）として再出発を期し、従来のクレサラ問題だけでなく貧困を生み出す偏見、差別意識の払拭、生活保護、更には教育、雇用、医療、年金、介護などの生活保障、貧困者を食いものにする貧困ビジネス、生活再建の社会システムの構築などに取り組む運動団体を考えています。新しい運動には新しい人が必要です」(http://www.cresara.net/con_01.htm)

一言で言えば、全国クレジット・サラ金問題対策協議会から全国クレサラ・生活再建問題対策協議会になったわけです。クレジット・サラ金をクレサラに略して「生活再建」を組織名に付け加えた意味は、我々の闘いの中で「クレジット・サラ金」は「クレサラ」と略しても社会に意味が通るという自信とこれからの課題は「生活再建」だという決意表明です。生活再建と一般に語られますが、我々の目指す生活再建は、社会が引き受けるべき問題を人々に押しつけることで破壊された生活を、その一人一人の生活の再建を引き受けながら、同時に社会の側の問題を見抜いて、社会を変革していくということです。個人の生活の再建と同時に社会の再建も我々の課題とするところが、我々の運動の共通した理念です。私たちの生活が破壊されるそのほとんどの理由が貧困であるという認識も、クレサラ運動で培われてきましたから、私たちの運動の理念が反貧困であることも当然です。私たちは三つの貧困と闘っているのです。

三つの貧困論

一つは、お金がないという貧困、それを助けない制度の貧困、最後にそれを当然とする精神の貧困です。この最後の精神の貧困こそ我々が闘うべき存在ですが、制度の貧困を通して闘い、それを炙り出すしかありません。個々の人々の破壊された生活を再建することで、社会の三つの貧困との闘いを強化して社会を変革する、それがこれから10年間の運動指針であり、全国クレサラ・生活再建問題対策協議会の使命です。

第1章　クレサラ運動の過去・現在・未来

「全国クレジット・サラ金問題対策協議会」から
「全国クレサラ・生活再建問題対策協議会」へ

弁護士　山　田　治　彦

1　当協議会は、1978（昭和53）年11月25日、深刻化するサラ金被害への対応及びその解決を図るべく、「全国サラ金問題対策協議会」として創立されました。

その後、クレジット被害を含む多重債務問題の解決を目指し、1985（昭和60）年4月6日、「全国クレジット・サラ金問題対策協議会（全国クレ・サラ対協）」と名称を変更し、活動を続けてきました。

その結果、2006（平成18）年12月13日の貸金業法の成立、2010（平成22）年6月18日の同法の完全施行が実現され、多重債務問題は解決に向けて大きく動き始めました。

2　従来、当協議会が取り組んできた多重債務事件の多くは、相談者の多重債務問題が解決すれば自ずとその生活の再建が実現される、というものでした。

ところが、多重債務問題が解決に向かう中で、相談者の多重債務問題が解決しても、収入の不足その他の事情により、それだけでは相談者の生活再建ができない、という相談が目立つようになってきました。

多重債務問題の背景にあった、経済的・社会的困窮といった、生活再建を阻害する要因そのものが表に現れるようになったのです。

当協議会は、このような実態を踏まえ、生活保護の問題や非正規労働者の問題に対応する関連団体を立ち上げ、これらを含む生活再建の阻害要因の解消に向けた新たな取り組みを進めてきました。

その中で、これらの新しい取り組みを中心とした当協議会の活動内容と「全国クレジット・サラ金問題対策協議会」という名称とが必ずしもマッチしていないのではないか、との意見があり、当協議会の名称変更が問題となるに至ったのです。

3　そこで、2013（平成25）年の新年総会とその後3回の拡大幹事会において、当協議会の名称変更について検討を重ねました。

多重債務問題の解決は、単に相談者の抱える借金の問題を解決することだけではなく、相談者が二度と借金しないで済む生活を実現する、という生活再建をその目的としており、多重債務問題の解決もまた生活再建に向けた取り組みの1つであることから、「生活再建」は当協議会の活動の重要なキーワードの1つとなります。

また、これまでの当協議会の活動から、「クレサラ対協」という名称にいささかの知名度がありました。会員からも、これまでの活動内容を示し、愛着もある「クレサラ」という言葉を名称に残してほしい、との意見がありました。

これらを踏まえ、2014（平成26）年1月11日の新年総会で、「全国クレサラ・生活再建問題対策協議会（クレサラ対協）」への名称変更がなされるに至りました。

4　その後、当協議会は、租税等の滞納処分を巡る問題や住宅への居住の問題、障がい年金など社会保障全般を巡る問題などに取り組み、生活困窮者の生活再建に向けた活動を続け、現在に至っています。

11

クレサラ対協と多重債務救済の歴史を紐解く

―時代別の検証―

金城学院大学 **大 山 小 夜**

はじめに

　本誌を発行する「全国クレサラ・生活再建問題対策協議会」（以下、クレサラ対協）は、1978年に「全国サラ金問題対策協議会」（以下、サラ対協）として発足し、貸金業規制法が成立した2年後の1985年に「全国クレジット・サラ金問題対策協議会」と改称する。その後、改正貸金業法が2006年に成立し、2010年に完全施行される。そうした中、2014年に現在の名称に改められた。本稿は、サラ対協の時代から現在に至るクレサラ対協の40年間の具体的な活動を、多重債務問題というマクロな文脈に位置づける試みである。

1. クレサラ対協の活動を時代別に振り返る

　クレサラ対協は、広報や入会案内用に、組織一覧・活動年表・規約・入会申込書をまとめたA4版4頁のリーフレットを作成している。そのリーフレット（2018年版）は、クレサラ対協40年の歴史を下の5つに区分する（各期の名称もクレサラ対協による）。ここでは、サラ対協発足前の「前史」を加えた6つの各期について振り返る。

前史「サラ金問題研究会の発足」（1977年～1978年）
Ⅰ期「サラ金法制定運動」（1979年～1984年）
Ⅱ期「サラ金冬の時代」（1985年～1995年）
Ⅲ期「大手サラ金の無人契約機増加　サラ金バブル続く」（1996年～2001年）
Ⅳ期「貸金業法改正に向けて」（2002年～2007年）
Ⅴ期「生活再建問題への取り組み」（2007年～2018年）

前史「サラ金問題研究会の発足」（1977年～1978年）

　前史は、1977年5月に若手弁護士15人による「サラ金問題研究会（大阪）」（以下、研究会）が発足してから1978年11月に「サラ対協」が結成されるまでである。この1年半は、「ア.学者、マスコミ、被害者団体との共闘」「イ.被害現場に根差した戦略を発想すること」「ウ.被害救済のノウハウや最新の情報を出版物として提供して、闘う仲間を増やすこと」という後のクレサラ対協の「基本戦略の原形」が作られた大切な時期である（木村達也（1998）「編集を終えて」クレサラ対協編『サラ金・クレジット被害と救済運動20年』106頁）。すでに第1回研究会の議事録には、「（短期の小口の無担保の貸付けというサラ金業について）何らかの法的規制その他の方法で被害の発生を防止する」という目的が掲げられ、その実現のための「（問題の本質は）貸金業者と借りるものの間の……（略）……力の差（であることを訴える）」というアプローチが記されている（括弧内は引用者）。また、「市民団体との歩調」「被害の実態把握に取り組んでいる時期ではなく……（略）……早急に法的

規制について考えるべき」といった上記「基本戦略」ア・イに該当する文言も見られる。

発足2か月後の1977年7月の第5回研究会では、「サラ金の返済と整理の為の実務」をまとめた冊子「サラ金110番」を5千部程度、実費で頒布することが了承される（「基本戦略」ウ）。この冊子は、その後の5年間で2万部を売り上げることになる。さらに2か月後（9月）の第8回研究会では、報道関係者を呼んで「被害者の声を聞く会」を開催し、翌月の「被害者の会」発足を発表した（「基本戦略」イ）。この様子は新聞等で報道され、後に本格化する「サラ金報道」（＝77〜78年「第一次サラ金パニック」）に火を付けた（上記「基本戦略」ア）。

こうした経緯を経て、1978年11月に「サラ金問題」の解決、「なかんずく被害予防・被害者救済に必要な諸施策の探究と推進」を目的として「サラ対協」が結成される。

Ⅰ期「サラ金法制定運動」（1979年〜1984年）

この期は、1981年9月に開かれた「第1回全国サラ金被害者交流集会」から、1984年3月の「第1回サラ金被害撲滅キャンペーンキャラバン」実施までである。82〜84年には、「第二次サラ金パニック」が起きている。この時代のクレサラ対協の主な活動は、貸金業規制法の制定を求める「サラ金法規制運動」と、債務者保護・救済の手段としての「消費者破産の普及」だった。

「サラ金法規制運動」は、1978年11月「サラ金対協ニュース」創刊（〜35号。その後「消費者法ニュース」に継承）、相次ぐ違法取立訴訟判決、国会要請等を通じて行われた。クレサラ対協は貸手─借手間の非対称性を強調するため、多額の債務に苦しむ人びとを「被害者」と呼んだ。82年にはクレサラ対協のカウンターパートナー、かつクレサラ対協の第一号の加盟団体として、全国サラ金問題被害

者連絡協議会（以下、被連協）が結成される。被連協に参加する各地の被害者の会は名前と顔を出して被害の実態を訴えた。被害者の生々しい体験談は、問題の構造を直感的に伝え、法規制の機運を高めた。1983年に貸金業規制法が成立し施行されると、サラ対協は、鹿児島市から桐生市までキャラバンカーを走らせて、「被害撲滅」「被害者の会結成」「行政や取締当局に厳正な法の執行」を訴える「サラ金被害撲滅全国キャンペーン」を実施した（同様のキャンペーンは98年、01年、06年にも継承・実施される）。

「消費者破産の普及」に大きく貢献したのは、「サラ金110番」に代わる冊子「消費者破産の手引き」（1982年刊。研究会編著、サラ対協販売。以下、手引き）の発刊である。発刊の背景には多重債務問題をめぐる状況の変化があった。手引きの「はじめに」には、「サラ金業者の一人当たりの貸付額が急激に増加したほか、信販やクレジット会社、銀行の消費者ローン等が複合し」、債務額が「高額化」したことで、従前の「調停、任意整理が不可能となった」ためと記されている。手引きは、改訂版も含めると計3万部以上を売上げた。

こうした一連のサラ対協の活動は、1983年の貸金業規制法成立として結実する。

Ⅱ期「サラ金冬の時代」（1985年〜1995年）

この期は、1985年4月の「全国クレ・サラ対協と改称」から、95年5月の「第1回クレ・サラ徹底討論会」（現・クレサラ実務研究会）までが該当する。貸金業規制法成立後、中小零細貸金業者の廃業が相次ぎ、サラ金大手4社の融資残高・口座数も大幅に減った。しかし、こうした「サラ金冬の時代」も、わずか4年で終焉する。店舗統廃合などの経営合理化等によって消費者金融会社大手7社は、87年、「好決算」に転じた（消費者金融会社はサラ金業者と同義。以下、消費者金融会社）。

クレサラ対協は、1990年から被連協と共催で電話相談「全国一斉クレジット・サラ金110番」を始めている。91年、いわゆるバブル経済が崩壊する。第3回（91年）の電話相談では相談件数の激増が見られた。この91〜92年は「第三次クレサラ金パニック」と呼ばれ、92年の国民生活センターの「多重債務相談」は過去2年間で倍増するほどだった。これを受けて、クレサラ対協は、92年9月に「緊急アピール」を出す。それは、「相談が全世代」にわたり、「相談者の多くがサラ・クレ・銀行農協」から借入れ、「利息だけは支払っていけるが元金は絶対に減らない」複合的な「ローン地獄」の告発だった。

この時代のクレサラ対協の特筆すべき活動は「信販・クレ対策」である。「信販・クレ会社」は、他の2業態と比べると、バブル崩壊後の一時的減少を除いて最も長く、高水準を推移してきた（後掲の図1、図2）。1985年、サラ対協は「クレジット被害の根絶」「信販会社と販売店の共同責任の明確化」を運動の目標に加えて「クレサラ対協」に改称し、集団クレジット名義事件やクレジットカード不正使用問題に取組むほか、裁判所を介した取立の急増に対し公正証書国賠訴訟、裁判傍聴運動なども行った。92年には融資総額を利用者の年収の3割迄とする総量規制を盛り込む「クレジットカード規制法案」を発表した。総量規制のアイデアは、奇しくも15年を経て06年の改正貸金業法で実現する。

Ⅲ期「大手サラ金の無人契約機増加　サラ金バブル続く」（1996年〜2001年）

この期は、98年8月〜11月の「第2回サラ金被害撲滅キャンペーンキャラバン実施」から、01年9月「全国クレサラ・商工ローン調停対策会議結成」までである。小口・無担保が主業態だった消費者金融会社は、バブル崩壊の影響も少なく、90年代に、ATMと無人契約機から成る無人店舗によって低コストで少額を反復継続的に貸し付ける「リボルビング方式」を定着させ、また、テレビCMを通じて販路を広げた。97年、クレサラ対協は、大蔵省を含む関係官庁に抜本的対策を求める「非常事態宣言」を発表する。この年、個人の自己破産件数が前年・前々年の3割超増となる5.6万件を突破した。クレサラ対協は、その背後に、「生保・銀行によるサラ金大手5社への融資2.6兆円」が大手等の「3000台近い自動契約機、37000台以上のATM（現金自動引き出し預入れ機）や提携金融機関のATM・CD10万5000台を通じて無制限に近い形で」人びとに貸し付けられていると分析した。

このⅢ期は、成果と課題が相半ばする時代とされる。甲斐道太郎クレサラ対協代表幹事（当時。現・名誉代表幹事）は、1998年にクレサラ対協が発刊した『サラ金・クレジット被害と救済運動20年』（以下、20年誌）の「はじめに」で、この20年間の活動を「喜ぶべきか悲しむべきか。想いは複雑」と語る。「不十分とはいえサラ金規制法の制定」や「クレサラ対協という運動体の存在そのものが、業者の悪質な業態を抑制し、より多くの被害者の発生の歯止めになっている」「やりがいのある充実した20年」と評する。しかし、「いわゆる無人機に象徴される飽くなき利潤を求める業者の戦略は、クレ・サラ被害者の範囲を野放図に拡大し、整理屋・紹介屋などによる二次的被害も増大」「自己破産件数が7万件を突破したことは、クレ・サラ被害の拡張・増大を如実に語って」いるからである。

それでもⅢ期は、Ⅳ期の躍進につながる3つの礎石を据えている。第一は「司法書士の合流」である。年1回開催される「全国被害者交流集会」には、第12回（1992年）から多数の司法書士が参加し、各地の活動が活性化した。第二は、1998年の「日栄・商工ファンド対策全国弁護団」結成である。同弁護団は、

企業名を付して被害の発掘と救済、法廷闘争、行政処分申立、マスコミへの情報提供等を行い、99年の貸金業規制法・出資法の改正を導いた。その後、貸金業規制法第43条の適用をきわめて厳格に解釈すべきという補足意見を勝ち得た2004年最高裁判例は、その後の司法判断の流れを決定づけ、貸金業界の縮小・再編をもたらした。第三は、2000年の「全国ヤミ金融対策会議」結成である。各地で頻発するヤミ金融の対策を通じて被害の掘り起しと被害者の組織化が進み、03年のヤミ金融対策法成立を導いた。第二と第三は、マスコミに働きかけ、事件報道を通じて「世論の風向き」を変えることを学んだ点でも重要であった。

Ⅳ期「貸金業法改正に向けて」（2002年〜2007年）

この期は、03年10月の「行政の多重債務対策の充実を求める全国会議結成（17年1月解散）」から、07年6月〜11月の「第5回多重債務者掘り起こし全国キャラバン実施」までが該当する。このⅣ期は、クレサラ対協編『全国クレ・サラ対協30周年記念誌』（2008年刊。以下、30年誌）に詳しいので、そちらを参照いただきたい。

2006年の改正貸金業法成立に結実するⅣ期の成果は輝かしい。しかし、Ⅳ期に「知恵とエネルギーの爆発」（甲斐道太郎、30年誌、ⅰ頁）が起こったのも、前史からⅢ期までの活動の蓄積があればこそである。クレサラ対協は、地道に築いてきた被害者と実務家の組織化をもとに、「告発と闘い」（第1章）、「被害者救済運動」（第2章）、「裁判闘争」（第3章）、「法改正運動」（第4章）を繰り広げた（30年誌）。

Ⅴ期「生活再建問題への取り組み」（2007年〜2018年）

この期は、2007年6月「生活保護問題対策全国会議結成」から18年10月「第38回クレサラ・生活再建問題被害者交流集会（高知）」までである。2007年の改正貸金業法施行後、クレサラ対協は、「生活再建問題」に着手する。多重債務問題の背後には貧困（余裕のない家計）という生活問題があるからである。クレサラ対協は、現在、21の加盟団体を擁する。このうち15団体がⅤ期に発足し、うち9団体が生活再建問題に取り組んでいる。Ⅴ期は、クレサラ運動の新段階と言える。

現在、クレサラ対協は、その名が示す通り、2つの課題（クレサラ問題、生活再建問題）に取り組む。当初からの「クレサラ問題」は、「業態」「国境」に限定されないより包括的な金融規制が新たな課題になっている。「業態」とは、改正貸金業法の対象外だった銀行等による（貸金業者との提携に基づく）過剰貸付への対応であり、「国境」とは、人口減等で国内市場の頭打ちを見越した日本の貸金業者が、2000年以降、アジア全域に進出し、台湾や韓国などでは既に生じている日本と同様の多重債務問題への対応である（詳しくは本誌の拙稿「国際交流14年間を振り返る」）。

一方、「生活再建問題」は、改正貸金業法後の新たな課題である。それは、金融制度から借手が自律的でいられるための労働・生活保障制度の確立、ということだけを意味するのではない。究極的には、日本に住むすべての人びとの「尊厳ある暮らし」を支える制度の確立を目指すものだと言える。

2．多重債務問題のマクロな文脈に位置づける

クレサラ対協の40年の歴史を振り返った時、画期となる出来事は、(1)貸金業規制法の成立（1983年）、(2)消費者破産の普及、(3)改正貸金業法の成立（2006年）の3点であると思われる。この3つの出来事を、「現行法内

図1　貸手・借手・家計貯蓄率の動向（1975年～2012年）

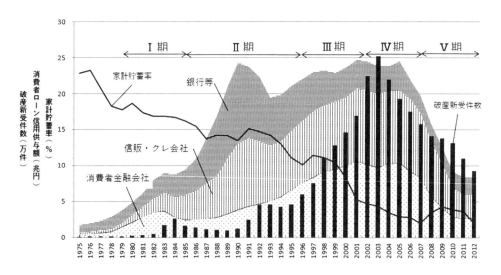

（出所）「破産新受件数」（法人・自然人の合計、棒グラフ、単位：万件）は最高裁判所編『司法統計年報』並びに最高裁判所ＨＰ内「司法統計」、「消費者ローン信用供与額」（推計値、積み上げ面グラフ、単位：兆円）は日本クレジット協会編『日本の消費者信用統計』、「家計貯蓄率」（折れ線グラフ、単位：％）は内閣府「長期経済統計」並びに「国民経済計算（08SNA2011年基準）」、「時代区分」はクレサラ対協リーフレット（2018年版）の「クレサラ対協の主な活動年表」より。

での司法的救済」「立法による抜本的な救済」の２点に整理した上で、以下では、図表を元に、金融・社会制度のあり方というマクロな視点から俯瞰的に眺めてみたい。

　1977年５月に発足した研究会が法規制を求めた「サラ金」は、1960年代に相次いで設立された。後に大手となる丸糸（＝アコム、60年）、関西金融（＝プロミス、62年）、富士商事（＝武富士、66年）、松原産業（＝アイフル、67年）の設立はこの時期である。やがて返済遅滞者への過酷な取立が多発し、追い込まれた借手の自殺や一家心中が社会問題化した（77年～78年「第一次サラ金パニック」）。銀行等も78年に無担保無保証ローンを開始した（「個人カード元年」）。78年11月に「サラ対協」が結成され、「Ⅰ期　サラ金法制定運動」が始まる。大蔵省の調査結果等を精査した経済学者の上田昭三の推計によれば、81年末、営業中の登録貸金業者4.7万社のうち、サラ金業者2.9万社の貸出残高は３兆633億円、正味の借手は528万人（全雇用者の13.3%）、借手１人当たり平均借入残高は58万円、年利は70%、

返済不能者は13.2万人だったという（前掲書「手引き」92頁）。

現行法内での司法的救済─消費者破産の定着

　多重債務者救済におけるクレサラ対協の歴史的成果の一つは、1980年代以降の消費者破産の実務定着である。その背景には、「消費者ローン」を構成する３業態「消費者金融会社」「販売信用業務を行う信用供与者（以下、信販・クレ会社）」「民間金融機関（以下、銀行等）」による貸付増がもたらす債務の高額化があった。従来の調停や任意整理では解決が困難になったため、消費者破産が考案されたのである。その広がりは、90年代以降の破産新受件数の増加によく表れている（図１）。

　この消費者破産へ至る債務の多くは貸金業者からの借入だった。最高裁判所編『司法統計年報』（以下、司法統計）は、1985年から2004年まで、「貸金業を営む者からの借入を破産の主な原因とする破産事件」数を公表してきた。それによると、「自然人の自己破産」に占める「貸金業関係」の割合は、1980年代

後半の68.4%から1990年代には78.5%へ上昇し、破産件数が戦後最多（25万件）を記録した2003年には最大の91.3%に至った。

一方、貸金業者の側も、債権回収に司法（特に簡易裁判所）を活用する。司法統計において、「信販・クレ会社」が簡裁で借手に支払いを求める事件（「立替金・求償金」）数の公表が始まった82年、金銭を目的とする簡裁への訴えの総数は11.4万件だった。それが、司法統計で事件別推移の公表がなくなる前年の98年には30.0万件と、2.6倍に増えている。その間、金銭を目的とする訴えの総数に占める「貸金」「立替金・求償金」の合計の割合は7割〜8割で推移した。

司法による紛争解決は、貸手と借手の直接的で閉鎖的な交渉がひき起こす暴力や犯罪を未然に防ぐことができるかもしれない。しかし、業務としてノウハウを組織的に蓄積する貸手に対して、経済的、精神的に追い詰められている借手は、司法の利用をそもそも知らなかったり、尻込みしたりする。対等な関係であればまだしも、自ら訴えを起こさねばならない司法による事後的、個別的な解決は、貸手に対して圧倒的な弱者である借手にとって極めてハードルが高い。それが現行法内での司法的救済という対症療法に留まらず、多重債務そのものを防ぐ抜本的な解決が必要となるゆえんである。その実現には、多方面に働きかけて新しい法律を作り、金融規制のあり方自体を変える必要があった。

立法による抜本的な救済―借手を保護する金融規制

クレサラ対協は、I期〜IV期までの30年間を、貸金業者への法規制運動の時代と位置付ける。その成果の一つである1983年の貸金業規制法成立は、「II期　サラ金冬の時代」をもたらした。中小零細貸金業者の廃業が相次ぎ、サラ金大手4社も1985年の融資残高が83

年から3割（1.1兆円→0.8兆円）、口座数は2割（370万件→301万件）減った。同時期、「サラ金苦」による「犯罪」は6割（3281件→1321件）、「自殺」は6割（1251人→508人）、「家出」は5割（1万1459人→5569人）減った（日経新聞・警察庁調べ、サラ金問題研究会（1986）『自分でできる破産　改訂版』92頁）。

しかし、この「サラ金冬の時代」が一時的なものだったことは、図1を見るとよく分かる。3業態をあわせた消費者ローン新規供与額は、「消費者金融会社」の一時的減少を除いて増え続け、バブル崩壊前年（90年）に戦後最初のピーク（24.3兆円）を迎える。III期の1998年に甲斐が「喜ぶべきか悲しむべきか。想いは複雑」（20年誌、既述）と書いたのもまさにこうした状況を指してのことであった。

このような巨大市場に切り込んで多重債務そのものを防ごうとするのが、貸金業規制法を抜本改正した「改正貸金業法」（2006年成立）である（IV期）。その柱は、(1)総量規制、(2)上限金利の引下げ、の2点である。貸金業者の権益構造は政官財学メディアの各界に及んでいたため、抜本改正は困難とされていた。だが、被害者と実務家の協働による「クレサラ運動」は、労働団体や消費者団体や市民団体とも連携し、マスコミ・立案担当者・国会の認識を借手保護へと変えていった。

図1で明らかな通り、2000年代半ば以降の消費者ローン信用供与額の減少は著しい。さらに、法改正の影響を捉えるために、施行年（2007年）、完全施行年（10年）、最新年（17年）の3時点で、関連指標をまとめた（表1）。これを見ると、改正貸金業法の施行後、利用者総数は1000万人台を維持する一方で、多重債務を意味する5社以上からの利用者数は10分の1以下に減り、違法なヤミ金融の被害額も3分の1に減っている。貸金業者の規模縮小が認められるが、これは立法の趣旨の範囲とされる。クレサラ対協のIV期の成果は、こ

表1　改正貸金業法施行後の貸手・借手等の動向（2007年～2017年）

		2007年3月末	2010年3月末	2017年3月末	増減率（07-17年）
貸手	貸金業者数（件）	11,832	4,057	1,865	-84.2%
	貸金業者貸出残高（兆円）	43.6	29.9	22.2	-49.1%
	消費者向け無担保貸金業者貸出残高（兆円）	10.8	5.3	2.7	-75.0%
借手	無担保無保証借入残高がある人（万人）	1,136	1,449	1,041	-8.4%
	貸金業利用者の1人当たり残高金額（万円）	106.6	67.1	53	-50.3%
	5社以上無担保無保証借入の残高がある人数（万人）	118	70	8.6	-92.7%
	「多重債務」に関する消費生活相談件数（受付年度、件）	90,101	71,824	26,336	-70.8%
その他	多重債務が原因とみられる自殺者数（暦年、人）	1,733	998	656	-62.1%
	全自殺者に占める割合（暦年）	5.4%	3.3%	3.1%	-42.6%
	自然人の自己破産事件（新受件数、暦年、件）	148,248	120,930	68,792	-53.6%
	ヤミ金融（無登録・高金利）事犯検挙事件数（暦年、件）	447	307	135	-69.8%
	ヤミ金融（関連事犯含む）被害額（暦年、億円）	303.8	115.1	91.3	-69.9%

（出所）金融庁／消費者庁「多重債務問題及び消費者向け金融等に関する懇談会（第8回）（第12回）」等により作成。

のような各種指標からも裏づけられる。

将来に向けて―包括的な金融規制と全般的な生活再建

　Ⅳ期の改正貸金業法成立はクレサラ対協の活動による最大の到達点だと言える。しかし、全ての課題が解決されたわけではない。Ⅴ期へ引き継がれた課題とは、「包括的な金融規制」（「銀行等の金融規制」「国際的な金融規制」）と「全般的な生活再建」だが、「国際的な金融規制」は他所に譲る（本誌拙稿「国際交流14年間を振り返る」）。

　戦後日本の多重債務の主因は貸金業者と言えるものの、貸金業者に分類されず改正貸金業法が対象としない「銀行等の金融規制」のあり方は再考の必要がある。そもそも消費者ローン信用供与額が最初のピークを迎えた1990年、銀行等がその46.6%（11.3兆円）を占めていた。それまでも1980～83年の4年間を除いて、3業態の中で最も信用供与額が多かったのは銀行等だった。クレサラ対協が毎年発行する「クレサラ白書」の92年版～94年

版では、銀行が「ノンバンクの保証付で損失を受け」ないまま、低利だが、大口の「過剰貸付」を行っていることの問題が指摘されていた。だが、1991年のバブル崩壊を機に、銀行等の消費者ローンは減退に転じる（図2）。すると、それまで目次にあった「銀行」の項目も、クレサラ白書95年版からは姿を消した。

　小口・無担保融資のおかげでバブル崩壊の痛手の少なかった消費者金融会社は、無人店舗（ATMと無人契約機）の大規模出店とテレビCMで攻勢を強め、反復継続的に少額を貸し付ける「リボルビング方式」を定着させた（Ⅱ～Ⅲ期）。その背景には、株式公開（93年）や社債発行（99年、ノンバンク社債法）の解禁によって、大手消費者金融会社が低利（1～2%）で大量の資金調達が可能となったことが挙げられる。大手の資金の2～4割は社債等による直接調達であり、そのうち海外投資家の投資比率は35%（大手8社平均）を占めた。こうして、90年代後半、消費者ローン信用供与額の首位は銀行等や信販・クレ会社から消費者金融会社へ入れ替わる（図2、

図2　業態別にみた消費者ローン信用供与額の推移（1975年〜2012年）

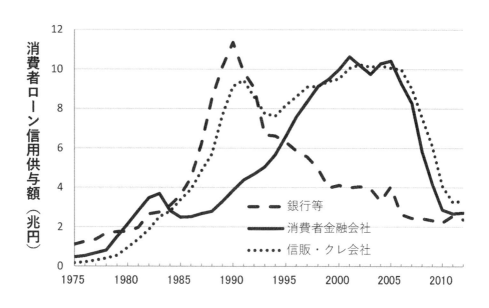

（出所）日本クレジット協会編『日本の消費者信用統計』により作成。

Ⅲ期）。

　しかし、Ⅱ～Ⅲ期における消費者金融会社の躍進を支えたのは、景気低迷で貸付先を失った銀行や生命保険会社の余剰資金とも言われる。それは、住友信託銀行、三菱信託銀行、明治安田生命、日本生命など大手の銀行や保険会社に及んだ。さらに、2004年最高裁判例以降、失速しつつあった大手消費者金融会社を横目に、銀行等は2000年代半ば頃から消費者ローンに本腰を入れる（Ⅳ～Ⅴ期）。かつて銀行等は過剰貸付を指摘されながらもバブル崩壊を機に消費者ローン市場の表舞台からは去っていた。一方、2000年代半ば以降は、「銀行等が貸し付け、与信審査と債権管理は保証会社である消費者金融会社が請け負う」という業態が、「銀行カードローン問題」という名の下、新たな多重債務の問題として注目されている（Ⅴ期）。だが、これは、かつて90年代初めに認められた問題の本格的な到来と捉えるべきである。銀行等は、陰日向のいずれでも戦後の消費者ローンの主役だった。多重債務の救済には、業態を問わない包括的な金融規制が求められている。

　最後に、クレサラ運動の最も新しい課題である「全般的な生活再建」について見ていきたい。図1には、暮らしのゆとりを示す指標として「家計貯蓄率」（貯蓄を可処分所得で割ったもの）を載せた。これを見ると、サラ対協が発足した1978年、家計貯蓄率はまだ20％近くあったが、改正貸金業法施行年（07年）はわずか2％である（図1の折れ線グラフ）。この他にも、暮らしのゆとりのなさを示す指標は枚挙に暇がない。貯蓄なし世帯が全世帯の2割との統計データもある。実質GDPは90年代以降、ほとんど増えていない。80年代までは増加傾向だった従業員給与は90年代以降、低下傾向にある。改正貸金業法は、収入の範囲内で貸付と借入が行われるよう総量規制と金利規制を行った。しかし、生活に困窮した立場の弱い人が存在し続ける限り、収奪的な金融環境は姿を変えて存在し続けよう。現在、その生活がままならない人、余力がほぼない人が戦後かつてないほど多く存在する。

　クレサラ対協は、「消費者破産の普及」「法

規制の導入」において大きな成果を収めた。その活動が、より根本的な生活再建へどう波及していくのか。10年後、クレサラ対協が「50年誌」を発刊するとき、「50年という月日」はどう回顧されるだろうか。今後も伴走し見続けたい。

注）【本稿の図1、図2の説明】 破産新受件数は1999年までは紙媒体『司法統計年報 民事・行政編』、2000年以降は最高裁ホームページのデータベース「司法統計」。「自然人」でなく「法人・自然人」の合計を用いたのは、「自然人」数の公表が1985年以降であるためである。

『日本の消費者信用統計』（1978年創刊）は、日本で唯一の消費者信用統計であり、独自の実態調査等の結果を2年遅れで公表してきた。ところが、2014年に一部対象業者による長年の過大報告が明るみになり、発行者の日本クレジット協会（09年に日本クレジット産業協会より改称）は、2003年以降の10年間分を訂正し公表した（2002年以前は未公表）。消費者信用は「販売信用」「消費者金融」から構成されるが、過大報告は販売信用に限定され

る。本稿が用いるのは「消費者金融」のうち預貯金等担保貸付を除く「消費者ローン」であるため上記訂正の影響を受けない。各用語の定義は次のとおり。「信販・クレ会社」……信販会社、流通系・銀行系・メーカー系クレジットほか。「銀行等」……銀行・信金、信組、労金、農業協同組合、生・損保会社等。「消費者金融会社」……上記「信販・クレ会社」「銀行等」以外の、貸金業法第2条規定の貸金業者。

グラフで扱う範囲を2012年までとしたのは次の理由からである。『日本の消費者信用統計』は前記の過大報告の発覚等をきっかけに、2014年版をもって廃刊した。廃刊後、日本クレジット協会は2015年に『日本のクレジット統計』を創刊した。だが、この後継誌は、指定信用情報機関CICが保有するクレジット利用に関する統計報告（実数値）である。このため2013年以降の消費者信用統計データは捕捉できなくなった。

家計貯蓄率は、1993年までは内閣府の「長期経済統計」(https://www5.cao.go.jp/j-j/wp/wp-je12/h10_data02.html)、1994年以降は「国民経済計算（08SNA2011年基準）」の公表値（80年から年金準備金の変動が加味）を連続値として掲載した。

※本稿は科研費（18K02016）の助成を受けたものである。

銀行カードローン問題と再燃する金融被害

聖学院大学講師 **木 村 裕 二**

1 貸金業法改正前の金融被害

(1) サラ金による市場開拓

かつて「健全な生活者」は日ごろより節倹力行、不意の出費には自分の預貯金で対応するものと考えられた。消費性の借金は、飲食遊興や賭博など不健全な資金需要から生ずるものと疑われ、高利貸しの領分へと放逐されていた。

一方、健全な資金需要とされる住宅・自動車・教育関連のローンは大衆化され、その長期の返済金負担がある中で、1970年代半ばから、石油危機後の不況による給与・事業収入の減少、物価高騰など予想外の打撃を受けて、預金の取り崩しや家計のひっ迫から、消費性の借金に対する需要が拡大した。

ここにサラ金が、高利貸しの本性を維持したまま、年100％もの高金利と暴力的な取立てによって急激に貸付けを拡大した。サラ金規制法（1984年）によっていったん「冬の時代」を迎えるが、この暴力的な開拓時代は、非人間的な仕打ちを耐え忍び、実に勤勉に返済する債務者が日本社会には大量に存在することを明らかにした。

(2) 銀行の市場参入

このような市場の「有望さ」を目の当たりにした銀行は、1980年代後半から消費者信用市場に参入する。1992年クレサラ白書の基調報告（上田昭三関西大学名誉教授ら執筆）は、「サラ金地獄＝第一次パニック」に対し、銀行・信販会社が過剰与信の主役となった1980年代後半～1990年代前半の状況を「第二次パニック」と位置づける。同教授らは、背景には金融自由化の中で大企業が証券市場からの資金調達に比重を移す「銀行離れ」があり、新しい貸出先を求める銀行が「消費者への融資の拡大に狂奔」したと分析し、「銀行収益の構造的悪化に直面して、生き残るために手段を選んでおれなかったのだろうか」と批判した。

この時期、自動車、音響機器、服飾品（ブランド品）、旅行、美容、各種教室など大衆向けの多様な商品・サービスが設計・販売されて、「人並み」の消費生活の水準が引き上げられた。銀行のローンカードと銀行系カード会社（保証会社を兼ねる）の国際ブランド提携カードの抱き合わせで、あるいはキャッシング・ローン機能を組み込んだ信販会社のクレジットカードが、「賢い消費者」の生活術として売り込まれた。当時のターゲットは終身雇用制下の正社員でボーナスもあり、クレジット支払（一括払を含む）の負担を分散するために長期のローンを利用し、その支払のために他社のローンを利用するなどして、長期にわたる自転車操業を通じて多重債務者が量産された。

(3) サラ金一人勝ち

1990年代半ば、不良債権問題を抱えた銀行は、消費者信用市場で過剰与信をする余力を失った。そして、銀行の参入によりイメージアップされた市場において、禊（みそぎ）を済ませたかのようにサラ金が勢いを盛り返す。銀行カードローンとサラ金の貸付残高を

比較すると、1994年では銀行カードローン7兆7337億円、サラ金4兆5731億円だった。それが1997年には、銀行カードローン6兆2648億円、サラ金7兆4834億円と逆転する。そして2005年には、銀行カードローン3兆7653億円、サラ金11兆6720億円となった（数値は「貸金業制度等に関する懇談会」資料18—4「参考資料」金融庁作成、30頁による）。

サラ金が導入した無人契約機は、対面による借金申し込みに対する抵抗感を取り除くとともに、ギャンブル場周辺にまで無人店舗を林立させることを可能にした。ノンバンク社債法（1999年）は、大手サラ金の資金調達先の拡大とコスト低下をもたらしたが、貸付金利の低下には結びつかず、空前の高収益で「サラ金一人勝ち」を謳歌した。多重債務者の増大はやまず、自然人の自己破産申立件数は、2003年において24万2357件に達した。

(4) この時期の金融被害（多重債務問題）

この時期の金融被害は、多重債務問題として現れた。制限超過の高金利のため元金は減らず、延滞すれば過酷な取立てが行われるから、やむなく他社借入れによって返済する。この自転車操業がサラ金にとって格好の収益機会となり、大手・中堅・中小のサラ金が競合して過剰貸付けを行った。ここで「利息が利息を生む」一種のマネーゲームが生じ、消費者のための実需の裏付けなしに、水膨れ的に市場が拡大した。「みなし弁済」制度による超過利息の収受は貸金業者の特権であり、利息制限法の制限を受ける銀行の消費者向け貸付け事業は収益性に劣る上、取立て競争に勝てず回収不能のリスクを一身に被るなど、不利な状況に置かれた。銀行の貸出先は一転して、消費者ではなく大手サラ金や商工ローンに向かった。こうして、消費者は低利で安全な借入れから恒久的に排除されかねない状況に至った。

これに対して、宇都宮健児『消費者金融』（岩波新書、2002年）は、「不特定多数の消費者・国民から預金を集めることの特権を与えられている銀行には、消費者・国民の求めに応じて低金利の融資を行う社会的・公共的使命がある」として、銀行の責任という観点から消費者信用のあるべき姿を展望した。

2 貸金業法改正後の金融被害

(1) 法改正の趣旨

改正貸金業法（2006年）は、利息制限法水準への上限金利引下げによってサラ金の特権的市場を廃止した。「年収3分の1」を上限とする総量規制は、水膨れした市場を適正規模に収縮させようとした。昔ながらの高利貸し的体質の業者を市場から退出させて、取立て競争ではなく利息制限法という同じ土俵における価格（金利）競争によって銀行が優位に立ち、消費者・国民向け低利融資という公共的使命を担っていくことが期待された。金利規制と総量規制は、2010年に施行された。

(2) サラ金による保証付きの銀行カードローン

改正貸金業法の完全施行後、サラ金による保証付きの銀行カードローンが拡大してきた。2011年3月での保証残高は2兆7895億円だったが、2018年3月で6兆1767億円である（数値は日本貸金業協会「月次統計資料」による）。「銀行は総量規制の対象外」という宣伝文句や、保証会社（サラ金）への審査丸投げを疑わせる広告が批判を浴びたが、問題はそれだけではない。

総量規制下にあるサラ金1件当たりの貸付残高は約35万円、1人当たり借入件数は1.5件（2018年3月時点、日本信用情報機構の「統計データ」をもとに計算）だから、1人当たり35×1.5＝52.5万円である。これに対して銀行カードローン1件当たりの貸付残高は約72万円（2018年3月時点、上記「月次統計資料」をもとに計算）だから、過剰与信の危険水域

に踏み込んでいることが疑われる。

金融庁は、融資上限枠につき「年収債務比率を基準としない」「他行融資を勘案しない」銀行がある一方で、「自行・他行・貸金業者貸付けを勘案する」銀行は「年収２分の１」を基準としており、その「１年後の代弁率」は高くない、と報告している（金融庁「銀行カードローン検査中間とりまとめ」、2018年１月）。しかし、自転車操業は３年以上のタイムラグを伴って破綻することが多いから、「１年後の代弁率」による判定は誤導の恐れが高い。

自然人の自己破産申立件数は、連続的に減少して2015年は６万3844件となったが、2016年は６万4637件、2017年は６万8791件と上昇に転じた。2018年には７万3084件に達した。７万件を超えるのは、2013年（７万2048件）以来５年振りであり、過去に遡れば1997年（７万1299件）と同水準である。

銀行カードローンの１件当たり貸付残高が伸びているのは、貸付残高それ自体の増加に加えて、貸付残高の伸び率が貸付件数の伸び率を上回っていることによる。既存顧客に対する貸付額の増大が、相当な割合で含まれているはずである。個人消費は拡大基調にないのに既存顧客が借入額を増やすのは、その銀行カードローンの利用の仕方が返済目的の借入れに比重を移し、融資上限枠に向かって自転車操業（他社借入れでなくても自転車操業に違いない）進行中の顧客が増えているためであろう。自然人の自己破産申立件数は、今後も増大を続けることが予想される。

90年代と大きく異なるのは、雇用の非正規化である。収入の不安定化は、生活費の不足、そして消費性の借金に対する需要を慢性的に作り出す。そして携帯電話を持たない者は「変人」扱いされるほどに普及した携帯電話の利用料金の負担は、家計に重くのしかかる。中高年になっても、賃金は横ばいのままである。

銀行カードローンはそれぞれ上限年齢を定めていて、70歳ころには「更新しない」ことになる。その後は追加借入れができないから、自転車操業は強制終了となる。貯蓄もなければ退職金もない状況で一括請求を受ければ、たとえ50万円、100万円であっても、たちまち支払不能に陥る。

(3)　金融被害の本質

分割払いの利便性は、借り手を追加借入れへと誘導する。分割金の大半は利息に吸収され、元本はなかなか減らない。元本が増大するとスライド式に分割金の額が引き上げられ、追加借入れをしないと分割金の支払さえ賄えなくなる。分割金の支払が遅れれば追加借入れができなくなる。途中で分割金の支払が遅れることがなくても、融資限度額に到達すれば追加借入れはできなくなる。追加借入れができなければ分割金の支払が連続して遅れ、期限の利益を喪失し、一括請求を受けるに至る。しかし残債務は既に一括返済が困難な額にまで到達している。この一括請求を回避するため他行・他社から追加借入れをしても、やがて同じ状況に到達する。いずれか一つの債務を延滞すれば事故情報が登録されて、他社・他行の債務についても一斉に期限の利益喪失、一括請求を受けて、借り手の経済生活は破綻する。

金融被害の本質は「債務による生活破壊」にあり、自転車操業による債務の複利式増大がその特徴である。約定利率が制限利率の範囲内でも、また借入先が「多重」でなくても、過剰貸付けは借り手を自転車操業に誘引し、債務の複利式増大は借り手の生活破壊をもたらす。暴行・脅迫が取立ての手段とされなくても、期限利益喪失・一括請求の恐れという心理的圧力は、借り手を自転車操業に走らせるに十分である。「借りたものを返すのは当たり前でしょう」「あなたは約束を守れないんですか」「努力しないのはあなただけですよ」

というモラル攻撃は、メンタルを破壊するに
十分である。

⑷　今後の課題

　改正貸金業法が上限金利を利息制限法の水
準に引き下げたのは大きな成果だが、現行の
制限利率が安全な水準であることが確証され
たわけではない。銀行カードローンの貸付金
利は、利用限度額50万円〜200万円では年14.5
〜14.8%など年15%近傍に貼り付く傾向が見
られ（各行カードローンの「商品概要説明書」
による）、サラ金の平均貸付金利15.23%（金
融庁「貸金業関係資料集」業態別貸付金利［平
成30年3月末］による）と大差はない。この
金利水準と貸付残高の規模は、毎年7万人の
自己破産者を生み出すほどに「過剰」な債務
を生み出し、市民社会に危険を及ぼしている。

　保証会社を共通にする銀行カードローンの
貸付条件は、ほぼ横並びである。そして保証
会社の大半は、アコム（子会社のMU信用保
証を含む）・プロミス・オリコの三大勢力に
よって占められている（各行カードローンの
「商品概要説明書」による）。各社とも保証業
務を有力事業として推進しており、「サラ金
の保証付き銀行カードローン」は、要するに
保証会社であるサラ金側で設計したビジネ
ス・モデルと推察される。ならば、銀行カー

ドローンの金利水準の設定において「サラ金
の本業を圧迫しない程度」というブレーキが
かかるのも当然であろう。それに乗って事業
展開し、サラ金に保証料を分配している銀行
の営業姿勢は、「公共的使命」を担うにはほ
ど遠い。その背景には、国のマイナス金利政
策によって銀行業の収益環境が悪化したこと
があると言う。ならば再び、「銀行収益の構
造的悪化に直面して、生き残るために手段を
選んでおれないのか」と問わなければならな
い。銀行カードローンにも総量規制を適用す
ることと、利息制限法の制限金利を引き下げ
ることが、今後の課題である。

　さて今、サラ金の動向には変化が見られる。
サラ金の貸付残高推移を「対前年同月差」で
観察すると、2012年4月から2017年4月まで
は、連続61カ月間マイナスだった。2017年5
月から同年11月まで7カ月中マイナスは2カ
月、プラスは5カ月である。そして2017年12
月から2018年12月まで連続13カ月間プラスで
あり、反転攻勢の兆しが見える（日本信用情
報機構「統計データ」による）。禊は済んだ、
というわけである。本稿では消費者信用の盛
衰史を振り返ってみたが、ここで「後門の狼」
復活に対する備えはよいか、足元を見る必要
もありそうだ。

貸金業関係事件における最高裁判決の概要
―最近10年間を中心に―

43条対策会議会員　弁護士　井　上　耕　史

1　はじめに

　本論考は、主に最近10年間の貸金業関係事件における最高裁判決について、従前の傾向からの変化も念頭に置きつつ、私見を述べるものである。もとより、管見に過ぎないものであり、これを一つの材料として、救済実務前進のために、活発なご意見、ご批判をいただければ幸いである。

　昭和39年から平成20年までの公刊物に登載された最高裁判決・決定38件（番号 1 ～38）と、最近10年間（平成21年以降）の公刊物に登載された最高裁判決・決定44件（番号39～82）について、それぞれ裁判日付順に並べて別表として掲記したので、適宜参照されたい。以下の本文の括弧内の数字は別表掲載の最高裁判決・決定の番号である。

2　平成20年までの概観

　最大判昭和39年以来、実質を踏まえた柔軟な利息制限法の解釈適用が行われ、債務者保護がはかられてきた（ 1 ～11）。

　貸金業規制法43条（みなし弁済）制定以後、43条適用の成否を巡る攻防があり、一部問題のある判断（12、15）によって混乱があったものの、主流は厳格解釈であり（14、19～23）、平成18年 1 月には任意性要件について判例変更に近い判断がなされるなど43条をほぼ死文化するまでに至った（24～28）。また、充当、みなし利息、取引履歴開示の点で、実質を踏まえた柔軟な法解釈による判例が形成され（16

～18、22）、借主・保証人の救済実務が大きく前進した。これらの勝利判決の大部分は、日栄・商工ファンド対策弁護団、43条対策会議のメンバーの理論、運動両面での貢献によるものである。

　借主救済法理の前進は、過払金返還請求訴訟の増大ももたらした。さらに、平成18年 1 月の最高裁判決以後、「過払金漁り」ともいうべき大量処理型事務所の出現に至った。こうした情勢の激変と軌を一にするように、最高裁は過払金充当の論点に厳しい態度をとるようになった（29、36）。なお、この間に充当を肯定する最高裁判決もあるが（30、34、35）、35は平成15年最判（16～18）による「過払金充当指定」、30と34は平成19年 2 月最判（29）による「過払金充当合意」の枠組みで判断しており、単純に前進したとは評価できない。

3　最近10年間（平成21年以降）の傾向

(1)　形式論による判断が目立つ

　別表を見ても分かるように、最近10年間は、借主、保証人に厳しい最高裁判決が相次いでいる。個別の論点については後述するが、全体として形式論による判断が目立ち、特に平成15年から18年の判決に見られるような、取引・被害実態を踏まえて柔軟かつ創造的に法の解釈と適用を行おうとする姿勢が見られなくなった。

　最近の最高裁判決の多くは、43条対策会議の会員が集団的に関与できないまま出されており、具体的な事実関係の主張立証が薄いも

のが多く、その点を貸金業者側に狙われている感がある。他方、43条対策会議の会員が弁護団に参加して主張立証を充実させ、あるいは下級審での勝利判決を積み重ねた結果、最高裁で勝訴となったものも相当数ある（40、41、49、62、63など）。

(2) 特定の小法廷への集約化

重要論点に関する判例は、かつては、大法廷で判断したものや、3つの小法廷全部が判断しているものが多かったが（過払金充当指定に関する16〜18、みなし弁済の任意性要件に関する24、25、27、過払金充当合意に関する29、30、34、36）、過払金消滅時効の起算点に関する平成21年の各最判（39〜41）を最後に、全体で判断しているものが見られなくなった。これは、単純に最高裁に係属した事件数の多寡によるものとも考えられるが、最高裁において敢えて特定の小法廷に集中させて一括処理したとみられるものもある。例えば、不動産担保切替えに関する67は、当時、同事件を含めて8件が第三小法廷に係属し、うち借主勝訴の2件のみ上告を受理して破棄差戻しとなり、残り6件は借主・貸主勝訴のいずれも上告不受理となった。

貸金業関係事件について、被害実態を踏まえて慎重に処理するよりも、「効率的に」処理することを重視するようになったのかもしれない。こうした最高裁の処理の態度が、実態を踏まえた柔軟な解釈よりも、形式論による処理という判決の内容にも影響している可能性がある。

(3) 借主からの上告を受理しない

別表には表れていないが、原審の判断内容に判例・法令違反があると思われる事案でも借主側の上告を受理しなかった事件が多くある。貸金業者側からの上告は受理して破棄するものが少なくないのに、借主側の上告を受理する事例は少ない。最高裁による借主・保証人救済の姿勢も後退している感がある。

(4) 最高裁の変化の原因

こうした最高裁の変化の原因は、一つには、利息制限法や貸金業規制法の解釈という高金利特有の問題よりも、不当利得返還請求権の帰趨という金融実務全体に射程が広がる可能性がある問題に争点が移ってきており、理論的にも難度が上がっているという面もあるだろう。しかし、より重要な原因として、下級審も含めて裁判官に高金利の被害実態が見えにくくなった（法改正と救済実務前進の結果、被害が減ったことの反映でもあるのだが）ことがあると思われる。それにもかかわらず、借主側の法律家が十分な主張立証を行わず、下級審の裁判官も判例を形式的に引用するだけの判決しか書かない（書けない）のでは、最高裁判決の劣化は避けられない。

4 争点ごとの最高裁の態度（最近10年間）

最近10年間の最高裁判決のうち、いくつかの類型について整理して、最高裁の態度を概観する。

(1) 遅延損害金

古くから、貸金業者が期限の利益喪失特約を悪用し、遅延損害金名目で延々と高金利を取得する脱法手段が用いられてきた。これに対しては、期限の利益喪失の宥恕・期限の利益再度付与であるとか、期限の利益喪失主張は信義則違反であるとして、脱法を封じる法理が下級審判例により確立していた。また、制限超過部分の支払が累積していることを理由に期限の利益を喪失していない（ボトルキープ論）との考えを採用する裁判例も見られた。

しかし、最高裁は、期限の利益を喪失したことを前提とした書面の交付がなされている場合については、期限の利益喪失の主張を排斥するには、貸金業者が異議なく賦払金を受領したとか、追加貸付けをしたというだけでは足りず（42、48、51）、貸主側が賦払金の

請求をしていたなどの事情が必要（49）、とした。さらに、制限超過部分の支払は元本に即時充当されることを理由としてボトルキープ論を否定した（75、76）。

その後、最高裁は、借主勝訴事案（49）と同様な事案において、下級審が信義則違反を認めない違法があるにもかかわらず、借主・保証人の上告を受理していない。

総じて、最高裁の判断は形式論偏重である。期限の利益喪失特約自体は金融実務で広く用いられており、金融実務一般への影響を考慮したのかもしれない。しかし、高利貸金業者における期限の利益喪失特約は、一般の金融機関のそれとは異なり、事故に対する救済ではなく、利息制限法1条の脱法として悪用されてきた。最高裁の判断は、かかる実情を踏まえたものになっていない。

もっとも、ほとんどの業者は、そもそも書面交付がなかったり、期限の利益を再度付与したことを前提とした記載であったりしており、最高裁判決の射程は限定的である。借主側の主張立証次第で勝利解決の余地は十分にある。

(2) 過払金の後発借入金債務への充当

過払金が後発借入金債務に充当されるかについて、最高裁は「過払金充当合意」という枠組みで処理する方針を示した（29、30、34、36）。もっとも、過払金を隠す貸主と過払金の存在を知らない借主との間において充当合意を認めるというのは一種の擬制である。最高裁は、客観的に保護に値する（と最高裁が考える）取引形態を選別し、それを充当という法的効果に結びつけるための中間項として、「過払金充当合意」という概念で説明したものと思われる。最高裁は、この争点について「当事者間の合意（を推認させる間接事実）の存否」という事実認定の問題として処理する方針を示したものである。

ところが、最近10年間では、最高裁は、過払金充当は事実認定の問題であるとしながら、借主からの上告を受理しない一方、貸主からの上告は受理して充当を否定する判断をしており（55、61、67）、消極的、形式的な判断が目立つ。

特に、従前は、同日に切替え、貸増しを行う取引相互間については一連計算をするのが多数説であったが、最三小判平24・9・11（67）は、事実上1個の連続した貸付取引ではないことを理由として過払金充当を否定した。しかし、同日切替えの場合、事実上1個か否かだけではなく、切替えによって成立する借入金債務の範囲（11、62参照）、過払金発生当時に存在する借入金債務への充当指定（16～18参照）、切替行為に含まれる清算合意（相当数の下級審裁判例あり）等、ほかにも検討すべき論点があったにもかかわらず、最高裁がこれらについて検討した形跡は見られず、軽率との謗りを免れない。なお、同最判（67）は、民集登載判例にもかかわらず、なぜか主要判例雑誌に掲載されていないようである。最高裁内部でも先例的価値としての評価が定まっていないのではなかろうか。

過払金の充当を否定すると、消滅時効にかかる過払金債権が生じ、借入金債務が残るケースが増加するが、過払金債権を自働債権として後発借入金債務との相殺を認めるならば、貸主が過払金を返さずに借主の借金だけが残る、という最悪の事態を免れることは可能である。ところが、最一小判平25・2・28（69）は形式論を重視してかかる相殺を認めなかった。これでは、借主は長年にわたり高金利を払った挙句に自宅不動産を失うという、全く妥当性を欠いた結論を招くことになる。

過払金充当と相殺に関する最高裁の冷淡な態度は、複数取引における充当関係であるとか、相殺の可否といった、金融実務一般に広く影響しうる問題であることが影響していると思われるが、それにしても当事者間の均衡を失している。高金利取引に即した解決枠組

みを準備することが必要かつ可能であったは
ずである。

もっとも、一連の不当な最高裁判決の下で
も、借主側代理人が事実関係の主張立証と法
律構成を充実させた結果、一連計算を認めた
下級審裁判例も数多い。弊害を除去する一層
の努力が求められる。

(3) 過払金消滅時効、過払利息

過払金の消滅時効の起算点について取引実
態を踏まえて取引終了時とした（39〜41、
45）。悪意の受益者（民法704条前段）に関し
ては、任意性要件の欠如については否定（43、
44）したが、書面要件の欠如については一貫
して肯定（31〜33、63、64）しており、ほと
んどの事例において悪意が認められることと
なった。この過払利息は過払金発生の日から
発生し（45、46）、借入金に充当する場合には、
過払利息、過払元本の順に充当される（70）。

これらの争点に関しては、最高裁は借主側
の主張を採用してきた。その理由としては、
次の点が考えられる。

消滅時効の起算点における取引終了時説
は、普通預金の取扱い等で既に金融実務一般
にも浸透しており、最高裁としても採用しや
すい。悪意の問題は43条適用要件の問題とほ
ぼ共通しており、高金利特有の問題であっ
て、金融実務一般に波及するものではなかっ
た。過払金の充当順序については、民法491
条、489条の素直な解釈から導かれやすい。
いずれも下級審裁判例の多数説でもあった。

(4) みなし弁済関連

平成18年1月の最判後、貸金業規制法43条
も廃止されたが、期限の利益喪失特約を一部
改訂して、再び43条の適用を主張する事例が
散見された。これに対し、43条対策会議の会
員を中心に、改訂後の特約についても任意性
を欠くとの下級審裁判例を積み重ね、最高裁
第二小法廷もシティズの事件について平成24
年9月28日に弁論を開き、43条適用を認めた

原判決破棄が確実となった。業者側の請求認
諾・放棄により終了したため、別表に掲載さ
れていないが、最高裁が引き続き43条厳格解
釈の姿勢を堅持していることを示したもので
ある。

その後、過去の債権譲渡につき借主が約定
残債務について異議を留めない承諾をしたか
ら弁済の抗弁が切断されたとの主張がされる
ようになった。これが認められれば、債権譲
渡前の弁済について43条の適用が認められた
のと同じ結果となってしまう。最高裁は、悪
意の受益者と同様に43条適用要件（特に書面
要件）についての譲受人（貸金業者）の認識
について検討して、抗弁の接続を認める判断
をした（77、78）。

みなし弁済関連では、最高裁は、引き続き
厳格な態度を維持していると評価できる。

(5) 過払金承継

債権一括譲渡（その実質は事業譲渡の場合
が多いと思われる）や倒産処理にあたって、
借主に過払の事実が知らされることなく債務
が残っていると誤信させられたまま、過払金
の権利行使の機会を失わせ、それによって譲
受人等が過払金承継を免れる、という不公正
な処理が行われてきた。しかし、最高裁は、
一貫して、形式的・画一的な判断によって譲
受人・更生会社の過払金承継を否定してきた
（52、54、57、59、60、65、66）。親子会社間
の切替契約事案において、重畳的債務引受が
あることを前提に、切替行為に受益の意思表
示が含まれるものと認めて過払金承継を認め
た（62）のが唯一の例外である。

債権譲渡、倒産処理は、金融実務（とりわ
け貸金業者の金主たる銀行）に大きな影響が
あることが、最高裁の頑なな態度の原因では
ないかと思われる。

なお、過払金請求に限定されるものではな
いが、訴訟上の権利行使については一定の配
慮が見られる（72）。

(6) 和解・調停

　真実は過払であったにもかかわらず、貸金債務の承認や清算条項を含む和解（裁判上・裁判外）、調停、17条決定がなされることがある。これら和解等の経緯は様々であるが、借主の無知に乗じた貸金業者の対応（履歴隠し等）や、無配慮な調停実務（過払金発生の見込みがあるのに「双方債権債務無し」の清算条項を用いる等）で行われたものが、相当期間経過後に争いになることが多く、平成15、16年ころから下級審裁判例が散見されるようになった。平成23年ころから借主側から上告受理申立ても何件かされていたが、最高裁は受理しない対応を続けていた。

　平成27年に至り、貸主側からの上告を受理する形ではあるが、特定調停の清算条項が過払金に及ばない旨の判断がなされるに至った（79）。これ自体は一定の前進ではあるが、最高裁は借主の債務承認部分について有効としている点で不十分であるし、既に過払金が消滅時効にかかっている事例も多いとみられ、あまりに遅きに失したと言わざるを得ない。

5　今後の対策

　これまで述べてきたとおり、ここ10年間の貸金業関係事件の最高裁判決は、部分的には評価できるところもあるが、以前に比べると借主保護の態度が後退していることは否めない。

　しかし、そうした最高裁判例の状況下でも、43条対策会議の会員を中心に、事実関係について充実した主張立証を行っている事例については下級審で勝利した判決が少なくなく、希望が見出される。

　かつて、平成2年1月に43条の任意性要件を認められた時、任意性で争うのは困難であると思われていたのが、弁護団の尽力により、平成18年1月に任意性否定の判決を獲得し、実質的判例変更（少なくとも従前判例の射程を大幅に狭めた）に至ったことも忘れてはならない。

　判例を所与の前提とするのではなく、いかに乗り越え、あるいは使いこなすのか、が重要である。

　現状の対策として名案があるわけではないが、高金利被害の実態を明らかにすること、証拠を集めて的確な事実関係の主張立証を行うこと、判例法理をその歴史に遡って学び分析して説得力のある法律構成を展開すること、といったことを続けるほかはない。そして、そのためには、弁護団編成も含め、ベテラン、中堅、若手間の情報共有が必要であり、43条対策会議の存在は引き続き重要である。

（別表）貸金業関係の最高裁判決（平成20年以前）

番号	裁判日付	小法廷	判例集	巻・号・頁	業者名		論点	借主勝敗
1	S39.11.18	大	民集	18-9-1868		充当	制限超過利息の元本充当	○
2	S43.7.17	大	民集	22-7-1505		遅延損害金	賠償額予定を定めない場合の適用利率	○
3	S43.10.29	3	民集	22-10-2257		充当	数個の債務に対する充当順序	○
4	S43.11.13	大	民集	22-12-2526		充当	過払金返還請求権の行使	○
5	S44.11.25	3	民集	23-11-2137		充当	過払金返還請求権の行使	○
6	S45.4.21	3	民集	24-4-298		制限利率	重利予約に対する利限法適用	○
7	S46.3.30	3	集民	102-387		充当	数個の債務に対する充当順序	△
8	S46.6.10	1	集民	103-111		みなし利息	契約締結・債務弁済費用の該当性	○
9	S52.6.20	2	民集	31-4-449		制限利率	即時両建預金に対する利限法適用	○
10	S55.1.24	1	民集	34-1-61		消滅時効	過払金債権の消滅時効期間	○
11	S55.1.24	1	集民	129-81		切替え	制限超過利息部分を目的として締結された準消費貸借契約の効力	○
12	H2.1.22	2	民集	44-1-332	ローンズカイト	みなし弁済	任意性、充当指定要否、制限超過であることの認識の要否	×
13	H9.9.4	1	民集	51-8-3718	国	公正証書作成	法律行為の違法等に関する公証人の調査義務	×
14	H11.1.21	1	民集	53-1-98	CRホーム	みなし弁済	口座振込と18条書面交付の要否	○
15	H11.3.11	1	民集	53-3-451	シティズ	みなし弁済	返済期日につき「毎月X日」と記載された書面の17条書面該当性	×
16	H15.7.18	2	民集	57-7-895	ロプロ	充当、みなし利息	過払金発生当時存在する他の借入金債務への充当、保証料のみなし利息該当性	○
17	H15.9.11	1	集民	210-617	ロプロ	充当、みなし利息	同上	○
18	H15.9.16	3	集民	210-729	ロプロ	充当、みなし利息	同上	○
19	H16.2.20	2	民集	58-2-380	SFCG	みなし弁済	18条書面の事前交付	○
20	H16.2.20	2	民集	58-2-475	SFCG	みなし弁済	利息天引、17条書面、18条書面の交付時期	○
21	H16.7.9	2	集民	214-709	イッコー	みなし弁済	18条書面の交付時期	○
22	H17.7.19	3	民集	59-6-1783	キャスコ	取引履歴	取引履歴の開示義務	○
23	H17.12.15	1	民集	59-10-2899	トモエファイナンス	みなし弁済	リボ方式貸付けにおける17条書面の記載事項	○
24	H18.1.13	2	民集	60-1-1	シティズ	みなし弁済	規則15条2項の法適合性、期限の利益喪失特約と任意性	○
25	H18.1.19	1	集民	219-31	シティズ	みなし弁済	期限の利益喪失特約と任意性	○
26	H18.1.24	3	民集	60-1-319	ダイヤモンドリース	みなし弁済	17条書面の正確性・明確性、日賦貸金業者に対する適用要件	○
27	H18.1.24	3	集民	219-243	ダイヤモンドリース	みなし弁済	期限の利益喪失特約と任意性、18条書面の正確性	○
28	H18.3.17	2	集民	219-927	シティズ	みなし弁済	期限の利益喪失特約と任意性（特別上告審において職権破棄）	○
29	H19.2.13	3	民集	61-1-182	丸久	充当、過払利息	複数口並行取引における過払金の他の借入金債務への充当、過払利息の利率	×
30	H19.6.7	1	民集	61-4-1537	オリコ	充当	基本契約に基づく取引	○
31	H19.7.13	2	民集	61-5-1980	エイワ	過払利息	悪意（17条書面）	○
32	H19.7.13	2	集民	225-103	エイワ	過払利息	悪意（18条書面）	○
33	H19.7.17	3	集民	225-201	オリコ	過払利息	悪意（43条適用要件の立証なし）	○
34	H19.7.19	1	集民	61-5-2175	エイワ	充当	証書貸付、1個の連続した取引	○
35	H19.10.19	2	判時	2009-20	ハコセン	充当	過払金発生当時存在する他の借入金債務への充当	○
36	H20.1.18	2	民集	62-1-28	クオークローン	充当	複数基本契約、事実上1個の連続した取引か否か	×
37	H20.6.10	3	民集	62-6-1488	ヤミ金	不法原因給付	全額説	○
38	H20.7.18	2	民集	62-7-2013	シティズ	移送	合意管轄に基づく簡裁への移送申立てと地方裁判所の裁量	○

第1章　クレサラ運動の過去・現在・未来

（別表）貸金業関係の最高裁判決（平成21年以降）

番号	裁判日付	小法廷	判例集	巻・号・頁	業者名	論点		借主勝敗
39	H21.1.22	1	民集	63-1-247	東日本信販	消滅時効	過払金消滅時効の起算点	○
40	H21.3.3	3	集民	230-167	プロミス	消滅時効	過払金消滅時効の起算点	○
41	H21.3.6	2	集民	230-209	プロミス	消滅時効	過払金消滅時効の起算点	○
42	H21.4.14	3	集民	230-353	シティズ	遅延損害金	期限の利益喪失宥恕又は再付与	×
43	H21.7.10	2	民集	63-6-1170	エイワ	過払利息	悪意（任意性）	×*
44	H21.7.14	3	集民	231-357	エイワ	過払利息	悪意（任意性）	×*
45	H21.7.17	2	判タ	1301-116	シンキ	消滅時効、過払利息	過払金消滅時効の起算点、過払利息の発生時期	○
46	H21.9.4	2	集民	231-477	ＣＦＪ	過払利息	過払利息の発生時期	○
47	H21.9.4	2	民集	63-7-1445	プロミス	不法行為	請求・弁済受領と不法行為	×
48	H21.9.11	2	集民	231-495	シティズ	遅延損害金	期限の利益喪失主張と信義則違反	×
49	H21.9.11	2	集民	231-531	シティズ	遅延損害金	期限の利益喪失主張と信義則違反	○
50	H21.11.9	2	民集	63-9-1987	ＣＦＪ	704条後段	弁護士費用	×
51	H21.11.17	3	判タ	1313-108	シティズ	遅延損害金	期限の利益喪失主張と信義則違反	×
52	H21.12.4	2	集民	232-529	ライフ	会社更生	届出のない過払金債権の失権	×
53	H22.4.20	3	民集	64-3-921	ＣＦＪ	制限利率	リボ方式貸付けと制限利率	△
54	H22.6.4	2	集民	234-111	ライフ	会社更生	届出のない過払金債権の失権	×
55	H22.7.20	3	判時	2115-24	ＣＦＪ	充当	異なる支店間の過払金充当	×
56	H23.3.1	3	集民	236-199	フロックス	民事再生	届出のない過払金債権の帰趨	△
57	H23.3.22	3	集民	236-255	ＣＦＪ	過払金承継	債権一括譲渡	×
58	H23.5.18	2	民集	65-4-1755	アイフル	管轄	共同訴訟	○
59	H23.7.7	1	集民	237-139	ＣＦＪ	過払金承継	債権一括譲渡	×
60	H23.7.8	2	集民	237-159	ＣＦＪ	過払金承継	債権一括譲渡	×
61	H23.7.14	1	集民	237-263	プロミス	充当	完済後再貸付、自動更新条項	×
62	H23.9.30	2	集民	237-655	プロミス	過払金承継	親子会社間の切替契約	○
63	H23.12.1	1	集民	238-189	ＣＦＪ	過払利息	悪意（リボ取引・17条書面）	○
64	H23.12.15	1	消二	91-48	アコム	過払利息	悪意（リボ取引・17条書面）	○
65	H24.1.20	2	消二	92-167	ＣＦＪ	過払金承継	債権一括譲渡、信義則	×
66	H24.6.29	2	集民	241-1	プロミス	過払金承継	親子会社間の債権譲渡	×
67	H24.9.11	3	民集	66-9-3227	ＣＦＪ	充当	無担保リボから不動産担保への同日切替え	×
68	H24.12.14	2	民集	66-12-3559	SFCG	根保証	随伴性	×
69	H25.2.28	1	民集	67-2-343	ＣＦＪ	相殺	時効消滅した過払金による相殺	×
70	H25.4.11	1	集民	243-303	アコム	過払利息	過払利息、過払元本の充当順序	○
71	H25.4.16	3	民集	67-4-1049	弁護士	法律事務	時効待ち方針の採用と説明義務	―
72	H25.4.26	2	民集	67-4-1150	武富士	会社更生	供託金還付請求	○
73	H25.7.18	1	集民	244-55	ＣＦＪ	制限利率	過払後の借入金に対する制限利率	×
74	H25.11.13	2	民集	67-8-1483	武富士	会社更生	訴訟費用	×
75	H26.7.24	1	集民	247-113	ＣＦＪ	遅延損害金	ボトルキープ	×
76	H26.7.29	3	集民	247-127	ＣＦＪ	遅延損害金	ボトルキープ	×
77	H27.6.1	2	民集	69-4-672	ＣＦＪ	債権譲渡	異議を留めない承諾	○
78	H27.6.1	2	裁HP	26受2344	ＣＦＪ	債権譲渡	異議を留めない承諾	○
79	H27.9.15	3	集民	250-47	ＣＦＪ	和解・調停	調停合意の範囲、有効性	△
80	H27.12.14	1	民集	69-8-2295	プロミス	相殺の抗弁	反訴における相殺の抗弁	△
81	H28.6.27	1	民集	70-5-1306	司法書士	法律事務	認定司法書士の代理権	―
82	H29.7.24	3	民集	71-6-969	ＣＦＪ（司法書士）	法律事務	認定司法書士がした和解契約の効力	×

＊判決43、44の事件は、差戻審において、書面要件欠如を理由として悪意の受益者であると判断されている。

43条対策会議の様子

第2章

鼎談　多重債務から生活再建へ
―クレサラ対協40年の活動と今後の課題―

全国クレサラ・生活再建問題対策協議会副代表・仙台弁護士会　新　里　宏　二
生活保護問題対策全国会議事務局長・大阪弁護士会　小久保　哲　郎
非正規労働者の権利実現全国会議事務局次長・大阪弁護士会　小　野　順　子

コーディネーター　釧路弁護士会　岡　澤　史　人

収録　2018年10月14日

はじめに～自己紹介～

岡澤 それでは座談会を開始いたします。司会を務めますのは、66期の釧路弁護士会所属の弁護士、岡澤史人です。どうぞ宜しくお願いいたします。それでは、先ず先生方に自己紹介をして頂ければと思います。

新里 仙台弁護士会の新里宏二と申します。1983年に仙台弁護士会に登録しました。その年はサラ金二法が11月から施行される年。ですからまだ4月に弁護士登録した段階では無法地帯でした。今でいうヤミ金みたいな人たちと毎日、朝喧嘩するんですね。電話をボンと投げ捨てたことを今でも覚えています。何でこんな、これ弁護士のすることかなというのが始めの印象でした。まずはそこから自己紹介させて頂きました。

小久保 大阪弁護士会の小久保と申します。1995年に弁護士登録しました。2007年6月に生活保護問題対策全国会議を設立して、事務局長をさせて頂いております。

小野 大阪弁護士会の小野順子と申します。2004年に弁護士になったんですけど、その前に10年間、市役所の職員として勤務していました。その時の経験が今の活動に繋がっているかなと思っています。

クレサラ運動の成果──被害の実態がメディアを動かし、法改正へ

岡澤 ありがとうございます。それではさっそく本題に入って参ります。私の手元に『全国クレ・サラ対協30周年記念誌』があります。この記念誌を読むと、この時はクレサラ問題が中心に書かれています。そこで、まずはこれまでの運動の成果というところで、クレサラ問題についてお聞きしたいと思います。30周年記念誌の中に、日栄・商工ファンドとの闘いという新里先生が執筆された論文がありました。非常に印象に残った言葉として、商工ローン問題は生き死にの問題、というのがありました。新里先生としてはその生き死にの問題というのは、具体的にどういった事件から感じとられたのでしょうか?

新里 弁護士になりたての2年目1984年に、地元の宮城で被害者の会「みやぎ青葉の会」を作ったんですね。私は初代の事務局長になったんです。その数年後（1988年）のことですが、老夫婦が相談に来て、一日おいて弁護士相談をするという、その真ん中の日に、取り立てを苦に首つり自殺をしてしまうんです。非常にショックを受けました。借金の問題が、「命の問題」なんだなと。その時に思ったのが、「借金で自殺するような社会をなんとか無くしていきたい」ということです。商工ローンでも、保証人をとられているものですから、自分が払えなくなると保証人に迷惑を掛けてしまう。商工ローン業者もそれをわかってるから追い込んでくるわけですよね。それで、例えば債務者が焼身自殺をする。そして保険金で整理してくれってことがある。私の依頼者でも、ヤミ金を片付けたのに、その後、商工ローンへ振出した手形が不渡りを出し、その夜に首を吊った中小事業者がいました。遺書ではないんだけど、「新里先生にお願いして整理してくれ。保証人に迷惑かけないでくれ」って書いたものがあって、やはり生命保険がかけてあったんですね。

借金の問題がほんとに人の命の問題になる。それが自分が取り扱った事件の中でも何件か出てきてしまう。それをなんとかしたいなというのがずっとこの問題をやってきた原点だと思います。

岡澤 クレサラ問題は生き死にの問題というところで関わってこられたというお話がありました。新里先生が関わり始めた当時は、生活が困窮して借金を重ねているような人に対して公的に扶助するような制度は無かったんでしょうか?

新里 例えば生活保護の制度だってあるし、それは今も変わらないんですけど。サラ金業者、消費者金融の業者なんかは、「自分たちが社会福祉を補完する役割を担ってるんだぞ」って言うんですね。本当に担ってるのか、そんな高利で生活を破綻させて。だけどまさしく生活保護とかのセーフティーネットの方が非常に使い勝手が悪い中で、簡単に貸してくれる、高利で貸してくれてその場をしのげる。または商工ローンは中小企業者に高利で保証人をとって貸してくれる。そっちにどんどん流れって行ってしまう。客観的に見れば、違う選択があったはず、だけどもそういう選択に行かないという中で命の問題につながっていったのかなって思います。

岡澤 先生が関わり始めた後に、出資法の上限金利が40.004％から29.2％に下がった、これが平成12年12月。貸金業法の改正に関しては29.2％から20％に変わったのが平成18年です。先生方もこれらの法改正にあたって、いろいろ運動を展開されてきたと思いますが、この運動が成功した要因はどこにあるんでしょうか？　私が思うにはちょうどこの貸金業法改正前の当時は消費者金融っていうものは経済的に大きな実力をもち、武富士なんかは上場企業だったわけだし、そうすると色々と与党に対する献金とかもあって、政治への影響力も非常に強かったと思うんです。その点は先生方はどういったご認識でしょうか？

新里 1998年12月、木村達也さんが団長で私は副団長で、日栄・商工ファンド対策全国弁護団を作っていく。日栄も商工ファンドも借り入れた中小事業者を倒産に追い込んでいく。彼らは一部上場企業で、日栄はテレビCMを多用している。弁護団がいろんなことをやっても記事にならないんですよね。社会的に被害が認知されない中で、一番それを悩んで、突破しようと思った時に、日栄に対する過払金請求を仙台地裁に集団提訴しました。それ

が、朝日新聞の社会面で大きな記事になる。それを見た東京新聞が特報記事でキャンペーンを張るっていうんですね。それで僕の事務所に取材をしにきました。全国各地での被害を特報記事で出していく中で、メディアがこれは酷いよねっていう流れができていった。そして弁護団は、救済をするためにはサラ金と闘うのとちょっと違う手法、例えば手形が取り立てに回された、公正証書で差し押さえするとか、手形訴訟を出されるとか、相手はいろんなことをやってくるんですね。それに対して実務家としては、こうやったら手形が止められるよねとか、公正証書での差し押さえをこうやって止めるんだとか、実務家としてのノウハウを磨きながら対処していく。情報を集めて実務家として闘える。だからこそ、いっぱいの相談者がくる。そこに酷い実態がでてきて、それをメディアとともに叩いていく。そんな中で第一次の1999年12月、出資法の上限金利が40.004％から29.2％に下がっていく。通常であれば貸金業法の改正ですから、日弁連の委員等が国会での審議の参考人として出るんですけど、その時は木村達也さんが衆議院の委員会の参考人として出ている。それだけ日栄・商工ファンド全国弁護団が頑張って、実務家としてのノウハウを築きながら被害を暴いていったということなんです。

　同年10月宇都宮さんが、日栄の取り立ての、「腎臓、肝臓売って払え、目ん玉売って払え！」という、録音を公表しました。恐喝事件として刑事告訴するということが大きな記事になった中で、被害者への救済の流れをメディアと共に作っていけた。被害の実態がメディアを通して世の中に伝わって、与党の国会議員も賛同して、法改正が実現したんだと思います。

岡澤 粘り強く活動していく中でメディアにそれが取り上げられて、やがて社会の共感を呼んで、それが法改正に繋がったということ

ですね。一定の成果を上げられたわけですが、これからの消費者金融に関する問題としては、どういうご認識でしょうか？

新里　ちょっと前置きです。貸金業法の大改正が2006年12月になされますが、実はその前に、弁護団が最高裁で3つの判決を勝ち取っています。平成15年7月18日に日栄との関係での判決。翌年の2月20日、商工ファンドとの判決。そして最終的に2006年1月13日シティズとの判決。

その最高裁の判決3つを取っていく中で、弁護士や司法書士に頼めるのはごく一部だよねって。だったら利用者全体が利息制限法の利益を享受できるようにする為には制度改正をしなきゃいけない。そうして、出資法の上限金利を利息制限法まで引き下げるなどの制度改正を求めていった。そして2006年の12月に貸金業法の大改正に繋がる。

ただ最高裁判決だけではなくて、その際には340万の署名が上がっていく。そして全国の6割以上の自治体で意見書が採択される。そういう大きな運動を作っていけた。

実は、中日新聞の白井康彦さん等から、「クレサラ対協の人たちは、なんでそんな『たこツボの運動』やってるの？ そんな広まりのない運動をやったって大きなことはできないよ」って言われていました。2005年から運動に一緒に取り組んだのが中央労福協なんです。中央労福協というのは連合とか生協とかを傘下に持つ労働福祉団体です。その広がりの中で先程のような340万筆の署名ができていく。実は340万筆の署名のうちの280万筆は中央労福協が連合傘下の人たちも含めて取ってくれた。日弁連や被害者運動で取れたのは60万筆にしかすぎないんです。ですから、我々だけの運動では60万の運動だったのが、広めたことによって大きな運動になった。そして、大きな法改正ができた。

それと、「弁護士は自分の権益を捨てられ

るのか」とよく言われました。過払いバブルというのもありました。最高裁の判決によって、いわゆる過払金請求が弁護士・司法書士なら誰でもできる様な状態になったわけですよね。それを結局1年も経たないうちに法改正をするっていうんだから。そうすると、やっと誰でも過払金請求できるようになったのに、金利を下げてしまえば今後は過払いは発生しなくなるんです。だから「本気で弁護士はやるのか」と実は後藤田正純さんという金融担当政務官から一番初めに会った時に言われたんです。我々はやりますと言ってやり切ったわけです。自民党の人たちからしたら、弁護士ってどこまでやるのって思ってる時に、私たちは弁護士法1条というのがあるので、「正義のためにやる」と言ったらかっこよすぎますけど、それを言い切ってやり切ったというところがあるのかな。ここまでが前置きです。

これからの問題でいうと、今、銀行のカードローンの問題が出てきています。私は金融庁の多重債務問題の懇談会にも出ていますけど、ずっと減少してきた多重債務者が増えていく状況、自己破産の増加という事態が出てきています。ただ一番の問題は、金融庁自体、監督官庁なのに、多重債務者が今何人いるのかを把握していない。法改正前は200万人いたんだけど今9万人と言われている。それは消費者金融だけで5社以上から借り入れの人が9万人、じゃ、銀行のカードローンを含めたら何万人だというのがデータとして分からないというところがあってですね。ここは極めて問題だろうなと思っています。

原動力は「先生ありがとう」

岡澤　ありがとうございます。私が大学に入ったのは2002年なんですが、法学部に入って、民法の最初に習うのは私的自治の原則、契約自由の原則ですよね。一方、私は今瞭美弁護

士の親戚ということもあってクレサラ運動の会合にも大学に入学した当初から参加していたのですが、そこで、高い金利とはいえ一応契約したのに、それが払えないのが被害だと言って先生方が運動しているのを見て、ちょっとぎょっとしたところもあったんですね。大変失礼ですが。でも私のような若い弁護士は同じ感覚だと思うんです。こういった、クレサラ問題のように今までの通例とは違う活動をするというのは、弁護士個人としては勇気がいることだと思うんです。このあたり、新里先生はどういう心構えでクレサラ問題に向かうスピリットを養っているんでしょうか。

新里 実は逆でして、僕の場合は。学生の時に利息制限法を勉強しますよね。それで年利15〜20％の金利だって書いてあるのに、社会に出てみたら、いわゆる消費者金融が100％近くで貸してた時期があって、何でそんなことができるんだろうなって。勉強してみると出資法という刑罰が科せられる金利の規定が別個にあって、それ以下だったら、罰せられないからいいんだよねということでやってた。高利の容認が「命の問題」に繋がるんだったらやっぱり原則は利息制限法だろうって。利息制限法の方が古いわけですよね。明治時代から大正を経て新しい利息制限法ができるんだけど、出資法は確か昭和29年成立。利息制限法より新しい法律なんですよね。だったらどっちが大事だろうって思うと、利息制限法だろう。利息制限法を使ってどう解決していくかという視点ですね。解決したとき、依頼者が頭を下げて「先生ほんとにありがとう」って言ってくれるわけです。だったら頑張るしかないよねって。その依頼者との関係で、弁護士というのは感謝されると弱いのでね。

　依頼者っていうのは理性的な生き方をしている人だけではないんですよね。だから叱りたい時もありますよ。「何でなの」って言いたい時もあるけど、何件もやっていると、何

で皆がこうなのかな、だから違法な高金利、過剰与信、過酷な取立、それを何とかしなければならないという制度論の方に行く。制度論の方に向いた時に、やっぱり変えていかなきゃダメだなという思いがあるし、さっき言ったように命の問題だということもあるので、大変だとは思わずにやってきたのかな。

　例えば日栄・商工ファンド全国弁護団が結成される前に、ニシキファイナンスという大阪の商工ローン業者が手形を預かって詐欺事件を起こすんです。その時に全国で初めて手形取立て禁止の仮処分を取って、それが解決への大きな弾みになる。弁護士として一つの裁判所の決定が解決のために大きく動くんだなってことを実感したりする。少し成功体験みたいなのがあると次に繋がる。それが依頼者の会社や命を助けることになると非常に実務家としてもうれしいな、良かったなという、そういうモチベーションを上げながらやれたこともあるのかなと思いますけど。

生活保護問題―きっかけは悪質な水際作戦

岡澤 ありがとうございます。では次に、小久保先生にお聞きします。先生の書かれた「生活保護問題をめぐる最前線の攻防」という法学館憲法研究所の論文の中に、生活保護の問題がいろいろ書かれていましたが、そもそもなぜ、生活保護の問題に取り組むようになったのですか。

小久保 私が弁護士になったばっかりの時にはホームレスの人がすごい多かったんですよ。1995年、平成７年ですけど、大阪ではホームレスの人がたくさん路上で寝てました。ホームレスの状態なので生活保護が受けられて当然なのに受けてない。ある支援団体の方から受けた相談ですが、当時、ホームレスの人は路上で行き倒れると救急搬送されて病院に入院して生活保護を受けられると。退院したらまた保護が廃止されて路上に戻ると。そ

37

して路上で死んでいくと、そういうことでした。その支援団体の方が、退院後は路上に戻るのではなくアパートで生活すべきと思い、居宅保護への変更申請という書類を本人に付き添って役所に持って行ったそうなんです。すると、役所は受け取らない。押し問答の末、最後は落とし物ですと言って付き返されたと、そういう相談だったんです。それがきっかけですかね。結局、生活保護は権利なのに権利性が絵に描いた餅になっている。本来受けられるべき人が受けられてない。そういう状態が山ほどある。少しずつ改善されてはいるけれどもまだその状態は残っているのかなと思います。

岡澤　いわゆる「水際作戦」ですね。その背景にはどういった事情があるのでしょうか。

小久保　いくつか理由があると思うんですけど、一つは職員の知識が無い。職員は本来専門性が高くて、生活保護法とか、実施要領などの通達に習熟している必要があるんですけど、それが今の日本ではそうなっていない。専門職採用をされていませんので昨日まで水道局にいたような人が突然、生活保護の担当になる。その窓口でやられているローカルルールに基づいて運用されているという所が大きな問題なのかなと思いますけどね。

岡澤　実際の担当者が、生活保護の正しい運用などについて熟知してない場合があるということですか。

小久保　そうですね。一方で市民の側も生活保護に対する正しい知識が無いので、自分が生活保護を使えるということを知らなかったりする。ホームレスの人も65歳になるまでは生活保護を受けられないんだと思い込んでいる人もたくさんいましたし、支援する側も生活保護に繋げるという意識があんまり、特に昔は無かった。それで本来、生活保護に結びつくべき人が結びつかないということがあったと思います。

岡澤　近年、小田原市の「生活保護なめんなジャンパー事件」がありました。先ほどの小久保先生の論文の中にこのことが書いてあって、小田原市では、この問題が発覚した後、速やかに対応が取られたということでした。生活保護を受給することに対して非常に否定的、威圧的だった職員が、劇的に対応が変わっていったのはなぜでしょうか。

小久保　まず市長が偉かった。かつ井手英策さんという小田原市在住の慶應義塾大学教授が、検証委員会の座長になって、きちんとこれに向き合われた。市民の反応は、批判も半分だったんですけど、ジャンパーを着たことが素晴らしいという意見も半分位あったらしいです。しかし小田原市としては、市長を始め、やはりやってはいけないことがあったので、それを徹底的に検証するという姿勢で向き合った。その中で、我々の仲間である森川清弁護士とか、元当事者で私たち生活保護問題対策全国会議の幹事でもある和久井みちるさんとかが委員として検証委員会に入って、非常に素晴らしい報告書が出されました。その後、役所が実際に改善に向けて取り組んでいるということですね。ただ市長が偉かったということもあるんですけど、ちょっと手前味噌になるかもしれませんけど、この10年間の運動の広がりの中でそういう関係性とか、あるいはそういう時に委員になれる元当事者の人とか、そういう人材も広がってきてたというのもありますね。

諸外国の生活保護の制度は？

岡澤　最近では財政の悪化を理由にできるだけ保護費を圧縮するという方向性になってるとは思うんですけど。これも小久保先生の論文の中でも言及がありましたが、OECDの基準と比べてみた時に、予算に対する金額でいうと日本はOECDの基準の大体4分の1ぐらいだと。諸外国では、生活保護またはこれ

に相当する制度はどのようになっていますか。

小久保 いい質問ありがとうございます。つい最近『これがホントの生活保護改革——「生活保護法」から「生活保障法」へ』(生活保護問題対策全国会議編、明石書店)という本を出しまして。ドイツ、フランス、スウェーデン、イギリス、アメリカ、韓国の生活保護制度について各国の専門の研究者の方に調べていただきました。一言では言いにくいんですけど、例えば名称で言うと生活保護法という「保護」というような旧態依然とした名前を使っているのは日本だけで。韓国では国民基礎生活保障法、ドイツは求職者基礎保障法とか失業手当Ⅱ、スウェーデンは社会サービス法に基づく経済的援助とか、そういう価値中立的な名称ですし、捕捉率とか利用率とかそういう点でも全く違いますね。ドイツとかフランスは国民の1割近い人が生活保護を使っているということなんで。生存権を守るという理念自体は同じなんですけども、国家がそれをちゃんと権利として国民に適用していく体制になってるのか、なっていないのかについては、かなり違いはあると思います。

岡澤 例えばインターネットなどでは、生活保護を蔑視の意味を込めて「ナマポ」と呼んだりしてますね。そんな風に、生活保護を受け取ること自体が非常に悪いものであるかのように言われていて、あくまでそういうのに頼らないで自己責任で生きていくべきだと。日本ではそういう風に語られることが多いと思うんですけども、そのあたりは、諸外国ではどうでしょうか。

小久保 スウェーデンとかドイツに行った時には、生活保護に対するスティグマはそれぞれの国でもあるけども、ただ国や自治体の姿勢が日本とはかなり違うと感じました。だから、市民の意識も日本とは違うんじゃないかなと思います。一方で、日本でバッシングと言われているものは、ある面、政府が意図的にやっていると私は思っています。2012年にお笑いタレントのお母さんが生活保護を受けているということでバッシングがありました。あれは国会議員の片山さつきさんとか世耕弘成さんとか、自民党の生活保護のプロジェクトチームの中心メンバーが、バッシングをあえて煽ったところがありました。さっきおっしゃった自己責任論を持ち出して、社会保障なんか使うものじゃないっていう。自己責任論を喚起していくその起爆剤みたいな形で生活保護が使われてきたなと。実際にその後、社会保障制度改革推進法という法律ができて、生活保護の引き下げがずっとされてきて。そのあとに介護保険とか医療とか。いろんな分野での社会保障の削減がされています。ある面、そういった社会保障削減の口実として使われている。実はイギリスでも同じようにチャブという公的扶助を使う人に対する蔑称があって、バッシングする風潮もあるそうです。イギリスもかなり社会保障が削減されているんですけど、やり方は各国同じだなと思います。

生活保護の財源は？

岡澤 財務省からの報告で財政の悪化が強調され、税金を高くしないといけないということも言われ、そのことに対する不安や不満から、生活保護を始めとする社会保障費に税金を使うということへの風当たりが非常に強くなってると思うんです。この状況の中で、今後どういった心構えというかスタンスで、生活保護の問題に取り組むべきと考えていますか。

小久保 社会保障の拡充を求めると、財源がないから仕方ないという話は必ず出てきます。そういう意味で言うと財源の問題と社会保障充実は表裏なんです。応能負担っていうか、ちゃんとあるところから税金としてお金をとって、それをどうやって社会保障に分配

していくのかということを提案していくことが非常に重要だと思います。公正な税制を求める市民連絡会は、まさにそういう問題意識で作られているんだと思います。日弁連も今年の人権擁護大会では、そういう提案をしました。生活保護だけじゃなく社会保障全体と、財源の問題は連携して組み合わせて運動していかないといけないと思いますね。

非正規労働問題——原点は市役所の職員時代

岡澤　社会の構造的な問題に真正面からアプローチして、粘り強く運動していくことが、生活保護に関しても非常に重要なのではないかと思いました。小野先生は非正規労働者の権利実現全国会議のメンバーということですが、そもそも非正規の問題に関わるきっかけは、どういうことだったのでしょうか。

小野　自己紹介でも申しましたが、私は市役所の職員を10年間しておりまして、その中で人事の仕事をした時期が2年弱あるんですね。その時に、市役所の非常勤職員や臨時職員の任用や給与や労務管理の仕事をしていました。保育士さんなどが象徴的ですけども、正職員と全く同じ仕事をしているのに、お給料は正職員の半分、3分の1という実情がありました。あとは、当時、市役所でアルバイトしたい人は予め登録していただいて、役所の各部署が必要な時に登録名簿を見て電話をかけるというシステムだったんですね。それで、仕事を失った中高年の人とか、障害があって仕事がなかなか見つからない人とかが登録に来られるのですが、実際に採用されるのは若い女性ばかりで、そういった人たちはなかなか市役所の中でアルバイトしていただくこともできない。そんな現実を見て、自分がこんなぬくぬくと、安定した公務員の立場で非正規公務員や、民間で仕事を探している人たちの気持ちが本当にわかっているのかなと思いながら仕事をしていたことがありました。弁護

士になった後も、その記憶があったので、非正規労働者の問題はやりたいなと思いました。

厳然とある労使間の力の差

岡澤　日本ではずっと終身雇用制度が続いていたのが、90年代に入ってから少しずつガタが出始めて。最近ではどんどん非正規労働が広がっています。一方で実は日本の上場会社の内部留保は非常に拡大しているという面もあって、労働者に企業活動の収益がうまく行き渡っていかないなという実感があります。しかし、そういった非正規労働者の問題を解決することについて、なかなか社会の機運も高まらないというか、一旦は盛り上がるけどもまた下火になって、ということが繰り返されているように思います。非正規労働問題の解決が難しい背景としては、どういった事情があると思いますか。

小野　やはり労働者側と経営者の力関係だと思いますね。端的には。政治力の違いと言ってもいいかもしれない。先ほど岡澤さんがおっしゃった終身雇用制度は、年功序列賃金もそうですが、日本独特の制度です。かつては会社にとってもそれなりに合理性があったんですけども、それが立ちゆかなくなって今のような非正規の人が増えてきたという状況になって、会社にしてみたら今の制度は結構使い勝手が良いという状況になってしまっています。この流れは変えられないと思います。それなのに、労働法制とか社会保障制度がそれに追いついていないというところで、裁判をやっても勝てないし、生活も苦しいし、運動も盛り上がらない、ということかなと思います。

岡澤　労働組合はどうですか。組合は正規社員の利益は守るけど非正規社員はちょっと外れてしまう、というような話も聞きます。同じ労働者という一体感をもって労働運動を盛

り上げる、ということがないように感じますが、諸外国ではどうなんでしょうか。

小野 これも日本独特の制度ですが、企業内組合が主流ですよね。岡澤さんがおっしゃるように、そこでは正社員が中心で、非正規社員をそこに入れると問題が分散するとか正社員の権利が侵害されるとか、そういう姑息な考えがあって、組合員の幅が広がっていかないです。例えばドイツは産別組合が基本です。非正規の人も正規と全く同一とまではいかないようですが、正社員だけが組合員だというようなことはありません。産別組合であっても組織率が低下しているとか、日本と共通の課題はあるようですが、少なくとも日本のこの企業内組合、今の労働組合のあり方が、一つの曲がり角に来ているというか限界に達していることは確かだろうと思います。

岡澤 最近のニュースで、未成年のアイドルが会社からのパワハラで自殺したという話がありました。その労働契約書の中でかなりかっちり、労働者つまりアイドルに対する厳しい制裁が決められていたということが報道されました。私は弁護士とか法律専門職がああいう契約書を作成して、そのことを手助けしたと思うんですけど。弁護士は労働者からだけではなく企業からも相談を受けることがありますが、そういう場合のバランスはどのように考えていますか。

小野 メンバーシップ型雇用からジョブ型雇用へと言われています。終身雇用型の「会社のメンバーになりなさい」というような雇用から、特定の仕事をさせるために雇用する、という形に変わりつつあるということです。非正規雇用はジョブ型の象徴的な形だろうと思います。すると、会社は能力とか成果をより厳しく求めてくるという傾向があると思うんですね。メンバーであれば、協調性があって言うことを聞いてくれる人材なら、とりあえず入ってもらって、多少、できが悪くても

そこで教育をして育て上げるという、そういう雇用も可能でしたが、ジョブ型だと直ちに成果を出し能力を発揮することが求められることになります。そこで、おっしゃるような厳しいノルマであったり、制約があったりということになっていくのでしょうね。労使は対等だと言いますが、やはり労働者側と使用者側には歴然とした力の差があります。そこを頭に入れた契約を考えていかないといけないと思います。今、政府は「雇用によらない働き方」などといって、請負とか委託とか、そういう働き方を増やそうとしています。そうなるとますます、労働法に基づく保護がなく、取引だ、対等な契約だ、ということになってしまう。それは絶対に違う、労使の力の差があるというところは頭においておかなければいけないと思っています。

強制不妊問題―20年被害を訴えてきた方との出会い

岡澤 では、また話を新里先生の方に戻しまして、強制不妊問題についてお聞きしたいと思います。今年、先生が訴訟を起こされたということでニュースにも大きく取り上げられました。ただ、少し不思議に思ったのですが、今まで訴訟を起こされてこなかったのでしょうか。

新里 なかったようですね。残念ながら。実は1948年に優生保護法ができて、障害者については、子供を産ませない、不妊手術を強制する、不良な子孫の出生を防止するということが認められていた。それが1996年に障害者差別に当たるということで外圧もあって、母体保護法に改正をしていくんですね。同意型と同意によらないものを合わせて、強制不妊手術は2万5000人ぐらいいたんです。1996年に法改正された段階で、98％の被害者の人が除斥期間満了なんですよね。20年の除斥期間の満了で、聞いた人もこれ無理だよねってい

41

うのが普通なのではないのかなと。私のところに相談に来た人も、何人かの弁護士さんには相談したと言いながら、ちょっと無理だよねと言われてきた。これもすごく因縁って言ったら変ですけど、さきほど言ったように、私はみやぎ青葉の会の初代の事務局長していたんですけども、私がその優生手術の被害者の人と知り合ったのは、2013年の8月。みやぎ青葉の会が、震災の後でしたので「なんでも相談」をしていたんですね。そこに相談を寄せたのが飯塚さん（仮名）です。1997年からずっと「私は手術を受けさせられたんだ」、「なんとかしてくれ」といろんなところでずっと訴え続けたのだけども何も進まない。彼女の場合、記録も残っていないんですね。優生保護審査会で審査にかけられる。その記録が全部ないんですね。だから除斥期間を経過し、さらに記録もない。だから相談してもどこも受け付けてくれなかった。

　障害の問題に取り組んでいた方からすると、問題だなと思っているんだけども、実際に声を上げられないから相談にもほとんど来ない。制度論とすれば問題だろうが、顕在化しない。それだけ声を上げられない。自分が障害者だったり、生殖に関する被害だったりで、打ち明けたくない問題ですから声が上げられない。それから、一部は親が同意していたりするとさらに隠蔽するという、蓋をしてしまうということもあってなかなか声を上げられない。

　本当に20年被害を訴えてきた方が僕の前に現れて私が逃げられなくなってしまって。なんとか考えて、2015年6月、日弁連に人権救済の申し立てをしたということです。裁判やったら無理だなと思いましたのでワンクッションとして日弁連という公的な団体が、これは人権侵害だと認めることがひとつの突破口になるかもしれないなという思いもありました。日弁連は受け止めてくれて、去年（2017

年）の2月に人権侵害であるという意見書が出た。それが大きく報道されて、それを見た宮城の方が私の事務所に相談に来て、「実は自分の義理の妹が手術されたんだ」ということで、その方について、個人情報の開示をしてみたら、出てきたんですね。新しい被害者を受け、厚労省が動くかと思ったら何も動かなくて最終的に私がやりたくないと思ってきた裁判をやらざるを得なくなったということです。それが今年（2018年）の1月30日。みんながおかしいと思ってきたんですよ。でも被害者が声を上げることをサポートできなかったもんだから問題にならなかったんだけど、「さぁ提訴するぞ」といった時にメディアがもうこれはひどいって書いてくれて。私も随分取材を受けました。そういう被害の事実をメディアが大きく取り上げることによって動かなかった政治も動いてきたという状況です。初めて飯塚さんと会ったとき、いろんな運動をしてきたという自負がある中で、「先生でも何もできないんですか」って言われたら、「いや、考えるさ」って言わざるを得ない。そういう意味では、現場で被害を訴え続けた人がいたから僕はそれにほだされて動かざるを得なくなった。そしてメディアが動いたことによって少し展望が出てきたのかなと思います。

岡澤　ありがとうございます。

社会を動かすには？

小久保　ちょっと質問していいですか。報道とかを見ていて、「あ、新里宏二が動き出した！」と思ったんですけど。その途端にメディアがブァっと報道して、超党派の議員連盟ができたりして。多分いろいろと画策というか、動かれたんだと思うんですけど。その辺どういう作戦を立ててどういう動きをされたのでしょうか。

新里　実は国会の中でもですね、例えば人権

救済の申し立てをした段階で院内集会をするんですね。共同通信等で配信したら大きな記事になって。だけど来てくれる中に与党の人はいないんです。野党の国会議員しかないです。ありがたいんだけども、政治を変えるというと与党でないと動かないっていうこともあって。僕ではなくて、原告のお姉さんも各所にお話をかけたようです。公明党の井上義久幹事長がいち早く提訴の直後に「裁判をやっていることは補償制度を作る障害にはならない」って言ってくださって、あれは凄くありがたかったかなと思っています。

何と言っても圧倒的にこの報道の量じゃないですかね。実は2017年12月3日に前触れ記事が毎日新聞に出るんです。「来年1月に全国で初めて優生手術被害者提訴へ」と。これは一面のトップ記事なんです。その日は日曜日で、教えてもない電話番号から私の携帯が鳴りっぱなしになって。その日に8本の取材を受けます。翌日も取材を受けます。それだけメディアが食いついてきて、そして報道していく。人権救済申立時にお願いしていた議連がやっと前厚労大臣が会長になってできていく。議連の中で与党も引き込んだ形でできてきたのが大きくて、それに呼応するように与党の方のWT（ワーキングチーム）も同時にできていく。

また、優生の問題っていうのは古い問題ではなくて、例えば新型出生前診断の問題とか、それから、相模原の無差別殺傷事件のような「障害者が生きていく価値が無い」という殺傷事件があって衝撃的でした。障害者の問題について注目が集まっている時と同時進行で進んできたのもタイムリーだったのかなと思っています。

訴状を検討している中で、若い弁護士さんが、非常に頭を使ってくれました。昨年9月「裁判やるぞ」って仙台で弁護団を集めたんだけど、事務局長の弁護士から「先生これ政策形成訴訟ですよね」って。「勝ちにいくわけじゃないですよね」、「判決取りにいかないですよね」って言われて。なんでって聞いたら、「除斥期間満了で無理ですよこれ」って。僕が「きちんと土俵を作ってやらなきゃだめだ」と言った時に若い人たちが色々議論する中で、「立法不作為の違法を認めた最高裁の判決がある」と話すんです。平成17年の最高裁判決があるんですね。在外邦人が選挙ができない、その実現の為の法案ができるんだけど実現しないってことで、最高裁で唯一立法不作為を認めた判決があるんです。それを若い人が見つけてきてくれて。「先生これはどうですか」「それはいいな」って。実はハンセン病の平成13年の熊本判決も立法不作為の違法を認めています。そういう過去の裁判例、過去の先人が闘ってきた手法を若い人たちが探してきてくれたんです。先人が闘ってきたことをどう私たちが受け継いでいくか、それから若い人たちが若い頭で考えてくれてこれを使いこなすか。そういう若い人たちも含めた仲間づくりの中で上手く回ってきたかなという気がします。

クレサラ運動を核に他の運動を広げた

岡澤　ありがとうございます。ここまでクレサラ問題と生活保護問題と非正規問題、そして優生保護の問題っていうことでお話いただいてきました。運動としては、クレサラ問題を大きな核として動いてきて、これに生活保護の問題とか非正規の問題っていうのが、今まさに合流してる形になってるわけですが。まず小久保先生に、生活保護問題がクレサラ問題に合流するまでの経緯を教えて頂きたいのですが。

小久保　私がたぶん木村達也先生と初めてちゃんとお会いしたのは、2000年を少し過ぎた時にですね、さっき言ったみたいに当時、大阪の街はホームレスの人がいっぱいいて。裁

判所の前も、川辺にテントがばーっと立って
るし、市役所の前にもテントがばーっと立っ
てる状態だったんですね。我々は、そのテン
トで野宿している人に向けた法律相談も、大
阪弁護士会の人権擁護委員会の中でホームレ
ス問題部会っていうのを作って取り組んでい
ました。そこで消費者関係の木村先生などか
ら、我々がそういうことをやってるってこと
だったので声を掛けてもらって一緒にテント
を訪問しての法律相談をやった時がありまし
た。そこではじめて木村先生とお会いしてで
すね。その時に目をつけられて、その頃から
なんか葉書が、こう美術館の裸婦像とかの絵
葉書の裏にミミズがのたくったような文字で、
クレサラ運動に入れみたいな手紙が来るよう
になり、それをいつも捨ててたんですけど
（笑）。なんでかっていうと当時クレサラ運動
ってまぁすごい活躍しててですね。2000年代
の前半ぐらいなので、運動が一番盛り上がっ
てる時期なんですけど、土日もいっつも集会
してはるし、デモしたり街頭宣伝したりとか
やっていたので、あんまり近寄らない方がい
いなってずっと思ってたんです。ただ一方で
私は少数の仲間と生活保護の申請同行とか審
査請求とかをやってたんですけど。大阪には
ホームレスの人が公称だけでも6000人いて、
実際はその3倍ってことなんで2万人ぐらい
のホームレスの人がいると言われていました。
生活保護を受けるべき人はそれだけいるのに、
その中のごく一部をそうやって申請同行して。
審査請求して。なんかこう砂を積んでるよう
な感じでですね。これでは解決しないってい
うのを痛感していたんです。2006年に日弁連
の人権擁護大会で生活保護問題をはじめて取
りくむということになりまして、我々人権擁
護委員会の中のホームレス問題とか生活保護
の問題をやってた弁護士と、多重債務の方も、
多重債務の背景に貧困があると先程先生がお
っしゃったみたいに要は貧困なのに社会保障

が使えずにサラ金からお金を借りて生活が破
たんしていくっていう、背景に貧困があるっ
てことを同じようなテーマで提案されて。異
例だと思うんですけど、人権から来た人と消
費者から来た人で合同で実行委員会を構成す
ることになってですね。多重債務問題、生活
保護問題、貧困問題をはじめて一緒に日弁連
が取り上げることになったんですね。ちょう
ど2006年ですからまさに貸金業法改正がされ
るさなかに多重債務問題の人たちは二正面作
戦で、人権大会と貸金業法改正の運動をして
いて、間近で僕はその様子を見て何というか
本当にすごいなと。例えば河野聡さんがその
時実行委員会の事務局長だったんですけど、
何か企画した時に彼は、「俺はいつでもいい。
皆に合わせる」といって、予定は入っている
のに、その予定を全部変えるんです。優先順
位において運動を最優先にしている。実際に
何か動きがあったらすぐ声明を出す。実行委
員会で昨日一緒にいた人が、次の日テレビで
インタビューを受けていたり街頭に出ていた
りとかを見て、こういう風にやると世の中っ
て動くんだなと目の当たりにしてですね。生
活保護の分野では、普通に裁判とかしていま
したけど、割と緩い感じでやっていたんです。
そうではなくてこういうクレサラ運動のよう
なやり方をやれば生活保護の分野でも、この
ぶち当たっている壁をやぶれるかもしれない
なと思うようになっていて。私たち、生活保
護のことをやっていた仲間も少ないけどその
実行委員会に入って、生活保護の運動と多重
債務の運動がクロスオーバーしてきたという
ことですね。私自身は、本当に庇を借りる作
戦っていうか。独自に闘うのではなく、『消
費者法ニュース』に貧困の欄を作ってもらう
とかですね。あと生活保護ネットワークって
いうのを各地に作ったんですけど、それもク
レサラの人たちと一緒に作ってもらうという
のを意識的にやってきました。クレサラ運動

の人たちも一緒にやろうと言って頂いたことで、生活保護の運動が一気にそこから広まったと思います。

岡澤 クレサラのノウハウを活かしつつ、庇を借りるということになるのでしょうか。非正規労働問題に関しては、先生はどうでしょうか。

小野 非正規は生活保護ほどちゃんとした作戦が立てられていないのですが、やはり木村達也先生が一時、労働問題にすごく力を入れて下さった時期があって。日弁連の中でも労働問題に力を入れて下さったり、非正規会議の事務局会議とか幹事会とかにも来て下さった時期もあって、そのたびごとに、こんな労働組合に依存したような組合が組合がっていう運動じゃだめやぞということを毎回仰っていたんですよね。私も全くその通りだと思って、実は元々の発想はですね、そういう風に、組合に依存しない運動体を作ろうということで非正規会議を作ったんですよ。弁護士の他に組合の方とかも会員ではおられるのですが、個人での加入にしているのはそこなんですね。ということでクレサラの一団体に加えて頂いたわけなんです。ちょっとそれが残念ながらあまり奏功していなくて、いまだに連合が、全労連が、って言っているのでちょっと私としては内心忸怩たる思いがあるんですけども、最初の立ち上がりとしてはそういう感じです。

岡澤 先程も新里先生が優生保護法の問題で、被害者が声を上げられないと言われたのですが、非正規労働者であったり、生活保護利用者だったり、そういう人たちも、声が上げられないということが強くあるのではないかと思うんですが、その点は小久保先生どうでしょうか。

小久保 おっしゃる通りで、生活保護の人っていうのは周りに生活保護を利用しているということを隠している人が非常に多いです。肩身が狭い思いで暮らしていて。例えば集会で話して頂くとか、あるいは顔や名前を出してマスコミとかに出て頂ける人が非常に少ないんですね。特に我々生保会議を始めた時にクレサラ方式でですね、被害者の声を前面にっていうのを宇都宮先生や木村先生に常々言われていて、我々もそう思っていたんで集会とかで必ず発言頂くようにしているんですけど、特に2012年のバッシング以降ですね、本当にそれが難しくなっています。なのでそういう当事者の声をどうやって上げるのかっていうのが本当に課題です。ただ一方でこの間の運動の中で、2013年に史上最大の生活保護基準引き下げがされたのに対しては1年目で1万件の審査請求が行われて、全部で3万件近い審査請求がされました。その後、29都道府県で1000人以上の原告が違憲訴訟を提起するに至っています。その人たちは本当に積極的な人たちなので、その人たちの声がキチンと社会に出るようにしないといけないと思っています。支援団体も十分に機能していない状態の中、昨年（2017年）6月に初めて原告の交流合宿を開催できて、それは凄く盛り上がってよかったんですけど。折角それだけ集まっている人たちの声をどうやって社会に出していくか、前に出ていって頂けるような体制とか環境を作っていくのかっていうのが課題です。来年度（2019年度）位には判決も出そうなので。本当に喫緊の課題なんですけど、その辺はまた新里先生にお知恵をお借りしたいなと思います。

岡澤 当事者の方がなかなか声を上げにくいっていうのは、生活保護の問題で言うと後ろめたさっていうか、そういう声を上げることに対する道徳的な引け目というか、そういったものを感じられているというところがあるんでしょうか。

小久保 そういう人もいますね。税金のお世話になっているのは申し訳ないとか。やはり

社会自体に生活保護を受けることは良くないことだっていう意識が蔓延しているので。まさか自分がそういう立場になるとは思わなかったと。勿論そういうことを思う必要はないんですけど。また、声を上げることでバッシングされるんじゃないかという恐怖心も強いと思いますね。特にお子さんがいる方は生活保護を受けていることが近所に知られて、子どもがいじめられるんじゃないかとか。実際それはあり得る話だと思うんで、そういうバッシングを恐れるというのが一番大きいんじゃないかと思いますね。

岡澤　非正規労働の問題に関しても、労働者がなかなか声を上げにくいというそういった気持ちとか感じられていることはあるんでしょうか。

小野　非正規の方は、運動している時間があったら次の仕事を探すわと、そういう感じなんですよね。なかなか声を上げて運動をしようという方向にいかない。生活で精いっぱいっていうところがあります。1つには、裁判してもなかなか勝てないという現実があります。これは私たちの責任でもあると思うんですけども。それから派遣労働者なんかは特にそうですが、なかなか団結しにくいんですよね。一つの会社で働いている派遣労働者でも色んな派遣会社から来ていたりするので。なかなか一致団結して何かしましょうということにならないという現実があります。

被害の事実が、制度を変える

岡澤　クレサラ運動に、生活保護や社会保障の問題であるとか非正規労働の問題であるとかが合流していって、それ自体が一つの会の中で議論されているという状況を見て、今日こうやってお話を聞いている中で、共通しているテーマとしては、声を上げられない方々をサポートするということかなと思いました。これから何を目標として運動していくの

かっていうことを考えた時に、より声を上げられない人たちに対して支援していく、応援していくということを一つのテーマとして据えていくのはどうかと思うんですが、その点は先生方如何でしょうか。

新里　実は僕は弁護士になって36年ですけども、生活保護と自己破産について、「国の厄介になったり借金を踏み倒す。これは人間としてあってはならないこと」というイメージが、国によって作られてきたと思うのです。

構造的に多重債務問題が起きていて、自己破産する人が年間で25万人近くになった。破産っていうのも一つの役割なんだよねということが認知される中で、ハードルが非常に低くなってきた。だからさらに使えるようになってきたっていうことなのではないかと。

生活保護の問題も日弁連に生活保護の委員会ができて、それが貧困対策本部に代わってきた中で、権利性を確認する生活保護法の名称変更しようという議論もされました。

明るいビジョンを描きながら具体的な救済をしていこうという、自分達から仕掛けていく中でやはり当事者の人が声を上げやすいようなことをしたらどうなのかと思っています。多重債務問題で「自己責任原則の打破」を勝ち取ってきたことを、生活保護の問題にいかに繋げていくかっていうことが一つのなのかと。

このクレサラ対協にもし成功があったとすると、そこに法律家が入っていって裁判という仕組みを使いながら、ただ裁判をやるのではなく、運動をして社会から孤立させなかったことです。黙ってやっていると裁判って意外に負けるっていうのが僕の持論です。それを運動をすることによって、メディアでこれはおかしいよねと報道されると頭の固い裁判官が変わっていく。その最たるものが僕は優生保護法による被害の事件かなと思います。

例えばヤミ金被害の時、警察を何度か動か

そうと思ったって警察なんて全然動かないんです。これ民事ですからって言われて。ある弁護士さんに言われたのが、行政を動かすのは国会議員なんだよって。国会議員を動かせるのは世論だよって。世論って何だっていうとメディアだよって。メディアが何で動くかっていうと被害の事実なんだよねっていう話を聞いていて、それをなるべく実現したい。被害の事実をどう僕らが支えてそしてメディアにいかに酷いかということを伝える。それを力にして制度を変えて行く。それが国会議員だけじゃなくて裁判も変わる可能性だってあるんじゃないのって。微妙な事件は、どっちにも解釈できる。どっちに書いたっていいんですよ。だけどどっちを書くかはその当時の社会的な状況が裁判官すら動かすんじゃないかなと思ったりしています。

小久保 そうですね。新里先生がおっしゃったようなことは僕も生活保護の方でも考えています。今、1000人規模の裁判が29都道府県で闘われていて来年度ぐらいから判決が出始める中、残念ながら優生保護問題みたいにマスコミなり世論が応援している状態ではないという点が、僕は非常に気になっていてですね。裁判を孤立させないという意味で前向きな運動が必要だと、昨年度ぐらいから制度改善を同時に訴えています。特に子どもの大学進学の問題ですね。生活保護世帯の子どもが大学に行くと「世帯分離」されて子どもの保護が打ち切られてしまう、という問題なんですが、この間、運用が徐々に改善されてきて、今年度からは進学準備金として、10万円とか30万円のお金が出るようになったりしています。世帯分離そのものはまだ変わっていないんですけど。あと、自動車保有の制限が非常に厳しいというのが現場で本当に問題になっているので、その運用の改善にも取り組んでいきたい。また、2008年に日弁連が「生活保障法」という生活保護法の改正案を提案して

います。名称を生活保障法に変えるとか、教示義務を定めるとか、ケースワーカーの人員と専門性を確保するとかですね。こういった提案を今改めてしていこうと。今、日弁連の方で、10年の変化をふまえて要綱案の改訂版を理事会で通そうとして頑張っているところなんですけど。それが通れば、制度全体の改善に向けた運動と今やっている裁判運動とを連動させていく。その辺を追求していきたいなと思っています。

岡澤 小野先生何かありますか。

小野 新里先生の話をお聞きしながら、何かそこが労働運動が足りないところなのかなと思いました。今の労働法制っていうか、労働環境をめぐる情勢っていうのは、これまでに誰も経験したことのない、今生きている人たちが恐らく誰も経験したことのないような状況なんですよね。終身雇用も崩れ、年功序列でもない。雇用の流動化は避けられない。後戻りができないっていう状況なんですね。その中でどうやって私たちがきちんと生活をしていくかということを考えると、やはり大きな制度改革が必要だろうと思っているんですよね。だから正社員に戻せっていう運動ではなくて、なんていうか非正規なら非正規、非正規っていう言葉も止めた方がよいかもしれないんですけども。こういう雇用なんだということを前提に一つは均等待遇、同一労働同一賃金ですね。安倍政権が言っているような中途半端なものではなくて、本当の意味での同一労働同一賃金。それから社会保障の充実ということでしょうね。正社員であっても正社員という名前ではなくても、同じ労働者として働いたことに対する正当な対価が得られて、それから仕事から仕事へ移る時の何かしらブランクがあるとしてもそこの保障もしっかりあると。最低限の住宅や子どもさんの教育費などはきちんと保障されると。どんな雇用形態であっても。そういう社会の制度にし

47

ていかなければ多分労働運動が雇用の形がどうだということだけでは解決しない問題だろうと思います。だから大きな視点から運動を作っていくということが必要なんだろうなと思っています。具体的にどうしたらいいのかというのはまだわかりませんが、新里先生に教えて頂いて。また生活保護問題対策全国会議の10年間の歩みは、私も途中で挫折しながら横で見せて頂いているので参考にしながらやっていきたいなと思っています。

新里 生活保護のことでいうと、僕はまだいわゆる現場で働け働けと言われる時があって、そんなことはないだろうと思って2016年にスウェーデンにも行って来ました。

働くっていうのは、働ける人には、根本的な利益というか権利なんじゃないのかと。働けない人に働け働けっていうのは違法だけど、働けるように寄り添い支援していく。そこに費用を掛けることがきっと夢のような話かもしれませんけど、「入り易くて出易い仕組み」。そこに人と金をかけることが生活保護費全体を下げることになりませんか。そしてきっと生活保護を利用した人に喜ばれますよって。与党の政治家を巻き込まない限りは制度のところが上手くいかないんじゃないかと思っています。

それから労働の方では、若い人と飲んだりしていると「1548運動」をしませんかって言って。「15」っていうのは最賃が1500円で、週の労働時間が48時間。だから8時間までは残業をやるっていう感じかもしれません。なんか非正規とか正規ではなくてどうやったら生活ができるか。そして過労死にならない、それが世界モデルなんじゃないかと。日本だけ異常で、痛ましく命が失われているじゃないですか、過労死等で。それが大きな制度改善につながらない。政府側に利用されてしまっていて、本当の制度改善になっていない。この痛ましく失われた命が求める制度改善に

繋げるのが大きな課題です。

岡澤 新里先生のお話を少し私なりにまとめますと、命を守る運動っていうところに、生活保護の問題だったり非正規の問題だったり、クレサラ問題にも非常に共通点があるのかなと思います。だから人の命を損なうような社会制度だったり、慣習、慣行だったりそういったものにフォーカスして、当事者を支援していく中で社会を巻き込んで、議論を呼び起こしていくってことが、裁判を孤立化させないで権利を実現させるために必要じゃないかということでしょうか。

クレサラ対協の未来に向けて

水谷英二：本記念誌編集委員 編集委員として一言お聞きしたいと思います。クレサラ対協が今現在停滞気味になっていることに対して、今後は新たな取り組みをして盛り上げていくということをこの40周年記念誌の目標にしています。こういう方向に向かっていくべきだという未来に向けてのメッセージを3人の方にお話しをしていただきたいと思います。

新里 今日実はギャンブル依存症の分科会に途中で出たんですけども、カジノ実施法が成立しました。教育、相談支援等の依存症対策がでたりするんですが、ここも自己責任の問題になっている。被害が出そうだというところからすると運動のチャンスになっていくわけですよね。ギャンブル依存症被害を前にして、パチンコ事業者などの事業規制をかけるような取り組みができないかということです。

それから今日いちばん人が集まったのは銀行のカードローンの分科会だったんじゃないかと思っています。銀行の貸し付けが5兆8000億で、最近は自主規制を掛けたら5兆6000億まで下がったんだと金融庁は言っている。データ的には自己破産者は増えていく、多重債務問題が再燃をしていくんじゃないかと。爆発的ではないものの高齢者層の問題として現

れている。ずっといっぱいいっぱいで借りて
きた人が、再雇用になったり、年金生活にな
った時に破綻してしまうという高齢破綻がそ
れなりに見えてきて、それは日弁連の調査に
も出てくるので、新しい被害者像をきちっと
僕らが打ち出せないといけない。日弁連でも
意見書を作りましたけども当事者の声が十分
に上がってこない。現場の被害をもう少しあ
ぶり出して、運動として盛り上げて、それが
メディアもそうだよねって。当事者性の所を
各運動の中でどう出していくかっていうとこ
ろが私たちの一番の強味だと思うんです。

小久保　生活保護の問題で取り組み始めた時
にこれも新里さんから助言を頂いてマニュア
ルを作れと。薄くていいので10問とか20問の
よくあるQ&Aを作って。普通の素人の弁護
士とかが申請援助とか同じようなことができ
るようにせよと言われて確かにそうだと思い
ました。僕らはいつもやっている、僕らにと
っては当たり前のノウハウをまとめてマニュ
アルを作ったんです。それともう1つは、法
律扶助ですね、クレサラの方はお金になる。
特に過払いはお金になるんですけど生活保護
については申請同行してもお金になりませ
ん。普通の弁護士が普通の事件としてできる
ようにっていうのが僕の夢だったんで、法律
扶助を付けるように運動しました。最初は法
律扶助協会の大阪支部が独自事業として生活
保護の申請にごく限定的にほとんど使い勝手
の悪い制度を作ってくれてですね。そこから
段々他の地域でも同様の制度ができ、最終的
には今の日弁連の法律援助事業になりまし
た。そのことによって普通の弁護士が普通の
事件として生活保護の申請なんかに取り組め
るようになったっていうのが大きかったんじ
ゃないかと思うんです。マニュアルの普及と
法律扶助の充実によって、私たちの全然知ら
ない所で知らない弁護士が裁判を起こしてい
い判決を取ったり、先程の基準裁判では全国

で300名の弁護士が弁護団に参加するという
感じになっています。なので、例えば奨学金
の運動が広がってきていますけど、実務的な
薄いマニュアルがあったらいいのにと思いま
す。書式が入ったようなですね。それから滞
納処分の問題でもマニュアルが早くできない
のかと思います。あと年金や色んな社会保障
制度の利用を普通の弁護士とか司法書士が援
助できるようにするっていうことについても
実務的なマニュアルとともに、生活保護の前
例があるので法律扶助、日弁連の委託援助事
業なんですけど、その中に一定、実績がつい
てきたらそれを追加していくという運動に繋
げていければ、裾野が広がっていくんじゃな
いかと思っています。

小野　非正規会議で、労働組合を作ろうかっ
ていう話を最近するんですよね。どうしても
既存の組合は敷居が高いというか、そういう
ところがあって。私が知っているベテランの
組合の方が、若い頃に自分が労働組合に入っ
て、当時の専従に、お前、明日の団交で社長
にバカヤロウと言うんだぞと言われて、前の
日は寝られないぐらい悩んで。でも当日は専
従が見ているからもう思い切って社長にバカ
ヤロウって言ったんですって。そしたらその
日から人生が変わったって。労働運動が楽し
くてずっと続けることになったと言われてま
した。以上は昔の時代の話ですが、私が思う
こととして、やはり労働者は自分の労働環境
を自分の力で勝ち取っていくべきだという思
いがあるんですね。そのために労働基本権と
いうもの、団結権があり団体交渉権があるわ
けですから、それは憲法にちゃんと書いてあ
る権利であって。労働組合が交渉しますと言
ったら会社は断われないって、物凄いルール
だと思うんですよね。それぐらい力のある労
働組合という組織があるわけですから。改善
してほしいことがあっても一人で社長に言う
ことはできないでしょうから、そこで組合を

作って皆で言いに行くという。もっと労働者も自覚的にそういうことをしていくべきなんじゃないかなとずっと思っています。で、今日のお話をお伺いしていてクレサラ対協で労働組合を作ったらいいかなと今ちょっと思いました。全国各地の労使交渉をしていくという。それから社会保障問題研究会については先程も申し上げたように、これだけ雇用が流動化している中で労働の問題と社会保障の問題というのは必ずセットにして考えないといけないことだと思っています。中々その辺りの連携がまだできていないので、そこはやはりクレサラ対協の中に非正規労働を扱う団体と社会保障を扱う研究会があるので、もちろん他の団体も含めて、団体同士でコラボしながら活動していくということはクレサラ対協の強みでもあろうと思いますのでそういうことをしていけたらいいなと思います。

岡澤 まとめになるかどうかは分かりませんけれども、やっぱり当事者性というところを非常に意識して、当事者がどういう被害を受けているのか、それをどういう風にして運動にしていくのかっていうことが一つなのと、もう一つ裾野を広げていくという中でこのノウハウを共有するということ。ノウハウをとにかく学んでそれを伝えて行くということが非常に大事だと思います。私のような法律職の立場からすると、司法試験に合格して修習をした後、即独といって独立してやる人が多い中で、クレサラ問題などに関わる弁護士もいると思うんですけど、各々の弁護士が孤立してしまってなかなかノウハウの継承がうまくいかずに独自に解決しようとしていくもんだから、無力感に苛まれてそういう問題から離れてしまうということもあると思いますので、これからクレサラ問題に関わる弁護士だったり法律職の方々が、こういう問題に関してはこういう風にアプローチしたらいいんだよ、こういう人に協力を頼んでみたらいいん

だよってことがわかるようなデータベースのようなものがあったら非常に私としては幸いかなと今日のお話を聞いて感じました。

新里 例えば滞納税の問題とかね、相手方のルールにのった解決になっている。そうではなくて、ルールを自分達が決める、例えば調停に持ってくるとか。対面交渉だけだと向こうのルールでやるじゃないですか。奨学金もそうだと思うんだけど。そこらを使いやすい司法のところに僕らが引っ張ってきて、そこで我々がルールを作っていく。滞納税も司法の方のルールにもってきてっていうようなことができる中で制度を変えて行くとか。なんかこうルールづくり、「場の設定」とともにやらないとなんとなく向こうのルールでやらされて、ダメですって言われてじゃあ、差押さえちゃうよと泣き寝入りさせられる。これまで我々はルール作りとルール作りの場みたいなものを作ってきた。例えば日栄の時に手形取立の禁止調停で止めちゃって調停で解決をする。過払いだったら手形取立の仮処分で止まるんだけど、残債があると止まらない。そんな時2000年に司法書士さんに教えてもらって特定調停の申立、民事調停法12条の事前の措置で手形取立禁止命令を出させる。困っているところで新しいルールを発想してそこをひとつの起点にすると、これで滞納税金怖くないよっていう簡単なノウハウを作れば一番いいかと思います。サラ金よりひどいのが、税務署っていうかね、公的な債権ではないかと、ふと思いましたね。

小久保 裁判所に調停を申し立てるということ?

新里 そこでやったらどうかなと。別に特定調停の対象外ではないんじゃないですかって。はじめは嫌われるかもしれませんよね。だけど引っ張ってきてやればどうだろうって。こちらがこう能動的にやった方が面白いんじゃないか。そうするとなんかみんなでやろうぜ

って気になるじゃないですか。滞納税金とかね、奨学金なんかもそうでしょ。なんか新しいルールを自分達で作っていく努力をするときっとみんなが集まってくる。そこのノウハウがここにあるのであれば。新しいルールづくりが実務の中で一番問題だと思ってる所の中で実現できたら全然違ってくるので。そうしたら若い人もずっと集まってきますよね。

水谷　滞納税金は特定調停には乗らないだろうなと思うんですね。私もそれ考えたことがあったんですが。でもなんか、それをルール作りでできるような形を作るというか、政治運動というか色んな方法を考えていきたいですね。ありがとうございました。本当に勉強になりました。

岡澤　では、本日の鼎談を聞かれて、木村先生に最後に何か一言いただければと思います。

木村達也：クレサラ対協代表幹事　はい。それではここで、私が今回の座談会を聞かせて頂いた感想を簡単にお話させて頂きたいと思います。

　先ず、お話を聞かせて頂きながら、今日の座談会の人選はとても素晴らしいものであったと思いました。一番お若い岡澤先生が司会者としてよく資料を読み込んでおられて、発言者の活動内容を十分に理解された上で、的確に発言を引き出されていたこと。

　次に、出席者の経験、年齢が丁度10年ずつ違っていて、正に私たちのクレサラ運動40年の内の最後の30年間を10年毎に区切ったような形で代表されている方々であることです。新里先生が38年、小久保先生が25年、小野先生が10年余り、という実務経験年数になりますね。

　3番目に、それぞれの方が中心に取り組まれているテーマは、新里先生の商工ローン、ヤミ金、ギャンブル・カジノ問題、強制不妊問題。小久保先生のホームレス問題と生活保護問題。小野先生の非正規雇用問題、労働組合問題など。これらクレサラ対協の今後の最重要なテーマとなる分野で取り組んでおられることです。

　これらの運動に取り組み始めた切っ掛けから、今日、現代に至るまでのプロセスをしっかりお話し頂けたこと、被害当事者達のそれぞれの痛み、苦しみについて語られ、如何に被害当事者達と共同連帯するかに悩み続ける中で、運動を立ち上げられたお話が聞けました。どの方も、今、熱い心で取り組んでおられて、とても勇気を与えられました。

　こうした闘いは、私たち第一世代が苦しい道なき道を切り開く中で体験したのと同様の苦しい経験を、今、勇気を持って闘っておられるなという感じが致しました。

　被害事実を踏まえて地道に進む道にこそ、真の社会正義があるのだと思わされました。

　こうした地道な闘いの中で、私たちはマスコミ、世論に訴え、マスコミ、世論を味方に付けてこそ、闘いを勝利に導けるのだと思います。私たちは自らの信ずるところを勇気を持って、マスコミ、世論に訴えていくことこそ、少数の声が社会全員の意識へ常識へと変わっていくものだと思います。

　今回の座談会でも、私たちが過去切り開いてきた市民運動、被害者運動の原点が確認され、第二世代、第三世代の方々によって、確実に引き継ぎされ、勇気を与えられました。

　これからは、皆様方が中心になって、この運動を力強く引き継いでくれることをお願いして、私からの感謝の言葉とさせて頂きます。本日はありがとうございました。

第3章

私たちと仲間たち

貸金業法改正10周年記念集会の打上げ（2016年12月11日）

第1節

私たちと一緒に歩んできた団体

新しい被害者運動を目指して

全国クレサラ・生活再建問題被害者連絡協議会　高松あすなろの会　鍋　谷　健　一

1　被害者運動が果たした役割

今から42年前、1977年2月に京都で「庶民金融問題研究会」が、5月9日に大阪で「サラ金問題研究会」が、10月4日に大阪で「サラ金被害者の会」が結成され、翌年1978年11月25日に「全国サラ金問題対策協議会」が結成されました。その後、鹿児島・尼崎・東京・広島・桐生・水沢などでサラ金被害者の会が次々と生まれました。5年後の1982年4月2、3日の広島で行われた第2回サラ金被害者交流集会で「全国サラ金被害者連絡協議会」が結成されました。全国組織が出来ると各地で被害者の会作りが燎原の火の如く拡がっていきました。2009年11月に青森りんごの会が結成されたことにより、全都道府県で被害者の会が存在し相談が受けられるようになりま

した。被害者の会の数は88団体を数えました。

当時、サラ金利用者への社会の目は厳しく、「借りた者が悪い」「自業自得だ」など個人責任の問題として切り捨てられ、サラ金三悪と言われた高金利・無差別過剰融資・非人間的な悪質な取立は失職・離婚・一家離散・自殺・犯罪などを日々生み出していました。被害者の会の設立や運動は、1983年3月の第3回全国サラ金被害者交流集会での宣言の通り「被害者がサラ金業者の鬼畜に等しい非人間的な取立てなどに抵抗し、ぎりぎりの人間の尊厳を守る運動、人間らしい最低限度の生活を取り戻す運動として闘いに立ち上がった時、初めてサラ金問題は社会問題として取り上げられ救済運動とサラ金規制を求める世論が全国に広がっていったのです」。

以来、被害者の会運動は高金利を加害者と

して社会に訴えると同時に、社会的に排除されがちな多重債務者の生活再建の為の活動を手探りながら探求してきました。裁判でサラ金業者と争ったり告発者としてマスコミに登場したり、破産申立書を自分の力で書いたり、手計算で利息制限法による元本充当計算をしたり、ヤミ金に対して払わされたお金を請求し取り返したり、特定調停の制度を積極的に使い将来利息カットの分割払いで債務整理に成功したり、自分たちで出来る活動は全て行いました。それらは被害者同士の助け合いの中で進められていきました。被害者の皆さんは、自分の辛かった経験やサラ金やヤミ金などと闘って勝ち取った成果を新しく相談にやってくる多重債務者に伝えました。辛い経験は自分一人ではないこと、また多重債務問題は必ず解決できることを仲間の中で話し合えたことで、被害者自身の生き方を変えることを通してクレサラ運動の活動家として変わっていきました。またその姿に支援していただいていた弁護士、司法書士などの皆さんに支持され、多大な支援も頂きながら全国でも地方でもクレサラ問題でのネットワークが多種多様に作り上げられました。社会的評価の低かったクレジット・サラ金利用者＝多重債務者が被害者の会の結成により被害者として立ち現われ、クレジット・サラ金問題を社会問題に浮上させ解決する主体に変わっていきました。当事者の声や力が社会にこれほどまでの影響を与えるものか、ということを白日の下に知らしめた貴重な体験でした。

2 ギャンブル依存との出会い

　私たちはクレサラ被害者＝多重債務者は貧困が生み出すものという理解のもとで運動を進めてきましたが、借金の整理が終わってもまた借金を繰り返す人たちが存在することが相談の中でだんだんとわかってきました。当初、支援者の中にはクレサラ被害者が「清く正しく美しい」人たちの貧困問題に高利貸したちがその弱みにつけこんだ問題だととらえる傾向にありました。ところがパチンコなどギャンブルによる多重債務が発覚すると、家族が立て替えて尻拭いをし破産などで債務整理をしても、何か月かするとまた新たな借金が発見されるという借金再発問題が各地の被害者の会で報告されるようになりました。生活の立て直しは被害者の会の仕事として自負してきましたが、ギャンブルによる多重債務の再発防止は、それまでの被害者運動では解決できない問題でした。私たちは紆余曲折の末、ギャンブル依存というものがあることを知り、その解決には本人の努力や決意だけでは無理なこと、依存症医療やギャンブラーズアノニマス（ＧＡ）という自助グループがギャンブルを辞め続けたい人たちの活動としてあるのを知りました。ＧＡなどの自助グループや当事者活動との出会いにより、被害者の会運動は、被害者の会活動が自己完結型でなくてもいいだけでなく、他のグループと共存し連携する中でこそ問題の解決があることを知りました。

　これは、個人の問題は社会の問題であると考えることですが、社会の変革だけではその個人問題は解決せず、個人の変革を大切にすることで個人も社会も変わっていくということです。

　ギャンブル問題を当てはめると、Ａさんがギャンブル依存問題と多重債務問題を抱えていてそれらを解決するためには、Ａさんが借金の整理を行うだけではなく、ギャンブルに対する依存的な関係を断ち切るという課題に取り組み、ギャンブルをしない生き方に変わる必要に迫られます。そのようにして、多重債務やギャンブル依存という歪められた生き方から脱却するという作業の中で社会変革を行うことを被害者の会の活動の中で確認することでした。それは生活再建活動の中でも家計簿活動などで生かされています。

　こうして2006年の改正貸金業法改正へと運

動は突入していきました。

3 培われた財産を新しい活動へ

2006年から13年経った現在、多重債務相談は被害者の会にはあまり来なくなりました。私たちが求めていたサラ金3悪は銀行の過剰融資問題などを残してはいますが、基本的には「解決」し、全体的な相談件数が減る中で多くのクレジット・サラ金被害者の会はその社会的使命の終焉を宣言して、一旦は舞台から退場していきました。その間、全国クレジット・サラ金問題対策協議会は全国クレサラ・生活再建問題対策協議会へと名称を変更し、多重債務問題の原因である貧困問題へと軸足を変えていきました。富の分配問題である労働問題の中でも低賃金の沈め石である非正規労働問題や、再分配問題である生活保護や障害年金などの社会保障の在り方や「奨学金」問題、社会的困窮者への攻撃とも言われる税金や社会保障料の滞納者に対する地方自治体などからの強引な徴収問題など貧困問題は新たな課題として取り組まれてきました。全国クレジット・サラ金被害者連絡協議会も2014年に全国クレサラ・生活再建問題被害者連絡協議会と名称を変え、社会の仕組みを問い直す運動に参加し始めました。

各地の被害者の会は、以下のような活動をすすめています。

富士の樹海や高知県足摺岬・叶岬での自殺予防看板の設置と電話相談活動を行う埼玉夜明けの会や高知うろこの会、電話相談で生き辛さに寄り添いながら、生活困窮相談活動を強め生活保護受給者の定例会活動を行う和歌山あざみの会、「暮らしと心の総合相談所」を開設した埼玉夜明けの会、万引き常習者などの再犯防止支援を行う高松あすなろの会や高知うろこの会、現在も大量のヤミ金相談を受付ける福岡ひこばえの会、適格消費者団体になった群馬ひまわりの会、サラ金被害者の会発祥の地で被害者運動の大黒柱として金融被害相談を受け、現在はカジノ設置反対運動の事務局を担っている大阪いちょうの会、被害者運動の原点を守って銀行の過剰融資問題を取り上げている中国地方のつくしの会の皆さんほか沢山の活動が繰り広げられています。全国どの被害者の会も生活相談を行う中で生活再建と住みよい社会づくりを会の財産としています。

私たちはクレサラ運動で培った財産を以下のように使います。

① 金融被害相談、銀行カードローン問題

2018年5月現在で貸金業登録は財務局登録で285社、都道府県登録で1469社、合計1754社でサラ全盛期の2万社は嘘のようです。クレジット・サラ金の略語である「クレサラ」はもはや一部の人しか通用しない「業界用語」の時代になりつつあります。しかし、銀行の過剰貸付やそれを保証会社として支えるサラ金

自殺予防看板の設置

業者＝貸金業者による問題や400兆円以上の累積取り扱い債権を持つサービサー問題を考えると、クレサラ被害というよりも、金融被害としての問題の視点に変える必要が求められています。相談が減少してもなお、将来顕在化するであろう金融被害に対して、被害者の会を存続させるのは私たちの大事な使命です。

② 社会保障の充実、税金等滞納問題

　柴田武男氏が2019年のクレサラ対協新年総会で、国や地方自治体の現状を見て「弱い立場の人を助ける側の組織が、助けるどころか足を引っ張っている」と論難しましたが、国や地方自治体や公的機関が市民の生活を直接破壊する姿を見てきた私たちにとって身の引き締まる思いでした。多重債務問題は銀行やクレジット、サラ金、ヤミ金など民間企業の問題でしたが、税金などの滞納は国や地方自治体の債権問題であり、被害者の会にとっては生活を守る砦としての性格を持つ自治体などとのかかわり方は大変難しいものになっています。国や自治体とは、生活困窮者の生活再建を一緒に進めていくと同時に、税金や社会保険料の滞納に対する生活実態を無視した取立てなどに対しては生活再建を前提にした相談業務に変えていくように要請する必要があります。

③ 社会的不正義への異議申し立て、カジノ設置問題など

　大阪万博を餌にしたカジノ設置が進められようとしていますが、大阪いちょうの会を含めてカジノ設置反対運動が強力にすすめられています。カジノ誘致予想自治体（北海道・横浜・愛知・大阪・和歌山・長崎等）において反対している個人や団体との連携を強めながら、ギャンブル依存対策も進めます。社会的に見て不正義と思われる問題には積極的に異議を申し立てます。

④ 生活再建活動、家計相談など

　法的問題など目の前の問題が解決しても経済的貧困から脱却できないケースも多々あります。収入が支出に追いつかなかったり、お金の使い方がうまく出来なかったりして生活が立ちいかない場合もあります。本来の問題解決は生活の再建が伴って初めて実現しますが、制度が複雑だったり不十分だったり、誰かの助けなしでは難しいケースもあります。生活再建の為に家計簿をつければ再建できる場合もありますが、家計簿をつける支援が必要なケースもあります。家計相談支援はとても大切です。家計簿をつける中で本人はいろいろなことがわかり、問題に前向きに対応できる視点が開けてきます。支援者からの必要な力点もおのずとわかってきます。

⑤ 連携こそ力

　40年にわたる運動の中で大切にしてきたのはネットワーキングでした。異業種間の交流とせめぎあいの中で運動も個々の問題の解決も図られました。私たち被害者の会は非専門家集団ですが、当事者と一番接触する時間の長い立場ですから、直面する問題から生活全般を垣間見ることができ、本人の抱える問題をトータルに把握できます。生活再建に何が必要で何が問題かをキチンと認識し、専門家に繋ぎネットワーキングすることが欠かせません。司法専門家、行政、精神科医療を含めた医療機関、福祉機関、自助グループ、市民グループなどと協働するとこが必要です。

⑥ 社会の触角として

　被害者の会は、地域社会の中で活動を続けています。地域で起こることは多様で問題が複雑な場合もあります。被害者の会だけでは解決しえない問題も多々ありますが、被害者の会はまず問題を確認する社会の触角として存在していかなくてはなりません。個人の問題は社会の問題と言われて久しい時が流れています。問題を共有できる仲間として問題解決にあたりながら、社会のひずみを確認し告発する作業こそ被害者の会に求められています。

第 2 節

私たちが担っている団体

1 クレジット・サラ金・ヤミ金問題に取り組む団体

43条対策会議の課題

43条対策会議代表 弁護士 **茆 原 洋 子**

1 43条対策会議のこれまで

⑴ 43条対策会議の発足の趣旨と裁判活動

　43条対策会議は、平成17年4月に、もともとは、利息制限法違反の高い金利をあたかも正当な利息であるかのように偽る契約書によって、借主を騙す貸金業規制法43条を、裁判実務において適用させないため、そして、最終的に、43条を廃止させるために、発足しました。シティズ関係は日栄・商工ファンド弁護団の担当でしたので、43条対策会議としては、初めは主としてサラ金による43条主張との闘いでした。弁護士・司法書士が貸金業者対策の裁判や要請活動の作戦を練り、これを実行するという会議の性格もあり、貸金業者側の人を入れないようにして、一定の閉鎖性を持った会議として発足しました。安心して

失敗談も語れる仲間うちの会議です。

⑵ 貸金業法見直しの機会に43条廃止を実現する活動

　43条対策会議は、平成18年1月1日から6回、国会議員あてにメッセージをFAX送信しました。いかに騙しの法律であるか、消費者契約法と対比するなどして、それによる被害者の実像を写真入りで紹介し、そして次々現れる最高裁判決をわかりやすく説明しました。

　43条廃止が決まった平成18年12月の後も、平成22年完全施行までの間は、完全施行に逆行する再改正を求める貸金業者側とこれに協力する国会議員の抵抗があり、綱引きの時に、私達は大きい集会を開催して完全施行を求めるなどしてきました。

⑶ 43条廃止後も「さあ、これから」の意気込み

43条廃止の目的を達成したのだから、43条対策会議にとって、対策するべき43条はなくなりました。しかし、借主の弱い立場に付け込み、隙あれば暴利を得ようとする貸主の行動には、際限がありません。したがって、私達も、対応を余儀なくされるテーマが次々と現れてきました。

そして、平成18年春の43条対策会議には126人もの人が実際に佐賀の会議に結集しました。43条対策会議は「終わった」のではなく、皆に「さあ、これからだ」という意気込みが漲っていました。

⑷ 平成19年からの困難

平成18年法改正による「ほっと一息」も束の間、1年間、国会議員ばかりを相手にして最高裁前のチラシ配りをしていなかった時期を経て、平成19年2月13日、充当の分断を一定の範囲で正当化する最高裁判決が現れてしまいました。この判決の是正を求めて、私達は平成19年3月5日に、多数結集して、迷走する最高裁判決に異議を唱え、かつての判例にも違反すること、被害が続出することを訴えて久しぶりにビラ撒き、演説、要請活動を行いました。これを若干微調整により是正する判決（最判平成19年6月7日）の際に、貸付全体に対する返済と解されることを「充当合意」と呼ぶ悪弊が生じました。

もともと、利息制限法違反の違法な合意による返済は、制限超過部分につき無効ですので、返済は（「制限超過部分を含む債務に支払う」という合意ないし債権者・債務者の充当指定を無効として）有効な債務に法定充当されます（民法489条法定充当・改正後民法488条4項）。過払を知らない債務者に「充当合意」をできるはずもなく、その必要もないはずです。「充当合意」がなければ充当されない、という論法は基本から間違っています。

実際に、裁判実務で救済できるはずの人が救済できない事態が急激に進行し、私達も、これまでは例えば「500万円の過払金がありますので、他の債務を返して、病気の治療費まで出せます」ということのできた事案でも、取引のない期間をどのように判断されるかによって、過払金どころかかえって債務が残る計算となり、立ち直りの困難な債務者を多数経験することとなってしまいました。

都市部では、平成19年に自殺者が増えたことが、平成20年には、わかりました（これまで対策が遅れていた地方では、43条廃止と相談場所の設置などの影響が、判決の悪影響を上回り、自殺者の減少が続きましたが）。

たまりかね自殺者が増えている現状を訴え、平成20年6月20日要請活動に兵庫県、愛知県、香川県、島根県、新潟県、長野県、大阪府、埼玉県、神奈川県、東京と、全国各地から最前線で闘う弁護士、司法書士と、被害者連絡協議会の本多良男さんが最高裁でのビラ撒きと要請活動に結集し、その成果は、平成21年の各判決（後述）に現れました。

この頃に頭の痛かった問題が一つ起きていました。強行法規である利息制限法を大切にする単純明快な「茆原の議論では、勝てるはずがない。最高裁判決は正しい。これに沿った解釈論を展開するべきだ」という、メーリングリスト上繰り返されたかなり感情的な茆原バッシングでした。茆原正道、茆原洋子の対処としては、丁寧なお返事を1回書いただけで、感情的な応酬を避け取り合わないでいたところ、仲間内の理論上の動揺まで引き起こされてしまいました。しかし、最近では、宮崎の小林孝志弁護士など、原点を重視することが事態を打開する基本になることを示す活動（横飛ばし充当）が裁判上でも成果を挙げています。

⑸ 研究会の開催、日栄・商工ファンド対策のその後

初めのころ43条対策会議は、日栄・商工ファンド弁護団の研究会のある場所と日付にあわせて、兄弟会のように連続して開催してきました。会員数は、200人、出席者は20人から30人の時期が長かったです。

日栄・商工ファンド弁護団の活動の成果が、平成21年には両会社の倒産という形になり、間もなく日栄・商工ファンド弁護団は活動を停止しました。

日栄・商工ファンド弁護団と43条対策会議の主要メンバーは、破産管財人との協議で、過払金の一連充当が正しいことと、過去の過払金が次の貸付のある時に消滅時効にかかることはない、という問題についてレクチャーし、過払債権額の確定について、これらの点で紛争を生じないように対策を取りました。この結果を破産管財人は尊重し、この問題でのトラブルは発生しませんでした。

最後に債権譲渡しないでくださいという要請もしたのですが、これについては、破産管財人はこれを意に介さず、資本金30万円で作られたばかりの「(株)アイ・スカイ」に230億円の債権を6億5000万円で売ってしまいました。その回収をエイチ・エス債権回収(株)が行ってきました。

SFCGの債権者集会で、千葉の及川智志弁護士が、この債権譲渡には保証債務が含まれていないことの確認を迫りました。これに対する回答としては「保証債務を譲渡はしていない。主債務に付随して移転すると解するか否かは債権譲受人の問題だ」といった趣旨の回答をしました。その時、及川弁護士は「230億円の債権について保証人に対しても請求できるとするなら、6億5000万円は不当な廉価売買だ。保証人に請求しないことを前提とする金額である。エイチ・エスが不当に保証人からの回収を行わないよう破産管財人が監督

するように」と圧巻の追及をしました。

平成24年初頭頃、エイチ・エス債権回収はSFCGに利息制限法の債務の残る案件で、借主若しくは保証人や、その代理人弁護士に対して「借主と保証人に対して、長期間の遅延損害金を付して4月に一斉提訴する」と脅して、回収を試みた時期がありました。この時には、43条対策会議の開催日まで待つ時間がなかったので、「保証被害対策会議」と「利息制限法上限金利引下実現全国会議」の共催のシンポジウム参加者の賛同を得て、「(株)アイ・スカイとエイチ・エス債権回収(株)による保証被害防止を求める決議」を決議し、関係官庁と全国会議員あてに、43条対策会議の財政の中から、郵送しました。

決議を要約すると、「保証人から暴利を取るな」「すでに第三者個人保証が禁止された現状を踏まえること」「SFCGの根保証は公序良俗違反であるとの判決があり、係争性のある権利の譲渡は弁護士法に違反する」という内容です。

この「係争性のある権利譲渡は弁護士法違反」という論点は、その後の、時効消滅債権の譲渡問題でも有効に機能しています。

⑹ 最高裁のチラシ配り

話は前後しますが、最高裁前のチラシ配りは、圧倒的多数の高裁判決が、手形毎の充当分断を認める中で、平成12年から日栄・商工ファンド対策弁護団最高裁対策班として茆原洋子が情報収集してチラシを作り10回を超えるチラシ配りを繰り返して、平成15年ようやく日栄(ロプロ)の弁論が開かれました。中小事業者の方々の頑張っておられるにもかかわらず、高金利と手形で苦しむ様子を、直接被害者が最高裁に出向いてアピールすることは困難でしたから、それに代わるものとして、保証人に迷惑を掛けまいと頑張ってきたが利息制限法の充当が認められないと、高金利で倒産間際となる中小事業者被害者の方や、突

然多額の請求に驚き、苦しむ保証人の方の、それぞれの顔写真と、ひとこと、そして請求されている金額と、利息制限法上の過払金額、または残債務額と係属事件番号などを1枚にまとめたアンケートを取りました。商工ファンドも弁論を開くという頃に、多数のアンケートを集めました。そして、チラシには、被害者のアンケートから抜粋した言葉をたくさん貼り付け、債権者が充当を避ける期限の利益はない、とか、別の債権に対しても法定充当されるという民法489条の趣旨などに関する理論的問題点も書いていました。茆原正道著「43条違憲論」を各方面の学者にお送りし、43条は憲法違反である、とする憲法学者、民法学者に意見を消費者法ニュースに発表していただき、その抜粋をチラシに取り入れたこともありました。ご家族のご了解を得た自殺者のお顔なども、チラシに入ったことで、手に取ってもらいやすいものになったと思います。

　平成17年からは、43条対策会議として、今度は顔を出しにくい、サラ金被害者のアンケートを集めました。43条対策会議戸田慶吾事務局長のもとに1200を超えるアンケートが集まり、その集計結果をチラシや要請活動に生かしました（広島の戸田慶吾43条対策会議事務局長は、生活保護基準引き下げを違憲とする訴訟でも頑張っていました。陽気な声で、皆を励まし続け、43条対策会議の大切な魅力ある中心となって活動されていましたが、平成29年12月1日若くして、高校生のお子様2人を遺して亡くなりました。合掌）。

　話を平成17年以後の最高裁前のチラシ配りに戻します。1200ものアンケートを集計した結果、自殺を考えた人・家庭が崩壊した人・職を失った人がいかに多いかが分かり、社会的な損失が大きいことがわかりました。理論上の問題点をレジュメ風に図式化して示したりするなど、工夫して、最高裁前の活動を続

けました。最高裁の裁判官・書記官・その他の職員の通る裁判所手前の通路で渡し、チラシを比較的多くの方に好意的に受け取ってもらうことができました。Ａ３用紙をＡ４の4頁ものにして作った苦心の作でした。毎回1000枚を作っていき200枚ほど余るので、研究会や会合で残りを配るという状態でした。

　徐々にチラシをまく人数が減っても、10人位は集まっていただいて撒くことが多かったです。マイクを持って、新里宏二弁護士（日栄・商工ファンド対策全国弁護団副団長）、呉東正彦弁護士（43条対策会議副代表）、被害者の会の本多良男事務局長をはじめ、多くの参加者がリレー式で「最高裁裁判官！」と語りかけました。「過払後貸付の分断」主張との闘い方を最も重視して参加し続けて下さった山本喜久雄司法書士（平成18年に故人となりました）は、ガン闘病中にもかかわらず、長崎から駆けつけて最高裁前でのビラ配りと演説に参加してくださいました。

(7)　平成21年最高裁とその後

　平成18年法改正の後、平成21年には一つの山場が訪れました。後記の3つの問題の重大判決に、43条対策会議は取り組みました。取り組むことができたのは、最高裁判決は全国の裁判への影響が大きいので、皆の知恵を集めて最高裁を闘う必要があるという責任感のある弁護士が事件の担当をされたからでした。

　第1に、貸金業者が盛んに主張し始めた過払金の消滅時効問題。これには、最判平成21年1月22日、同3月3日では、「取引の継続」を広く解して、かなり良い成果を得ることができました。第2に過払金に利息を付す「悪意問題」。エイワが怖くて支払った返済は任意ではない、という論点につき、多数の証拠を提出しました。結局、最高裁は、「期限の利益喪失特約だけでは悪意ということはできない」として差戻し判決を出しました。そして、差し戻された東京高裁で再び、今度は書

面要件違反を厳しく解し、過払金に悪意の５％の利息を付すことを再確認しました。

ただし、この判決を勝ち取った代償は大きかったです。最高裁提出書証の一部を名誉棄損として、エイワとエイワの主だった従業員１名とエイワの代理人をしていた弁護士の計３名が、最高裁で弁論をした数名の弁護士と書証作成者に合計3000万円の名誉棄損の損害賠償請求訴訟を起こし、原告エイワ代理人弁護士に関してのみ50万円の名誉棄損による支払いが認定され、最高裁まで行きましたが覆りませんでした。その後、同じ三者は弁論を行った弁護士に懲戒申し立てを行い、ここでもエイワ代理人弁護士に関する名誉棄損として戒告の処分となりました（横浜弁護士会は懲戒不相当の結論でしたが、「市民」に媚びるようになった日弁連が「弁護士仲間にも厳しくしている」見せしめのようにして、戒告としたと考えます）。なお、多くのご支援をいただき、おかげさまで(株)エイワと従業員１名の主張は、損害賠償で懲戒でも認められていません。この場を借りて、お礼申し上げます。ただし、エイワ側弁護士に関しては懲戒処分取り消しの行政訴訟も敗訴しました。

第３に、賠償額の予定（遅延損害金）問題。１日でも遅れれば期限の利益を喪失させる条項による賠償利率（民法420条と利息制限法４条の「賠償額の予定」利率・一般に私達が遅延損害金と呼んできた利率）と継続支払いの問題については、最高裁は、問題を残す微妙な判断をしました。借主の１件は勝訴、１件は敗訴でした。このときは43条による高金利取得目的の契約下での期限の利益喪失時期が主な争点でした。

制限超過の貸付において、一体いくらを返せばよいのか、借主は正確にはわかりません。法律上の返済するべき金額がわからないようにしたのは貸主ですので、その貸主が、「正確な金額以上を返さなかった」ことを理由と

して期限の利益を喪失させることは間違っています。現段階の最高裁は、この正論を認めてはいませんが、機会のある方には、ぜひ、この問題提起をしていっていただきたいと思います。

なお、ボトルキープ論を否定した最高裁判決も最近出ましたが、これも、充当の問題と、期限の利益の問題を分けて考えるべきであるのに、これを混同した誤りがあると考えます。『利息制限法潜脱克服の実務』の第２版（茆原正道・茆原洋子著、勁草書房）は、平成21年の最高裁判決までを網羅しています。

ある退官したばかりという元裁判官から、『利息制限法潜脱克服の実務』の第２版を読んだ、という興奮気味の声での電話がありました。「全くお説のとおりです。現状が嘆かわしい」というものでした。なお、この書籍をきっかけに、東京管内の調停委員に話をしてほしい、という講演依頼が茆原洋子にあり平成23年７月27日、90分の講演をしました（『消費者法ニュース』89号78頁）。その冒頭で東京地裁所長が「この講演を調停実務に生かすように」といった挨拶をされてすぐに退席されましたが、実は、生かしていないのは地裁の方なのでした。

(8) 最高裁での最後のチラシは平成25年まで

シティズの「契約書に利息制限法を書いたから43条の適用がある」との主張を通してしまった高裁判決につき、最高裁は平成24年９月28日口頭弁論を開きました。一般の借主から見て、一体いくらを払えばいいか、条文だけあっても、支払うべき利率や金額を見ると、別なことも書かれているのでは、わからない、という、素人目線の弁論をしました。シティズが認諾と放棄で、残念ながら判決に至らず終了ました（『消費者法ニュース』93号60頁、94号30頁）。裁判官目線の判決が多かった中で、本件で口頭弁論を開くことで、これからの最高裁に、素人にとってどう見えるかを裁判官

からわかる内容とは分けて判断しようとする、最高裁の希望を持てる姿勢が示された口頭弁論でした。

その後、平成25年5月30日には、おまとめローン、過払金の消滅時効問題、ロプロの代表者の取締役責任問題で、最高裁でチラシをまきました。今のところこれが最後です。その後、事件が広告による営業利益追求の事務所に流れている結果、志ある仲間の手の届かないところで、利息制限法の原則から外れて脱法容認の判決が相次いでいる現状です。

立て直しのための、まとまった「最高裁充当判決批判」「賠償額の予定に関する立法・批判」を行う必要があると考えます。

⑼　決議文の作成と執行

その後は、民法改正における借主、保証人保護のための、被害者交流集会の決議文、場合によっては43条対策会議独自の決議文などを、すべての国会議員および関係各省庁と、主なマスコミに郵送し続けてきました。TPPについて勉強し、意見を発表しました。

最近の決議文としては、民法改正で残念ながら一時は検討された第三者個人保証の廃止が実現されず、事業者の第三者個人保証が公正証書を作ることで認められてしまったことを前提として、公正証書記載事項についての要求を、平成30年10月高知の被害者交流集会の分科会で決議しました（『消費者法ニュース』118号）。

要約すると、公正証書に「第三者個人保証人の年収の4分の1以下の金額を示す」「第三者個人保証人が（主債務の金額以下であってもかまわないので）一括で返すことのできる金額を示す」「この2つの金額のうち、低いほうの金額以下で、保証する金額を定める」ということを、公正証書記載事項、兼有効要件とすることを求めました。

⑽　最近の取り組み

宮崎の小林孝志弁護士の「横飛ばし充当」

についてのねばり強い闘い（『消費者法ニュース』117号29頁）、被災地の借金問題についての活動の成果報告をいただき、経営者保証ガイドラインの画期的な活用を引き出した仙台の佐藤靖祥弁護士（「経営者保証ガイドラインの活用例について」『消費者法ニュース』118号）、毎回、最近の判決例の詳細な分析をされる大阪の井上耕史弁護士、少し以前になりますが、消費者契約法を生かした判決を勝ち取った杉山程彦弁護士など、中堅・若手の活躍が頼もしいこの頃です。韓国・台湾と連携して交流を深めている国際交流部会の中心にいて、そして、広島では精神科や社会福祉士などとの連携した法律相談を実践している秋田智佳子弁護士が、43条対策会議の会計をしっかり担当してきて下さったことが、会費の有効活用・決議執行などに役立っています。

最近の問題としては、時効債権の取り立てと向き合う方法。一見すると債務承認とされそうな、分割支払い提案をした場合でも、支払い督促から訴訟に移行した事件を取り下げさせた事例などの成功例もあります（消費者法ニュース119号）。ここでも、債権回収会社にはトラブル債権（時効にかかった債権）の債権譲渡は弁護士法に違反するので禁止されている、という論点が役立ちます。

反対に、理不尽に苦しめられている銀行の保証人がいます。平成8年の第三者個人保証人が、自宅を平成14年に競売され、平成15年から合意によって月3万円、ボーナス時10万円を払い続けてきましたが、元本が約1600万円台、遅延損害金の14％はそのまま累積している計算で、7200万円超の遅延損害金を要求されている事例（『消費者法ニュース』118号茆原洋子論文）など、請求側が理不尽であるにもかかわらず、救済が困難な状態にあります。

⑾　民法420条の「賠償額の予定」と「貸主の損害3％」の問題

平成28年民法改正の国会審議の中で、法務

大臣が「貸付側が回収できないことによる損害は、大手ばかりでなく中小を含めても、借りて、回収できない穴埋めをする利率、つまり借りる利率が損害であるので、現在の相場で３％である」という趣旨の発言をしました（『現代消費者法』39号53頁、平成28年第192回衆議院法務委員会会議録９号16頁）。賠償額の予定利率を定めず、賠償額を支払うべき場合には、民法404条に定める遅延損害金が５％から３％に引き下げられた理由が、貸主の、この「一般的損害予測」だったのです。

　他方で、民法420条では、金銭債権の支払いの遅滞による損害は、損害の予測が立たないことを前提として、現在はいくらと定めても、利息制限法以下であれば許される仕組みです。そして、銀行を含めおよそどの金融機関も、利息が２％であっても賠償額の定めとして利息制限法の上限に近い金利を定めています。しかし、貸主の回収できないことによる実際の損害がおよそ３％以下であることが民法404条改正の立法理由として示された現在、実際の損害をはるかに超える賠償額の定めは違法なのではないでしょうか。損害の予測は立たないことを前提として作られた民法420条は、見直さなければならないこととなったと考えます。

　裁判所は、日常的に、合意された異常な高金利の遅延損害金付き判決を大量生産しています。これをくい止めることは容易なことではありません。

　しかし、まずは遅滞の責任を負わせる筋合いのない保証人に対して、そもそも元本の支払いであっても損害の填補として、債権者から感謝されるべき保証人に、３％を超える遅延損害金を請求することを、やめさせようではありませんか。

　次に、やむを得ず連鎖倒産したような場合とか、病気などによる遅滞の場合の14％もの賠償額の予定と遅延損害金が、実際の損害で

はない、実際の損害以上に支払う必要はないという争点に、皆で取り組んでいきたいと考えます。

２　43条対策会議のこれからの活動の目的と課題

　課題は増えこそすれ、減ることはないと思われます。

(1)　活動の目的

１)　債務者の生存と生活を守るための裁判例・実務の解決例・研究成果の交流。

２)　債務者の権利を確立するための、法改正、運用改善のための提言。

３)　法令規則などの改正に当たっての、パブコメなどの意見表明。

(2)　長期課題

１)　第三者個人保証の廃止。

　　（保証を業とする事業者以外の中小同業者などを含む廃止）

２)　利息制限法１条の上限金利と利息制限法４条「賠償額の予定」の金利の引き下げ（この課題は利息制限法金利引下実現全国会議の課題と共通です）、および消費者契約法９条２号の引き下げ。

３)　強行法規である利息制限法を貫徹する、脱法を許さない判例の確立。

４)　債務者の権利を守る実務の確立。

５)　民法420条の改正もしくは廃止（中小の貸付を併せても３％が妥当とした民法改正の趣旨に照らし、実際の損害を超えてはならない）。

６)　民法405条（利息の元本組み入れ）の廃止。

(3)　中期課題

１)　銀行に総量規制の導入等、過剰貸し付けを防ぐ対策。

２)　新民法による債務者保護の悪化を防ぐ活動。

　　特に、諾成的消費貸借契約をした後借り入れをしない場合、約定より早く返済した

場合、改正民法で「債権者の期限の利益」を条文上は認めたが、実際には貸主に損害はないので、損害賠償請求を認めない実績を積み重ねること。最初が肝心なので、良い判決を定着させていくこと。

3）債務者にとって有利な新民法の条項の活用。

4）第三者個人保証が廃止される迄の期間の、保証人保護のための制度（公正証書記載事項など）と実務の確立。

5）消費者を欺く消費者金融の手口・主張の摘発とその闘い方の提供。

6）総量規制違反の銀行貸付部分の無効を勝ち取る闘い。

7）第三者個人保証人には遅延損害金を課さない扱いの確立。

遅滞の責任がないにもかかわらず、（利息制限法4条以下とはいえ、）利息の数倍の遅延損害金を課す銀行貸付の現状の不合理さを世論に浸透させる。

8）ヤミ金被害者がヤミ金に渡した通帳悪用に際し、被害者が警察と銀行に不利益扱いを受けている現状の改善。

⑷ 短期課題

1）経営者保証ガイドラインによる和解事例の成果の交流。

2）銀行の利息と遅延損害金の格差の不当性を明らかにする。

3）信用保証協会に保証人が分割金を支払っている最中に、保証人に14％といった遅延損害金を加算させ続けることの問題性を指摘し、これをやめさせるための活動。

4）一連一体計算を否定する主張による利息制限法の脱法を防止し、旧民法489条改正民法488条4項（別の債務への法定充当）の再認識による横飛ばし計算の成果を増やす。

5）約定の金利が12％を引き直して18％とする騙しの手口を見抜いて防ぐ。

6）通常取引に見せかけたヤミ金や年金担保

取引の横行を防ぐ。

7）履歴開示に際しての有料制度、実質的な開示請求困難の改善要求。

8）土日の払戻しを利息計算すると異常に高い・改善要求。

9）病気（依存等）を抱える債務者との接し方の工夫の経験交流。

これらが、私達の課題です。

借金をした借主と、これを保証した人が、絶望せずこれから生き易くするための、交渉や裁判の実務経験交流を主として、現実の被害実態に触れる立場から、法令の改正や、運用改善に挑む活動は、スリルもありますが、成果のある時の喜びは大きいものがあります。

事件が大量処理事務所に行ってしまい、その結果、43条対策会議の会員の抱える債務関係の事件が著しく減っています。また、困難の度合いが深い少数の事件だけが、会員のところに来る、という状態になっています。

当会の会員数はその割には、減少は少なく、自分に回ってくる債務の事件はない、もしくは少ないが、当会議を支えよう、という素晴らしい方々が揃っています。

会議の性質上、会員に限った安心できる仲間の話し合いですので、失敗談や、作戦を練っている途中の問題も披露されます。この状態は貴重です。なので、誰でもご参加ください、と公開しながらも、貸金業者側の人が入ることのないようにしてきました。

これからは、メンバーの若返りと、新人の参加は是非とも必要です。

これから「自分一人でも最高裁判決に挑んで変えてみるぞ」といった独り立ちの気概に満ち溢れた有望な若手が、しかも他者を排除せず、仲間としての対等の協力関係を作って結集し、束になって再度闘っていく日を楽しみに、気骨ある若手の参加を大いに期待します。

クレちほの10年を振り返る

クレジット被害対策・地方消費者行政充実会議事務局長　弁護士　拝　師　徳　彦

1　クレ過剰時代

　クレジット被害対策・地方消費者行政充実会議（クレちほ）は、平成20年7月29日、前身であるクレジット過剰与信対策全国会議（クレ過剰）を改組する形で設立されました。ですからクレちほの歴史を語る前提として、まずはクレ過剰の活動に簡単に触れておく必要があります。

　クレ過剰は平成17年7月16日に設立された全国組織です。当時は悪質リフォーム詐欺の次々販売や呉服の過量販売などが社会問題化し、数百万円から数千万円の被害もざらにある、という深刻な状況でした。このような高額な被害が続出した大きな要因の一つに、クレジット会社の杜撰な与信（過剰与信）の問題がありました。クレジットを規制する割賦販売法には、当時過剰与信規制が入っていませんでした。これをいいことにクレジット会社は年金生活者に数百万、数千万円ものクレジットを組ませ、その結果自宅が競売にかけられたり、果ては自ら命を絶つ人まで出る、という状況でした。

　クレ過剰は、このようなクレジット会社の過剰与信規制を中心としたクレジット規制の強化を求めて活動を行ってきました。まずはシンポジウム等で被害実態を訴え、クレジット過剰与信を社会問題化し、さらに他団体と連携して審議会傍聴や審議委員への働きかけ、記者会見、裁判支援、街宣、議員要請、国会傍聴等さまざまな運動を繰り広げました。

　その結果平成20年6月には割賦販売法の大改正が実現し、支払能力の調査義務を中心とした過剰与信規制が導入されるとともに、クレジット会社に払ったクレジット代金を取り戻すことが出来る「既払金返還ルール」が個別クレジットの分野に導入されました。これによって次々販売被害は下火となり、個別クレジットに関するトラブルは激減しました。

2　クレ過剰からクレちほへ

　このように、平成20年の割販法改正によってクレ過剰は所期の目的を達成したわけですが、このころ問題になっていたのが、消費生活相談員の処遇の悪さ等を中心とした地方消費者行政の衰退でした。クレ過剰が実現した法改正は確かに画期的なものでしたが、これを活用して被害の予防・救済を実際に行うのは現場の法律実務家であり消費生活相談窓口の相談員です。とりわけ市民にもっとも身近な市町村に設置される消費生活相談窓口に寄せられる相談件数は、弁護士・司法書士の件数の比では無いわけです。これらの窓口を充実させなければせっかくの法改正も実効性を欠くのではないか。こうした問題意識から、地方消費者行政の充実強化するための全国組織が求められていました。

　もちろん、クレジット問題も法改正ですべて解決したわけではなく、特に平成20年改正ではあまり手が加えられなかったカード型クレジットの分野についての規制強化が課題として残っていました。むろん、弁護士等の法

律実務家に改正法を学んでもらい、現場で活用してもらう必要もありました。

こうした状況をふまえ、クレ過剰は、クレジット被害対策に加えて地方消費者行政の充実強化という二つの活動目的を掲げ、「クレちほ」へと組織改変することになったのです。

3　クレちほ設立後の状況

(1)　地方消費者行政の変化

クレちほが設立されたころ、国では当時の福田総理が提唱した消費者行政一元化の在り方が議論され、平成20年9月29日には消費者庁設置法案が国会に上程されていました。同時に、これまでじり貧となっていた地方消費者行政の充実のために、基金型の交付金が措置されるようになりました。それまでの地方消費者行政予算は、地方自治体の財政的窮乏のあおりで削減される一方でした。地方消費者行政には利権も無く、予算獲得のための支持基盤・圧力団体もありません。このため予算の削減率は他の分野より大きく、消費者行政担当職員も減員の一途をたどっていました。平成10年から平成19年の間に、地方全体の一般会計予算は、減少率10％以内であったのに対し、地方の消費者行政予算は、全自治体で33.8％も減少していたのです。自己責任重視、弱者保護軽視の視点が消費者行政の分野にも露骨に現れていたと言えると思います。

この意味で、消費者行政一元化の議論に合わせて措置された「地方消費者行政活性化交付金」は、極めて画期的なものでした。

クレちほでは、この予算を各地で十分に活用すること、あわせて、消費生活相談員の待遇改善を訴えて各地でシンポジウムを行ってきました。相談員の雇い止め等を改善するため、相談員のグループ等多くの団体と共催で集会を開催し、国への提言を行ったこともありました。シンポジウムは年3回程度、なるべくこれまで開催していない都道府県で行い、

クレジット問題等の学習編と地方消費者行政充実の運動編とに分けて行いました。シンポジウムには地元の消費生活相談員や行政職員も集まるため、せっかくの機会だから、ということで多重債務問題や生活再建問題も取りあげました。この関係で多くのシンポでは「行政の多重債務対策を充実させる全国会議」と共催していました。

またクレちほでは、地方で十分な予算措置を組んだり、消費生活相談員の待遇改善を行うためには、地元の消費者自身が声を上げる必要があるとの認識から、シンポジウム開催をきっかけとしたネットワークグループの構築を呼びかけてきました。

こうした呼びかけに呼応する形で、千葉、埼玉、東京、神奈川、宮城等に、地元の消費者行政の充実強化を目的としたネットワークグループが立ち上がり、地元の消費者行政充実のためにさまざまな働きかけをするようになりました。

他方、基金の影響で、地方消費者行政の状況は大きく改善しました。地方全体の消費者行政予算は平成20年度から平成28年度の間に100.8億円から147億円へと1.5倍近く増加。相談窓口の市区町村における設置率は100％を達成。平成21年度は501か所だった消費生活センターは平成28年度には799か所に増加。消費生活相談員の配置数も2734人から3393人へと増加しています。また、雇い止めについても繰り返し国から改善を要望した影響もあり、基金開始当時に比べるとかなり減ってきているのではないかと思います。

(2)　クレジット問題の変化

クレジット問題は、平成20年改正の後、当時予期されていたとおり、個別クレジットからカード型クレジットへとシフトしていきました。典型的なのが、サクラサイト被害でクレジット決済が利用されるケースです。背景には、国際ブランドカードシステムや決済代

行の介入等、カード型クレジット業界の構造の複雑化があります。

このため国では、法改正後5年後見直しの機会にカード型クレジット規制を検討し、加盟店契約を締結するアクワイアラー等の登録制と加盟店調査措置義務等を内容とする法改正を行いました（平成28年改正）。あわせて、イシュアー（カード発行業者）とアクワイアラーとの情報交換も密に行うこととなっているため、適切な加盟店調査・管理がなされない場合のカード会社への損害賠償が行いやすくなったと言えます。クレちほとしては、審議会のフォローやパブコメの呼びかけ等を行ってきましたが、今回の法改正に対しては大きな運動に展開しきれなかったと思います。特に、法規制の大きな抜け穴であるマンスリークリアへの民事ルール導入が先送りされたことは大きな課題だと思います。

さらに、平成29年2月には、これまで厳しい判断が続いていた名義貸し事件について、既払い金返還ルールの一つであるクレジット取消権の適用の余地を認める最高裁判決が出されました。消費者保護に大きく傾いた判決であり、今後の各地での判決の流れが注目されています。

クレちほでは法改正とともにこうした判例の動きを全国に伝えてきましたが、今後はさらに被害の実情を注視し、必要に応じて運動を展開していく必要があると思います。

4　今後の課題

⑴　地方消費者行政

前述のとおり、地方消費者行政は活性化交付金の成果もあって大きく向上してきましたが、その後国からの予算措置は削減の方向に向かっており、再び冬の時代を迎える可能性が大きくなっています。

具体的には、活性化交付金の後継の補助金である消費者行政推進交付金の新たな利用が締め切られている関係で、あと何年かすると推進交付金の補助がすべて打ち切られる見通しとなっています。他方、消費者庁の推奨するテーマに使える新たな「強化交付金」が併存する状態となっていますが、これは補助率が2分の1或いは3分の1となっているため、100％補助されていた交付金と比べると相当使い勝手が悪いと言われています。平成20年に交付金措置を開始した後も実は地方自治体の自主財源額は増加していないため、推進交付金の終了により各地の地方消費者行政が大幅に後退するおそれがあります。特に、財政的基盤の脆弱な小規模自治体ほど影響が大きいのではないかと懸念されています。

今後自主財源化を各地で求めると共に、国からの恒久的財政措置を求めていく必要があります。

また、交付金措置によって相当程度相談窓口が整備されたことは間違いないのですが、それがあまり利用されていないというのが現実です。例えば消費者庁の意識調査では、被害にあった人が消費生活相談窓口に相談に行く割合は3.5％に過ぎません。とりわけ悪質商法のターゲットとされている高齢者・障がい者を消費者被害から守るためにも、各地で消費生活センターと福祉部門等さまざまな団体とが連携し、地域のネットワークによる見守りの体制を構築していく必要があります。ちなみに消費者安全法では、地域の見守り体制構築のためのツールとして消費者安全確保地域協議会の枠組みを用意していますが、平成30年12月末時点で193自治体での設置に留まっています。

あわせて、こうした地域のネットワークの構築を継続的に機能させるため、核になる人材を育成・支援していくことも求められています。

クレちほでは、従来から、こうした地域ネットワークの構築と人材育成を呼びかけてき

ましたが、これらの点はこれからますます重要な取り組みになっていくと思われます。

(2) クレジット問題

まずは平成28年改正の影響を見ていく必要がありますが、問題は、決済方法が多様化し、クレジットだけを追いかけていたのでは実際の消費者被害に対応しきれなくなっているということです。例えば前述のサクラサイト被害では、決済方法としてクレジットのほか電子マネーが利用されています。スマホ電子決済など新しい決済方法も急激に浸透しているようです。クレジットに限らず、これら新しい決済方法を含む横断的な規制が求められており、注視が必要です。もちろん前述の通り、クレジット規制の中でマンスリークリアへの民事ルールが抜けている点についても法改正が必要です。

5 おわりに―クレサラ対協とクレちほについて

クレちほは、貧困問題、生活再建問題へと活動を発展させているクレサラ対協の中では若干異色の取り組みを行っているという感があります。

しかし、クレちほが目標とする地方消費者行政充実のための地域ネットワーク構築の取り組みは、実は自己責任論が蔓延した日本社会において、地域、住民の意識改革による助け合いの精神の醸成を促すものであり、自己責任の発想とは対極にあります。決済の利便性の名の下に被害者を見殺しにしがちなクレジット社会に、被害者保護の視点からくさびを打ち込むクレジット問題への取り組みも同様です。自分の利益ばかりに目を向けるのではなく、被害者のことを「思いやる」精神の涵養が重要です。この点で、さまざまな団体が連携して行う貧困対策・生活再建の取り組みと根は同じであると思っています。また、市民や行政職員等の意識の変革から行政や法律を変えていく、という民主的な手法においても相互に共通するものがあります。

現在のクレサラ対協は分野ごとの縦割り組織となっていますが、各分野の根本的な原因を突き詰めると、共通の課題を抱えていることになるのだろうと思います。こうした共通の課題を共有しつつ各論を深めていくことがクレサラ対協の組織発展の基礎であり、クレちほなど分野別の傘下団体の責務ではないかと思います。

利息制限法金利引下実現全国会議の
立ち上げから現在まで

利息制限法金利引下実現全国会議代表　弁護士　茆 原 正 道

1　はじめに―2006年改正貸金業法

　貸金業法関係の高金利被害からの解放のための改正が2006年（平成18年）12月13日に実現しました。

　この画期的な法改正は、クレサラ対協をはじめ、日弁連や労福協などの全国的なダイナミックな取り組みの下、340万名もの請願署名を集め、国会議員全員の賛成をもって成立しました。

　元々はサラ金禍を受けて昭和58年の貸金業法が成立したのですが、その法体制が不十分なために、高金利・過剰融資・過酷な取り立てなどの重大な商工ローン被害を生み出していました。特に貸金業規制法43条の存在は極めて重大で、深刻な被害実例を生み出していました。

　個人的にはこの43条廃止が最も大きな改正点であった、と言ってもいいと思います。「43条違憲論」の主張が徐々に支持者を増やしてきており、違憲判断が出てしまうことを恐れたこともあるという指摘が早稲田大学の鎌野邦樹教授によりなされています。

　平成18年改正では、高金利規制の他、利息制限法1条2項、および4条2項も廃止されました。これは判例によって実際には死文化されていたのですが、利息制限法を超えた利息は無効であるけれど、この利息の徴収に対して、実際に支払ってしまったらその返還を求めることは出来ない、という内容でした。全く不合理な規定であり、いわゆる過払い請求を認めない、という内容でした。この規定を廃止したのです。

2　利息制限法金利引下実現全国会議の設立

　しかしながら、貸金業改正法では、利息制限法の利率3区分の見直しはもとより、利息制限法の利率の規制には全く手が付けられてはいませんでした。

　一方では、利息制限法の規制内の金銭消費貸借であっても、借金に苦しむ人は大勢残されています。それは、まさしく利息制限法の金利が高すぎるがゆえに他なりません。

　そこで、私達は、貸金業法改正の後の課題として、利息制限法の規制金利の引き下げへの運動を開始しようと決意したのです。こうして、利息制限法金利引下実現全国会議は、利息制限法の権威である大河純夫立命館大学法学部教授をお招きして、記念講演「日本における利息制限法の歴史的推移と課題」を頂き、リレー報告を行い、2007年（平成19年）3月の四谷での創立総会を持ちました。顧問には甲斐道太郎先生、木村達也先生、宇都宮健児先生の錚々たる先生方にご就任頂きました。

　創立総会以降、八戸、伊勢、宮崎など各地でシンポを開いてきており、特に、2008年（平成20年）9月6日の三鷹のシンポでは、各党から「超党派の運動として盛り上げていこう」という、5名もの国会議員の方のご参加と挨拶を受けるまでに発展してきました。その後も2008年11月に出雲で、2009年（平成21年）

２月に京都、７月に札幌、９月に徳島で開いた際には国会で大きな活躍をして来られた後藤田正純衆議院議員にも出席して頂きました。そして、11月には川崎大会（多くの国会議員の参加も得た）、2010年（平成22年）３月熊本、７月福井、10月和歌山、2011（平成23年）年３月５日の大阪シンポ、2011７月２日の奄美シンポ、10月22日の秋田シンポ、そして2012年（平成24年）３月24日の神戸シンポジウム、７月21日の高知シンポジウム、10月13日の岩手シンポジウム、2013年（平成25年）３月30日には名古屋シンポジウム、６月29日には沖縄シンポジウムと全国各地で次々にシンポジウムを開いてきました。その後、静岡市で2014年（平成26年）３月22日に第23回、７月５日に釧路で大24回、12月６日が大分で第25回が開かれています。2015年（平成27年）３月７日には第26回千葉シンポジウムがあり、７月19日には第27回山形シンポジウムがあり、11月29日には第28回山口シンポジウムがありました。2016年（平成28年）には、３月26日に第29回福岡シンポジウムがあり、７月23日には第30回金沢シンポジウムがありました。そして、11月26日の第31回仙台シンポジウム、その後、2017年（平成29年）になって、３月20日の第32回埼玉シンポジウム、そして７月22日の愛媛シンポジウム、12月３日の山梨シンポジウムへと続いております。2018年は、３月18日の第35回福島シンポジウム、７月21日の第36回香川シンポジウム、そして、11月11日の第37回長崎シンポジウム、そして、2019年の第38回群馬県、第39回富山県、第40回岡山県へと続いています。

早や設立11年を超えました。全国の都道府県の後援を取り付けることを目標に頑張ってきています。

2012年の高知では喫緊の課題としてTPPの問題に関してどのような問題点があるのかについて横田一氏と鳥畑与一静岡大学教授にご講演を頂きました。今後ともこのようなTPPのような不当な企みは許すことはできないと思います。条約は国内法に優越することを考え合わせると、利息制限法に関しましても国際的条約でもって利息制限法の規制を取っ払ってしまおうという乱暴な企みが隠されているような危険があります。しかも投資家保護条項というとんでもない措置のもとでの計画であり制度である点を見逃すことはできません。

そして、漸く日弁連においても2013年６月28日に利息制限法の金利を引下げようという積極的なシンポジウムが開かれるようになりました。大変画期的なシンポジウムであり、大いに評価されるべき動きです。今後も、充実した集会を実現したいと思います。

これらの各地でのシンポジウムの開催においては、各地方自治体や弁護士会や司法書士会やクレサラの団体などの後援や共催を得てきた小澤吉徳事務局長の尽力が大きいものでした。

別原稿（76頁）で小澤吉徳事務局長から説明があると思います。

３　利息制限法の立法事実

利息制限法はその制定の歴史を振り返ってみますと、本来重大な使命の下に成立したにもかかわらず、実に長期間に亘って、制限金利引下げの改正が行われず放置されてきています。

利息制限法は、明治10年９月11日に太政官布告第66号として制定されています。明治憲法の制定（明治22年）、民法制定（明治29年）よりも早いのです。

当時は明治４年に一度金利規制が撤廃されて（太政官布告31号で、利息は相対で決めろ、というもので、その結果、利息の制限はないことと同じになったのです）大変な混乱を生んでいました。そういう時代がありました。

高金利に苦しめられた民衆による一揆の多発は幕末よりも多かったのです。高金利の取立と被害が放置されていた明治10年までは大騒乱の時期であったと言えます。例えば、北会津の農民一揆の要求では従来の土地で質に入れて質流れになった土地を無償で償還しろ、借金を棒引きにしろ、無利息年賦で返させろ、といった「高金利に苦しんだ果ての要求」が目立っているのです。この要求を弾圧されて大規模な一揆が多発することとなります。

北会津大沼三郡をはじめ、堺、甲府、山形、福島、飛騨、倉敷、茨城、三重、愛知、岐阜、和歌山等々で多発しました。これらの一揆に対して、地域の実情をよく知っている地元の知事達はつい穏便な方法をとってしまいました。しかし、これに対して政府は、これに対する危機感から政府は知事をどんどん処分していき、一揆では1000人までは殺していいというとんでもない弾圧策までとったのです。

明治4年3月10日には、安政の大獄以来の大弾圧をしています。

しかし、弾圧策だけでは解決がいく問題ではないことが認識されるようになって、明治8年から利息制限法により借主を保護する政策の審議が進み、明治10年の利息制限法の制定に至ったのです。

明治憲法や民法制定よりもはるかに早く制定されたというのは、如何に利息の規制が必要であったか、という立法事実を物語っています。

4 利率の変遷

立法時の銀行貸出金利平均と規制利率との関係は重要です。

これまで日本の規制金利は、江戸時代からみてくると、金利3区分などはなく、15％の時代や18％の時代もありましたが、1842年（天保13年）には、12％でした。

次に、明治10年（1877年）の利息制限法制定の時に3区分がとられて、12％、15％、20％とされました。その時の銀行貸出平均金利が9.96％です。次に大正6年（1917年）も同じく12％、15％、20％ですが、この時の銀行貸出平均金利が7.37％です。

そして、金利規制に変化があったのは大正8年（1919年）ですが、10％、12％、15％と引き下げられ、貸す側に厳しくなっています。この時の銀行貸出平均金利が8.06％です。次に大きな規制変化があったのは、昭和29年（1954年）です。15％、18％、20％、と現行の規制利率はこの改正時から続いています。この時の銀行貸出平均金利が9.08％で、一年物の預金金利が6％でした。普通預金の金利が0.02％と極めて低金利になった平成13年（2001年）11月も、普通預金0.039％、1年定期0.203％と同じく低金利の時代となっている平成21年（2009年）5月も、同じく15％、18％、20％と高金利の水準での規制が続いています。

このようにみてくると、現在のように超低金利の時代に利息制限法の制限金利を高い状態に置いたまま、ということが如何に異常かということが際立つと思います。

まして、国の借金が膨大になっている現在、金利が高くなるということは国の財政が破綻してしまうことを意味しますから、これから先、相当長期に亘って超低金利時代は続く、と言ってもいいと考えられます。

したがって、銀行貸出金利の低い現状という点からも、利息制限法の金利はより低い方向へ見直し、改正すべき時期に来ていると言えるのです。

この点については、今では多数のいろんな学者も口を揃えて主張するようになっています。

5 当会議での議論

これまでの各地でのシンポジウムを通じて、

当会議での議論もかなり煮詰まってきていま
す。進歩してきています。

　当会議に早期の段階からご参加を頂いた前
聖学院大学教授の柴田武男先生は、弁護士・
司法書士が大勢の本会議において、経済学者
の立場から貴重な意見で会議をリードされて
おり、シンポの開催地の地域の問題に即した
決議文の作成に多大な尽力をされています。
今後も社会運動家の立場も加えて、益々活躍
が期待されています。

　聖学院大学の特任講師の木村裕二先生の議
論も毎回目覚ましい進歩を見せています。銀
行カードローンの問題なども取り上げつつ、
過剰与信規制の必要性を説き、利息制限の必
要性においては、大胆な提言をされていま
す。まず、過剰与信を発生させる構造的原因
がそのままでは、「借りたい人が借りられな
い」という目先の利益と法規制とが衝突す
る、と主張します。過剰与信の事前予防を図
るために、銀行による貸付けの契約にも規制
を及ぼす必要がある。カードローンという金
融商品の安全性は、利用方法の僅かな誤り
（自己の返済能力の過大評価、支出の削減不
足）によっては多重債務に陥らないことを条
件としてはじめて確保される。年利15％で
は、毎月5000円～１万円程度の家計管理上の
誤りによって多重債務に陥る危険が高い。

　年利８％ならばその危険性が減少する。平
成29年民法改正により、法定利率は年３％を
起点とする変動制へと移行する。金銭債務
は、「金銭の極度の融通性」ゆえに不可抗力
の抗弁が許されない。極度の融通性は、「相
応の利息」を負担すれば調達可能なことを意
味する。その民法的標準は法定利率である。
その２倍を超える約定利率を保障すること
は、貸主の恣意（標準的な利息負担による金
融から借主を排除する）を自由として保障す
ることを意味する。標準的な利息負担による
金融から排除された借主に対し、金銭の極度

の融通性を前提としてその支払いを強制する
ことは、個人の尊重という民法の原理に反す
る。そこで提言されます。利息制限法１条の
制限利率は、①年８％を超える利息の契約は
超過部分につき無効とする。②約定利率が年
８％以下である場合も、約定利率が法定利率
の２倍を超えるときは超過部分につき無効、
という規律にするべきである。

　その他、利息制限の必要性を説く中で、借
主の利息契約等解約権なども主張されていま
す。大変に貴重な意見で参加者にとって、実
に毎回示唆に富んでいると思っています。

　詳しくは是非会議やシンポジウムにご参加
ください。

　また、当会議が誇るメンバーとして金沢の
税理士の柴田昌彦先生が分析を加えた利率８
％を導き出した議論は特筆すべきものがあり
ます。長年の仕事上の経験とTKC指標を駆
使して分析した手法は実に見事なものであ
り、当会議に大きな成果を生んでくれていま
す。柴田先生は、理論的な上限金利というも
のはないのだという立場から、基本は「生活
を破壊しない、企業を潰さない利率」こそが
許される上限利率である、と喝破されていま
す。生活の視点から給与所得者にとって生活
を破壊しない返済可能な金額はいくらか、そ
の金利はいくらが限界なのかを問い、企業維
持の視点から、事業経営にとっては金利負担
が過重で、企業がなりゆかなくなる上限金利
はいくらなのかを考える必要があるとされま
す。実に説得力のある議論の立て方です。統
計資料を活用して、給与所得者の借り手側の
視点で返済可能額・返済期間から利率を詳細
に検討し、家計簿調査も参考にし、企業につ
いては企業維持の視点・事業資金からの視点
で検討し、利益償還年数から上限利率を検討
したり、欠損企業から見た金利負担を検討し
たり、借入償還年数から上限金利を検討し、
その他、金利情勢・金融業者の調達金利・法

定利率及び商事法定利率との比較・国税関係の規律・住宅ローン等や預金等の金利情勢など、隅々まで分析・検討して、次のように提言されています。すなわち、利息制限法改正案として「第1条　金銭を目的とする消費貸借における利息の契約は、その利息が8％の利率により計算した金額を超えるときは、その超過部分について無効とする。」「第4条　第1条の規定は、金銭を目的とする消費貸借上の不履行による賠償額の予定に準用する。」。

　また、当会議では、民法改正に関連して、幹事で43条対策会議代表でもある茹原洋子弁護士が、保証人に関する民法改正には大きな問題があるということを議題にして指摘を続け、論じています。この危惧した問題点が近いうちに現実の問題となりそうであり、ぜひ今後関心を持っていただきたいと考えています。特に、公証人制度を安易に信用することによって意図しない被害が生まれることに警鐘を鳴らし続けています。毎回、少しずつ検討が加わり、議論の成果として最新の主張をまとめると、「本来第三者個人保証は廃止されるべきである。廃止されるまでの間、公正証書の記載事項には十分な配慮をすべきである。保証人が請求を受けるときは一括で支払わなければならない。一括で支払える金額を超えて保証すると自宅や給料の差し押さえも起きる。『年収の4分の1以下でかつ一括で生活に支障なく支払うことのできる金額を書いてください』という項目を必要的な記載事項とすることを求め、記載された金額（年収の4分の1以下かつ一括で生活に支障なく支払うことのできる金額）を超える保証を無効とすることを求める。また、保証人の民法465条の10の取消権が、主債務者が情報の提供をしなかったことを『債権者が知り又は知ることができた時』に取消すことができるという仕組みになっているため、この取消権を実効的なものとするために、民法465条の1

の『主債務者の為した情報提供の内容』を公正証書の記載事項とすることにより、債権者にも知らしめるべきである。監督指針は金融機関が保証人を徴求することを原則禁じているので、公正証書上も反映すべきである。公証人に説明義務を課すべきである。基本的な議論の前提として、保証人の平穏な生活に打撃を与えない方策を考えていくべきである。」という議論に集約されてきました。これを、平成30年10月被害者交流集会分科会決議として、監督官庁、全国会議員に郵送しました。

　利息制限法第4条の「賠償額の予定」問題も毎回取り上げています。すなわち、支払の遅延による実際の損害と何か、という基本から議論を進めます。実際の損害を超える賠償を求めることは本来許されないことである。実際に、民法404条の改正に際して、法務大臣の答弁で明らかになったことがあります。貸主の損害とは、他から借りて、回収できなかった貸付の穴埋めをするための、借り入れの利率であること、そして大手ばかりでなく中小の貸主の資金借り入れの現状から、損害は3％が妥当ということです。

　賠償額の予定は、利息制限法4条以下であれば通用していますが、賠償額の予定として契約書に記載された利率のとおり損害賠償とは程遠い高金利を長期間にわたり取得するのは暴利である。特に保証人にとってはもともとなんら責められるべきものではないことを考えるべきである。最判昭和39年11月18日は、利息制限法は経済的に弱い立場の債務者保護を目的とする強行法規である、と宣言している。今の状態での利息制限法4条の適用の在り方は、貸主のための強行法規に成り代わっており、立法目的に反する。このような議論を行っています。

6　当会議の到達点

　利息制限法金利引下実現全国会議では、こ

れまで多数回にわたる全国での研究会活動を通して、一定の到達点にまで来ており、それは最近及川智志副代表により、次のようにまとめられています。

① 利息制限法の年利15％は生活を破壊する高金利であり、貸金業者やサラ金に取って代わった銀行等金融機関が、利息制限法の上限に張り付いた金利を徴収することによって、低所得者や高齢者といった社会的弱者の生活を破壊している。したがって、利息制限法の上限金利を速やかに引き下げるべきである。

② 生活を破壊しない、中小企業が経営を継続できる、上限金利は年８％以下である。したがって、利息制限法の上限金利を年８％以下に引き下げるべきである。

③ 生活を破壊しない、中小企業が経営を継続できる、金利は変動しないはずである。したがって、利息制限法の上限金利は変動制ではなく、固定金利とすべきである。

④ 上限金利と実効性との観点から、刑事法規（出資法）とのリンクを検討すべきとの意見があった。一方で、刑事法規は考慮すべきではないという意見があった。刑事法規については、罪刑法定主義の観点から、固定金利制が望ましいとの意見があった。一方で、変動金利制でも罪刑法定主義に反しない（対応できる）という意見があった。これらは、検討を要する事項である。

⑤ 生活を破壊され、返済に窮した債務者に対し、さらに高金利の返済を強制するという、遅延損害金規定は、残酷であり、不合理であって、社会的妥当性を欠く。したがって、遅延損害金規定は速やかに廃止すべきである。

最近では、国会議員の方々も、出席されたり、賛同のメッセージを下さったりする方々が増加してきています。2019年３月23日に開かれた第38回群馬シンポジウムについても、出席者では衆議院議員の堀越けいにん先生が熱心に聞いていかれました。代理出席では衆議院議員の笹川博義先生の秘書の江原信夫氏が、また、参議院議員の山本一太先生の秘書の小渕康利氏が、更にメッセージを頂いた方々に衆議院議員の福田達夫先生、参議院議員の中曽根弘文先生、衆議院議員の長谷川かいち先生と参議院議員の山本一太先生、と段々と増えてきております。

生活を破壊しない金利水準の実現を！
―これまでの活動の記録として―

全国クレサラ・生活再建問題対策協議会副代表幹事
利息制限法金利引下実現全国会議事務局長　司法書士　小　澤　吉　德

1　はじめに―利息制限法金利引下実現全国会議の設立と求める改正案

　利息制限法金利引下実現全国会議は、平成19年3月4日に設立された。設立にあたっては、顧問の甲斐道太郎大阪市立大学名誉教授より、法改正の意義についてお話しいただき、記念講演には、大河純夫立命館大学法学部教授より、「日本における利息制限法の歴史的推移と課題」についてご講演いただいた。

　リレー報告では、いちょうの会の田中祥晃様、木村達也弁護士、新里宏二弁護士、宇都宮健児弁護士、和田聖仁弁護士、金山直樹慶應義塾大学教授、ジャーナリストの北健一様より、貴重な報告をいただいている。

　平成18年に改正が実現した貸金業法改正運動においては、その獲得目標を、グレーゾーン金利の撤廃としたが、既に当時から、利息制限法の上限金利でさえ高金利であり、将来的には、この金利を引き下げなければならないという共通認識を皆が共有していた。

　そして、当会議の主張する利息制限法改正案は、次のとおりである。

⑴　利息制限法上限金利の適正水準への引き下げを

　　利息制限法1条1項の上限金利を、貸金業者の利益幅を保証する金利ではなく、返済者、すなわち消費者の生活を破壊しない、企業経営者にとって事業を破綻させない返済可能な金利まで引き下げること

⑵　一本化された上限金利を！

　　三区分による金利規制は廃止し、一本化すること

⑶　過酷な違約金はやめてください！

　　利息制限法4条1項の金銭債務不履行の賠償額の予定を、利息制限法1条1項まで引き下げること

⑷　上限金利の徹底遵守のために！

　　制限超過分だけでなく、違反契約を全部無効とすること

2　全国各地でシンポジウムを開催中！
　―地方自治体や弁護士会・司法書士会の後援を受けながら

　上記の利息制限法改正を求めて、設立以来、年3、4回のペースでシンポジウムを開催、その回数は2019年3月で38回となっている。

　設立時の東京から始まり、青森県八戸市、三重県四日市市、宮崎県宮崎市、東京都三鷹市、島根県出雲市、京都府京都市、北海道札幌市、徳島県徳島市、神奈川県川崎市、熊本県熊本市、福井県福井市、和歌山県和歌山市、大阪府大阪市、鹿児島県奄美市、秋田県秋田市、兵庫県神戸市、高知県高知市、岩手県盛岡市、愛知県名古屋市、沖縄県那覇市、東京都新宿区、静岡県静岡市、北海道釧路市、大分県大分市、千葉県千葉市、山形県山形市、山口県山口市、福岡県福岡市、石川県金沢市、宮城県仙台市、埼玉県桶川市、愛媛県松山市、山梨県甲府市、福島県郡山市、香川県高松市、長崎県長崎市、群馬県前橋市においてシンポジウムを開催してきた。

本年度は、さらに、富山県富山市、岡山県岡山市におけるシンポジウム開催を予定している。

(1) 準備会の実施

シンポジウムの開催にあたっては、必ず、地元のクレサラ被害者の会、弁護士・司法書士、消費者団体、労働団体、行政の方などに呼び掛けて、現地における準備会を実施している。

これは、当会のこれまでの活動を知っていただくと同時に、当会議のメンバーが地元における高金利被害の実態を共有することを目的としている。そして、シンポジウムにおいては、準備会での議論を踏まえて、地元の高金利被害事例や高金利被害に対する救済活動について報告していただくこととしている。

(2) 開催地の都道府県・市町村や弁護士会・司法書士会の後援

また、開催地の自治体に後援名義を了承していただくべく依頼を行なっている。これも、当会議の活動について、広く理解を求めていくための一つの手段であると考えて、必ず申請しているが、ほとんどの自治体で了承をいただいている。以下が了承をいただいた都道府県と市町村である。

宮崎県・宮崎市・三鷹市・出雲市・京都府・京都市・北海道・札幌市・徳島県・徳島市・神奈川県・川崎市・熊本県・熊本市・福井県・福井市・和歌山県・和歌山市・鹿児島県・奄美市・秋田県・秋田市・兵庫県・神戸市・高知県・高知市・岩手県・盛岡市・愛知県・名古屋市・沖縄県・那覇市・新宿区・静岡市・北海道・釧路市・大分県・大分市・山形県・山形市・山口県・山口市・福岡県・福岡市・石川県・金沢市・宮城県・仙台市・埼玉県・桶川市・山梨県・甲府市・福島県・郡山市・香川県・高松市・長崎県・長崎市・群馬県・前橋市

また、開催地の弁護士会・司法書士会の後援もほとんどのシンポジウムでいただいており、日本司法書士会連合会や全国青年司法書士協議会についても、ほとんどのシンポジウムに後援をしていただいている。

(3) 地元議員への案内

そして、これも、当会の活動の内容を知っていただくとともに、法改正の実現に最も大切なものの一つであると考えている。シンポジウム開催地から選出されている国会議員の先生、都道府県議会の議員の先生、市町村議会の議員の先生への案内と参加のお願いである。

これも必ずお願いをしており、ほぼ毎回、数名の議員の先生にご参加いただいており、毎回、祝電をいただいている。

当日ご参加いただいた議員の先生には、必ずご挨拶をいただいている。

3 生活を破壊しない金利水準の実現に向けて

以上のとおり、当会議は、全国各地において、開催地の地方自治体や弁護士会・司法書士会などの理解を得ながら、市民が生活を破壊しない金利水準・事業者が事業を破綻させることのない金利水準の実現に向けて地道な活動を継続している。

貸金業法改正から13年が経過しようとしている現在、同法の改正により、多重債務問題が収束したという認識が広く共有されている現在、高金利被害の実態は見えにくくなっており、かつての運動のような盛り上がりには程遠く、改正の兆しは未だ見えていないというのが正直なところであろう。

しかしながら、既述のとおり、自己破産件数は増加に転じており、カジノ誘致が現実になってくれば、多重債務問題が再燃することも考えられる。

また、もちろん、そもそも、利息制限法の上限金利が、いまや、高金利を容認する法律となってしまっているという実態に、私たちはもっともっと思いを寄せなければならないと考える。

このように、現在、長い旅の途中……という当会議であるが、一人でも多くの市民に共感していただけるような活動を心がけながら、皆様とともに利息制限法改正を少しでも早く実現させたいと考えている。

武富士創業家への責任追及
— 強欲資本家の逃げ得と弱者踏みにじりを許すな —

武富士の責任を追及する全国会議事務局長　弁護士　**及　川　智　志**

事件の概要

　サラ金（消費者向け金融）の先駆けとして一時業界最大手を誇った武富士は、平成22年9月28日、会社更生手続を申し立て、倒産しました。同更生手続においては、潜在的な過払債権者数が200万人を超えるとされ、そのうち債権届出がされたものだけで、債権者91万人超、債権額1兆3800億円超に達しました（平成23年10月31日更生計画認可決定）。そして、平成28年6月、過払金の95.7632％を踏み倒し（つまり弁済されたのはわずかに4.2368％のみ）、旧武富士の会社更生手続は終了しました。一方で、武富士の支配者（株主・経営者）として莫大な利益を得て世界の大富豪に成り上がった、武富士創業家（平成18年に死亡した創業者亡武井保雄の遺族）のもとには未だに数千億円といわれる私財が蓄えられたままです。

担当者としての感想

　武富士の創業家（武井家）に対する損害賠償請求訴訟を約2800人の元顧客が全国18の裁判所で闘いました。武富士の倒産により返還を受けられなくなった過払金相当額を損害として、武富士の元役員・創業家に対し賠償するように求めていた訴訟です。

　この訴訟について、平成28年6月、最高裁判所の3つの（全ての）小法廷は、相次ぎ元顧客の損害賠償請求を認めないという、上告棄却・上告受理申立不受理の決定をしまし

た。元顧客のみなさまのご期待にお応えすることができず、誠に申しわけなく、力不足を心からお詫びいたします。

　私たちが提起した、この一連の訴訟の意義は「弱者踏みにじり」を許さないというところにありました。つまり、高金利・過剰貸付・過酷な取立（サラ金三悪）で顧客を苦しめ、違法収益を享受してきた武富士が、会社更生手続で過払金のほとんど全てを踏み倒し、一方、そうした武富士の違法営業を主導し、それを私利の源泉として大富豪に成り上がった武井家が、いまだに莫大な私財を貯め込んだままでいるという、強欲資本家の「やり放題逃げ得」を許さないための裁判でした。また、武富士の違法営業によって人生の大切な時間や場合によっては親族の命を奪われた被害者たちが、創業家の法的責任を追及することを通じて気持ちの区切りをつけて自らの尊厳を取り戻す闘いでもありました。過払金は亡くなった本多良男さんがおっしゃっていたとおり、まさに「命の過払金」なのです。これを踏み倒して、のうのうとしている武井家を許すわけにはいきません。

　しかしながら、裁判所は、「武富士が収受してきた制限超過部分の中には、不当利得として返還すべき部分が存在したことは否定できない」旨判示しながら、「正確な引き直し計算」は「困難」であることなどを理由に武富士元役員の責任を否定してしまったのです。守るのが難しければ、法を守らなくてよいというに等しい判断です。このような裁判所の

判断は、法の番人であるはずの裁判所が自ら違法行為を認めてしまったといわざるを得ません。

私たちが提起した、この一連の訴訟は、武富士の会社更生手続を進める東京地方裁判所民事第8部（会社更生裁判所）と「倒産村弁護士」に対する糾弾でもありました。武富士の会社更生申立代理人である小畑英一弁護士が、会社更生管財人に就任するなど、絵に描いたような利益相反、自作自演の不正義が繰り広げられていたからです。武富士から会社更生の依頼を受けて報酬を受け取った弁護士その人が、武富士の会社更生を適正に進め、同社元役員の責任を徹底追及できるはずがありません。

しかしながら、会社更生手続が厚い壁になりました。会社更生管財人が武富士の元役員等を訴えていた裁判では、合計請求金額約150億円に対し、元役員らが合計20億円足らずを支払うことで和解が成立しています。私たちが提起した損害賠償請求訴訟は、武富士の元役員・創業家の責任は、その程度に止まるものではないという内容を有する訴訟でした。そのため、裁判所は、会社更生手続において裁判所が認める以上の責任追及を個別の元顧客がすることを許さないという意志を、私たちの裁判について請求棄却の判決をすることによって、示したのでしょう。こうした裁判所の態度は、まるで江戸時代よろしく「裁きはお上がするもの、下々は黙っておれ」とでもいうかのようです。

武富士元顧客の損害賠償請求を認めないとの最高裁判所の決定が平成28年6月にされると、同月20日、武富士は、会社更生手続において弁済率0.9368%の第2回弁済をすると発表しました（ちなみにその4年ほど前に実施された第1回弁済は弁済率3.3%でした）。まるで、私たちが提起した損害賠償請求訴訟が終わるのを会社更生裁判所が待っていたかの

ようなタイミングでした。そして、この第2回弁済が「更生計画に基づく最後の弁済」になりました。つまり、ほとんど全ての過払金を踏み倒し、武富士の会社更生手続は終了してしまいました。

私たちはこの裁判では負けました。しかし、負けたことの意味を考える必要があると思います。私たちは闘い抜いて負けました。闘わずして負けたわけではありません。強欲資本家が違法・不当な行為をしたとき、私たちは決してそれを見逃さないという強い姿勢を示したのです。そうした闘う魂、闘いの誇りを、今回の敗北を乗り越えて、嗣いでゆく必要があると思っています。

本多良男さんへの追悼

武富士創業家の責任を追及する訴訟の期日が東京地裁で開かれるたび、同地裁前には本多さんの姿がありました。期日の早朝から傍聴を呼びかける街頭宣伝活動に、本多さんは、それこそ雨の日も風の日も駆けつけてくれました。

「武富士をはじめとするサラ金からの借主は、生活費を削り、子どもの教育費を削り、税金も滞納し、病気になっても病院に行くのも我慢して、恐ろしいサラ金の取立を免れるために支払わなくともよかった高金利を支払ってきたのです。ですから、過払金は、借主が命を削るようにして支払ってきた末に生まれた『命の過払金』なのです。」

本多さんは、メガホンのマイクを握って、そのように、同地裁前を行く人々に一所懸命に呼びかけていました。

その本多さんが病に倒れたと聞き、とても心配でした。しかし、集会などで時々お会いする本多さんは時に弱音を吐きつつも、逆に私たちの運動を気にかけ励ましてくれました。ですから、本多さんは絶対に現場に戻ってくる、きっと元気になって、また姿を見せてく

れる、声を聞かせてくれる、それまでは私たちが本多さんの分も頑張ろう、本多さんが帰ってくるまで負けられない、そう思って、闘ってきました。

　残念です。正直言うと、もう二度と本多さんと語り合うことができないのかと思うと、残念でなりません。本多さん、でもそれは私のわがままです。本多さんは、もうずいぶん頑張ってこられました。たくさんの人を支え、幸せにしてきました。いまはゆっくりとお休みください。本多さんの残してくれた遺産は私たちの心の中にあります。それを大事にして、これからも頑張っていきます。本多さんの遺産に恥じないように。ほんとうに長い間お疲れ様でした。そして、ありがとうございました。

集会は会員の様々な尽力でつくられる（2017年3月23日）

保証人問題（保証被害対策）道半ば

―保証被害対策全国会議―

保証被害対策全国会議事務局長　弁護士　辰　巳　裕　規

1　保証被害対策全国会議の立ち上げの経緯

　高金利引き下げ・総量規制を実現した画期的な2006年の貸金業法の改正や官民を挙げた多重債務改善プログラムによる多重債務者の減少など「クレサラ運動」が一つの大きな社会的な役割を果たした後、残された課題の一つとして保証人問題（保証被害）がありました。

　個人保証（連帯保証・根保証）は自ら借り入れをしたのではなく、主債務者との情誼（情義）上の関係から断りきれずに、自らの支払能力を遙かに超える保証契約を締結した結果、過大な保証責任を負わされ、経済的破綻を招き、破産や自殺などの要因ともなっています。また終局時における主債務者との人間関係（情誼的な関係）の破綻を招く面も看過できません。保証人の怒りの矛先は主債務者に向けられているし、それが主債務者を追い込み、保証の悲劇を招いています。

　保証被害が最も顕在化したのは日栄・商工ファンドなどの商工ローン問題であり、商工ローン問題は保証人問題でもあったことは言うまでもありません。もっとも商工ローンだけでなくバブル期の銀行による巨額融資（多くは債権回収会社（サービサー）に債権譲渡がなされている）を背負うこととなった個人保証人も未だに散見されます。後述の通り、銀行・保証協会は監督官庁の通達のもとで第三者個人保証は原則として徴求しない扱いと

なっておりますが、平成中期までに締結された保証契約が今なお保証人等を苦しめています。しかしながら2006年改正貸金業法では保証人を保護するための民事効や実効性のある救済規程はほとんどなく、また貸金業法の規律の枠外にある銀行等による保証被害を視野に入れると立法的な手当は全くない状態です。

　そこで、多大な成果を収めた上で一応の活動を終了した日栄・商工ファンド対策全国会議の運動を引き継ぐ形で2011年5月に結成されたのが保証被害対策全国会議（代表・宇都宮健児弁護士、代表代行・平井宏和弁護士）でした。同会議の立ち上げは東日本大震災の直後であり、同会議の最初の意見書も災害救助法に基づく災害援護資金貸付における第三者保証の徴求の制限を求めるものとなりました。

2　保証被害の実相と拡がり

　このように保証被害対策全国会議は主として商工ローンや銀行等金融機関が徴求する事業者向け融資における第三者個人保証規制をイメージして立ち上げがなされましたが、実際に活動を開始すると、保証人問題・保証被害は事業者向け融資に留まらず、むしろそれを時に凌駕する問題として、賃貸・医療・介護・雇用・教育（奨学金）など社会生活全般（時に福祉サービス）に第三者保証人（身元保証）が求められていること、そして、保証人を立てられない社会的弱者がこれらの福祉サービスから排除される問題が起こっている

こと、そして、保証人を立てられない社会的弱者を食い物にする悪質な保証人紹介業者や保証代行業者が跋扈していること、高齢者の資産を目当てとしているのではないかとも思われる身元保証業者（財産管理や見守りサービス、死後の遺品整理など含むものもある）が存在することなどが浮き彫りとなりました。保証に関する電話相談においても、事業者向け融資の第三者個人保証人よりも、「主債務者」からの相談、それも賃貸に入居したいが保証人がいないので保証代行業者を利用しても大丈夫か、奨学金を借りるのに保証を頼みたい、など、住まい・医療・介護・雇用・教育などにおいて「保証人を立てられない」主債務者からの相談が中心となりました。

　他方で、社会福祉の分野においても、この「新しい身元保証」についての問題提起が自治体の社会福祉協議会や医療機関で少しずつ行われていることも分かり（伊賀市社会福祉協議会「地域福祉あんしん保証推進プロジェクト事業」、日本社会福祉士会「施設入所にともなう身元保証人の取り扱いについて（要望）」2013年8月28日等参照）その連携も課題となりました。

　社会福祉サービスにおける保証人を立てられない人の社会的排除は、対策会議の取り組むべき大きなテーマとなりました（そしてそれは容易には克服できない課題でした）。

3　民法（債権関係）改正と第三者個人保証の「原則禁止」

　ところで、保証被害対策全国会議の立ち上げは、法制審議会における民法（債権関係）改正作業と時期を同じくしていました。保証契約は言うまでも無く民法において定められており、民法の改正は保証人保護を実現するための好機となりうるものでした。

　一方で民法（債権関係）改正に対しては、様々な理由から「懐疑論」も根強く有り続け

ました。その結果、その作業の中で行われる保証の見直しに対しても警戒感が根強く有り続けることとなります（その結果、運動としても、ちぐはぐなものとなった感は否めません）。

　対策会議では、民法の改正というのであれば真っ先に保証被害を根絶するために、保証人保護に取り組むこと、第三者個人保証（連帯保証・根保証）の廃止を求める意見書を提出し、その後もパブリックコメントにおいて、個人保証の原則禁止、比例原則（過大な保証の禁止）、保証契約締結時・締結後の説明義務・情報提供義務と取消権の導入、根保証規制について意見提出を行うなどしました。

　ところで民法（債権関係）改正において、保証人保護は法務省側や学者グループから提示されたものではなく、日弁連が積極的に提示し主導をした論点でした。日弁連は2012年1月20日に「保証制度の抜本的改正を求める意見書」を公表し、個人保証の禁止をはじめとする保証人保護規定の導入を求めています。その後も、保証人保護の方策の拡充に関する意見書（2014年2月20日）などを公表しています。そして法制審議会において、様々な変容を受け、後退をしながらも後述するように2020年4月に施行される改正民法に条文として結実することになりました（その評価は様々あります）。

　もっとも、ここでいう第三者個人保証の原則禁止は、あくまで事業者向け融資におけるものであり、賃貸・医療・介護・教育・雇用などにおける個人保証は社会で広く行われており、これを制限することは影響が大きすぎるし、現実的ではないとされています。居住や医療など生きていくために必要な分野における（身元）保証については、その拡がりから既に手を付けることは困難な問題と認識されていること（これらの分野の保証規制は早々に断念をしなければならない—もっとも

根保証規制（改正民法465条の２）や情報提供義務違反（改正民法465条の10）等の規律は事業者向け融資以外の身元保証にも適用がある─）は極めて複雑な思いをさせられるものでした。

4　「第三者個人保証の原則禁止」から「保証意思宣明公正証書」への変容と危惧

　法制審議会においては事業者向け融資の第三者個人保証の原則禁止が検討課題となりましたが、金融機関のみならず資金需要者となる日本商工会議所などからも円滑な融資が阻害される、貸し渋りや貸しはがしが生じるなどの反対論が強く、これを克服することができませんでした。

　他方で中小企業団体の中からも、個人保証は事業承継を阻害する（事業の後継者候補が過大な保証責任を嫌う）、起業家のチャレンジ・再チャレンジを阻害するなどの指摘もなされていることも分かりました（東京中小企業家同友会「民法（債権法）改正にあたっての緊急意見書」2012年11月21日等参照）。

　ところで、金融実務においては第三者保証の原則禁止は既に定着しつつあります。中小企業庁は「信用保証協会における第三者保証人徴求の原則禁止について」を2006年３月31日には発していましたし、金融庁も2011年７月14日に「主要行等向けの総合的な監督指針」及び「中小・地域金融機関向けの総合的な監督指針」等を改正し「経営者以外の第三者による個人連帯保証等の慣行の見直し等」により第三者個人保証を原則として徴求しないこととしました。すでに実務に定着している第三者個人保証の原則禁止を民法の条文で結実することは可能であるとも考えられましたが、法制審議会の中終盤では「原則禁止」は事実上断念となり、これに代わり、慎重な保証意思を確認するために保証契約に先立っ

て「保証意思宣明公正証書」を作成することを要件とする案が浮上することとなりました。保証意思宣明公正証書を作成しない（手続上の要件の不遵守を含む）保証契約は無効とするという文脈では第三者個人保証の「制限」とはなるものですが、逆に考えると「保証意思宣明公正証書」を作成するならば第三者個人保証契約は広く締結ができることとなります。

　さらに、ここで「公正証書被害」「公証人問題」が再浮上することとなります。商工ローン被害、とりわけ商工ファンドによる公正証書の濫用は多くの保証人を苦しめました。そして、商工ローン被害が深刻な中でも、公証人サイドからはその被害防止のための取り組みも、自覚も希薄なままでした（その後、貸金業法で貸金業者による公正証書作成のための委任状の取得が規制されます）。その記憶が刻まれている中で、保証契約に公正証書を持ち出すということには当然ながら大変な危惧があり、公正証書被害の再発を招く懸念が指摘されています。また、すでに金融庁等の監督指針で実現している第三者個人保証の原則禁止が後退してしまう（保証意思宣明公正証書さえ作成すればよい）との懸念も指摘されています。

　この保証意思宣明公正証書を規律する改正民法465条の６については国会審議においても大きく取り上げられました。法務省は公証人に対して通達を出すことで保証意思宣明公正証書の濫用を防ぐとしております。また、その違反がある場合にはその後に締結された保証契約の効力にも影響があることを認める答弁もなされています。この通達を厳格なものとし、またその遵守を徹底させること、その違反がある場合保証契約は無効となるとする解釈を司法判断としても定着させることは今後の重大な課題です。あわせて、司法改革の波の外に置かれたままの公証人制度の在り

方そのものを見直すことも残されたままの課題であることも忘れてはなりません。

5　今後の課題：保証被害問題道半ば

　改正民法における保証人保護規定にはその他、情報提供義務違反（465条の10）と取消権などがあり、その活用が大きな課題となりますが、この点は割愛いたします。

　他方で、過大な保証・比例原則については制度が見送られています。既に抱えてしまった過大な保証債務から保証人を救済するための、保証人に特化した債務整理制度が今後検討される必要があるでしょう。この点では「経営者保証ガイドライン」や東日本大震災など被災地の二重ローン対策として導入された「個人版私的整理ガイドライン」の実践が大いに参考にされるべきですし、これを小規模事業者の保証などでも普遍的に、簡易に用いることができるように、そして居住用不動産や一定の預貯金を手元に残すことができるように制度設計をすることが求められます。特定調停の活用なども課題です。

　奨学金問題においても個人保証は大きな課題です（例えば「分別の利益」が近時問題となっております）。住まい・医療・介護・雇用・教育など人が生きるために必要な社会福祉等に個人保証が安易に求められる（その結果、保証人を立てられない社会的弱者が排除されている）現状を変えていく取り組みが必要です。これを身元保証業者で代替をするのか、行政・地域が「保証機能」を代替していくのか、前者であれば、身元保証業者の業務の適正化と監督（日本ライフ協会が破綻したことは記憶に新しいところがあります）が必要となります。

　このように保証人問題・保証被害対策は、非常に幅の広い、そしてその解決は決して容易ではない問題であることが分かります。

　保証被害対策全国会議としては改正民法の成立をもって一つの役割（と挫折）を果たしたものとして既に事実上活動を終了しておりますが、社会的弱者の排除の一つとなっている「保証」は様々な社会的課題・分野に関わる問題として、引き続き取り組みが求められるもので有り続けると思います。

全国ヤミ金融・悪質金融対策会議

全国ヤミ金融・悪質金融対策会議事務局長　弁護士　三　上　　　理

1　はじめに

　2014年1月、全国ヤミ金融対策会議（以下「旧ヤミ金融対策会議」という）と、高金利引き下げおよび多重債務対策を求める全国連絡会（以下「高金利引き下げ全国連絡会」という）を合併して、全国ヤミ金融・悪質金融対策会議を発足した。

　全国ヤミ金融・悪質金融対策会議では、「消費者の生活と人権を守り、中小零細事業者の経営を守る」ため、「貸金業法の改悪を許さず、金利規制及び総量規制を実効あらしめる」こと、「多重債務被害を根絶する」こと、「ヤミ金融を一掃する」ことを目的とする活動を行っている。

2　高金利引き下げ全国連絡会

　高金利引き下げ全国連絡会は、1999年12月に結成された。

　高金利・過剰融資・違法取立という「サラ金三悪」は、200万人とも300万人ともいわれた多くの多重債務者を生み出し、深刻な被害を引き起こした。こうした多重債務被害を根絶するための高金利引き下げを求める運動は、何よりも、当事者が主体となって行われた。

　2005年、高金利引き下げを求める署名活動が始まった。同年12月、労働団体との連携ができた。2006年1月、最高裁が、貸金業法43条の「みなし弁済」規定を事実上死文化する判断を示したことが、追い風となった。各地でシンポ・集会を開催し、デモ・キャラバンを実行し、ビラまきをし、議員要請をし、請願書を提出し、院内集会をした。高金利引き下げグッズとして作成された黄色いTシャツが、あちこちに見られるようになった。2006年10月には、秩父椋神社から日比谷野音へのマラソンリレーをした。

　そして、2006年12月、改正貸金業法の成立を勝ち取ることができたときには、国会正門より椋神社への「お礼参り」をした。

3　旧ヤミ金融対策会議

　旧ヤミ金融対策会議は、2000年12月に結成された。

　当時の「ヤミ金融」の多くは、いわゆる無登録営業ではなかった。一応、貸金業の登録を受けている者が、実は出資法に違反する高利で貸付を行う、というものだった。そして、このような「ヤミ金融」から借りたお金も、その利息はともかく、元本くらいは返さなければいけないのではないかと考える人が、法律家の中でさえ、多かった。

　旧ヤミ金融対策会議では、2002年4月、「ヤミ金融」から借りたお金については、1円たりとも払わない、「ヤミ金融」に支払ってしまったお金については、全て不当利得（又は損害）として、返還（賠償）請求する、という基本方針を確認した。全国各地のクレサラ被害者の会で、上記の基本方針に従い、積極的に「ヤミ金融」と闘うようになった。

　そして、山口組五菱会のヤミ金融グループを相手方とする訴訟を通じて、上記の基本方

針は、最高裁判例（2008年6月）となる。この最高裁判例を獲得するためにも、当事者が自ら声を上げたことが、大きかった。地方裁判所では、意見陳述や原告本人尋問を通して、ヤミ金融被害者の声を裁判所に届け、最高裁判所に係属してからも、繰り返し、最高裁前でのビラまきをし、要請行動をした。

4 銀行カードローンによる過剰与信の問題

2010年6月、改正貸金業法の完全施行が実現した。

これにより、多重債務者は激減したが、他方では、ちょうどその頃から、次第に、総量規制の対象外とされた銀行カードローンによる過剰与信が、目に付くようになってきた。銀行は、自ら「銀行カードローンは総量規制の対象外です」というような広告・宣伝をした。収入証明を確認することもなく、例えば、年収200万円に満たない人に対して、いきなり年収を超える金額の銀行カードローンの貸付をするなど、信じられないような事例が、少なからずあった。

2013年10月、クレサラ被害者交流集会（仙台）では、「総量規制の問題点」についての報告をし、「銀行のカードローン」も総量規制の対象とすべきではないか、との問題提起をしている。そして、2014年1月、全国ヤミ金融・悪質金融対策会議を発足したときには、「悪質金融」という言葉の中に、たとえ銀行であろうと、改正貸金業法の趣旨に逆行しようとするようなものは、全て「悪質金融」である、という意味を込めた。2016年3月には、ワールドビジネスサテライト（テレビ東京）で、銀行カードローンの過剰与信の問題についての特集が組まれ、当会議の幹事会の様子が放映されるなどした。それが、2016年9月の日弁連意見書、2017年9月から始まる金融庁の銀行カードローン検査へとつながっていく。

貸金業法では、多重債務者の発生を未然に防ぐために、過剰融資を抑制することを目的として、貸金業者に対し、原則として年収の3分の1を超える貸付を禁止しているのに、銀行カードローンであれば、借り手の返済能力を問わず、いくらでも貸付ができるというのは、どう考えてもおかしいだろう。各紙の社説でも、このおかしさが取り上げられ、銀行カードローン問題は、社会問題となった。そして、2018年には、銀行業界の自主規制として、銀行カードローンでは、年収の2分の1または3分の1を超える貸付をしないという銀行が増えてきている。

とはいえ、この問題を「自主規制」に委ねるということでよいのかどうか。現状では、銀行カードローンの借入限度額は、年収の3分の1であるとか、2分の1であるとか、銀行ごとにバラバラである。また、貸金業者は、銀行カードローンの残高がいくらあろうと、それとは無関係に、貸金業者だけで年収の3分の1までの貸付ができることになっている。本来であれば、法改正により、銀行の行う貸付も含める形での総量規制を導入することこそ、目指すべき道筋である、と思う。

5 ヤミ金融問題

2004年1月、ヤミ金融対策法が施行され、貸金業の登録要件が強化された。

それ以後のヤミ金融は、ほとんどが無登録営業だ。いわゆる090金融や、最近では、SNSを利用したヤミ金融もあるが、いずれも住所の分からない、素性の知れないものばかりである。こうしたヤミ金融に対抗するために、口座の凍結や、携帯電話の利用停止が、積極的に行われている。近年、ヤミ金融に口座を提供するなど、ヤミ金融関連事犯（犯罪収益移転防止法違反等）の検挙件数は、増加傾向にある。

しかし、新たな問題も出てきた。過去に、ヤ

ミ金融から借入をしたことのある人が、ヤミ金融に取り上げられ、又は悪用された口座を凍結されてしまうと、警察庁から銀行協会に対して提供される「凍結口座名義人リスト」に掲載され、その結果、当該口座だけでなく、他の口座も凍結・解除され、新規に口座を開設することもできなくなることがある、というものである。

全国ヤミ金融・悪質金融対策会議では、2017年9月、全国銀行協会を訪問し、この件についての意見交換・質疑応答をした。警察庁から銀行協会に提供される「凍結口座名義人リスト」に掲載されたからといって、自動的に、その人の全ての口座が凍結され、新規口座開設も許されなくなる、というものではない。たとえ「凍結口座名義人リスト」に掲載された人の口座であっても、その口座について、過去に犯罪に利用されたか、今後、犯罪に利用されるおそれがなければ、口座凍結はされないはずである。そして、同年10月には、全国銀行協会から、各銀行に対し、改めて、その旨の周知がなされたようである。

にもかかわらず、その後も、各銀行の窓口では、「凍結口座名義人リスト」に掲載されている限り、その人の口座は全て凍結しなければならないことになっているとか、警察がリストから外さない限り、凍結を解除するこ

とはできないとか、間違った説明がされることが少なくない。ヤミ金融の口座を凍結することにより、ヤミ金融の道具を奪うことはもちろん大切であり、今後も積極的に行うべきであるが、他方では、ヤミ金融に口座を取り上げられ、又は悪用されてしまった人の生活再建が妨げられることのないように、との視点も必要である。

6　課題

これまで、貸金業法の改正により、高金利の引き下げを実現し（2006年12月）、最高裁判例により、ヤミ金融には1円も支払う必要はないことを明らかにする（2008年6月）などの成果を上げることができたのは、当事者が自ら声を上げ、運動を担っていたことが大きかったことは、間違いない。

しかし、そのようなことができたのは、逆にいえば、それだけサラ金・ヤミ金が栄え、跋扈している中で、それだけ多くの被害者がいて、それだけ深刻な被害が生じていたからでもある。今日、残された問題について、かつてと同じような運動を作り上げることは、難しい。というジレンマを抱えながら、色々と模索しながら、活動しているというのが、現状である。

| 2 | 生活再建・貧困問題に取り組む団体 |

行政対策充実会議の活動について

弁護士 山　田　治　彦

1　行政対策充実会議の前身は、平成11年頃から京都・大阪の弁護士、司法書士、消費生活相談員らの有志によって行われていた「クレサラ問題と行政研究会」です。

この当時の活動としては地方自治体に対するアンケートなどを含む調査・研究、集会などを行ったほか、平成12年9月に『多重債務者のための生活再建ハンドブック―社会保障制度と行政サービス―』を出版しています。

2　この「クレサラ問題と行政研究会」の活動の結果、多重債務者の生活再建ができるよう適切な支援がなされ、充実した相談体制が確立され、多重債務問題が根絶されるためには、行政すなわち国・地方自治体・警察・教育等関係機関が一体となって多重債務対策を講じることが必要不可欠と認識されるに至りました。

そこで、平成15年10月、クレサラ対協の関連団体たる全国組織として、「行政の多重債務対策を充実させる全国会議」が、法律専門家に限らず、学者、地方議会議員、行政職員、一般市民など幅広い参加を得て結成されました。

この頃には、地方自治体における多重債務対策への取組の充実を求めて各地で集会を行ったほか、結成に合わせて平成15年10月に『多重債務者のための生活再建ハンドブックPART 2』を出版しています。

3　このような活動をしていた当会議に当職が深く関与するようになったのは、平成18年の秋、貸金業法改正の内容が見えてきた頃でした。それまでは、当会議の会員ではあったのですが、メーリングリストに参加しているだけで、活動には全くといっていいほど関わっていませんでした。

さて、その頃、木村達也先生から（正確にはその使者として事務所に現れた上溝博司先生から）、当会議の事務局長への就任を要請されました（絵はがきや手紙によるものではありませんでした）。当時の代表及び事務局長がいずれも体調が思わしくないとのことで、その後任に、とのことでした。

貸金業法成立を控えたこの時期、地方自治体による多重債務対策の充実が、法改正後の大きな課題となることは明らかな状況でした。現にこの翌年の平成19年4月には、内閣の多重債務者対策本部において「多重債務問題改善プログラム」が策定され、全市町村に多重債務相談に関する充実した相談窓口を設置することが求められるに至っています。

そのような時期に当会議の活動が十分にできない、ということではいけない、とのことで、迷いもありましたが、事務局長をお引き受けするに至りました。

そしてその年の暮れ、新たな代表に椛島敏雅弁護士、青山定聖弁護士が就かれ、従前からのメンバーとともに、当会議は新たな体制でスタートすることになりました。

それに際して、当会議の名称について議論となり、協力・連携していく地方自治体に対して「充実させる」とはいささか失礼ではないか、という意見が出たことから、当会議の名称を、「行政の多重債務対策の充実を求める全国会議」と変更しました。

4　先にも触れましたが、平成18年12月の貸金業法成立を受けて平成19年4月に策定された「多重債務問題改善プログラム」では、全市町村に多重債務相談に関する充実した相談窓口を設置することが求められました。

多重債務問題の解決は、単に借金を整理することだけではなく、多重債務者の生活を再建することをその目的としています。多重債務者の生活再建を実現させるためには、地方自治体の消費生活・福祉・教育・徴収などの各部門、また法律専門家を含む外部の様々な資源との連携が不可欠となる場合が数多くあります。その意味において多重債務問題は、すぐれて社会問題でもあるといえます。

「多重債務問題改善プログラム」で設置することとされた多重債務の相談窓口は、このような連携を実現させることができる、充実した窓口である必要があります。

そこで当会議では、法律専門家や、それまでに各地の地方自治体で多重債務問題に先駆的に取り組んで成果をあげてきた自治体関係者の皆様にお願いして、自治体の多重債務相談窓口の担当者に向けたマニュアルを作成し、出版するとともに、マニュアルの執筆にご協力いただいた皆様を講師として、平成19年より、「多重債務対策支援講座」と題したイベントを全国で実施しました。

このうち、マニュアルについては、平成19年5月に『必携　行政担当者のための多重債務相談マニュアル―多重債務問題は必ず解決できる―』を、平成20年11月に『必携　多重債務問題改善プログラム完全実施Q&A―借金の悪循環を断ち切るために―』をそれぞれ出版しました。

また、「多重債務対策支援講座」については、平成19年から同24年までの間に、計27回、全国各地で実施しました。これ以外に、クレサラ対協の関連団体や地方自治体などと共催その他の形で実施した集会等は42回、クレサラ被害者交流集会で同様のテーマで実施した分科会は6回となります。

「多重債務対策支援講座」の内容ですが、当初は、弁護士による基調報告、被害者による体験報告の後、各地の地方自治体で多重債務問題に先駆的に取り組んで成果をあげてきた自治体関係者の皆様にリレー方式で各地での取組の報告をお願いしていました。

しかし、これでは多重債務者の生活再建に向けた具体的な取組や種々の知識を知るという点で必ずしも十分ではないのではないか、との意見があり、その後は、弁護士による基調報告、被害者による体験報告の後、自殺予防・自死遺族支援についての報告や依存症問題に関する報告などをクレサラ対協の関連団体の方にお願いし、さらに地方自治体の多重債務問題の相談窓口担当者とその支援者（法律専門家、自治体の福祉関係者など）によるケース研究を実施する、という形に変更して実施しました。

そこでは、多重債務対策に取り組む自治体職員・相談員や法律家を対象に、

① 多重債務問題に関する的確で構造的な理解を再度深めること
② 多重債務被害のうち最も深刻な、自死や依存症の問題への理解を深め、自治体での相談対応の際、この問題への理解ある対応ができるようにすること
③ ケース研究においては、多重債務者の発見・掘り起こしから問題解決に至った事例を数例取り上げ、目で見える形にして提示すること
具体的には、

・工夫を凝らした徹底的な広報や意識的な発見・掘り起こしを契機に、親身な誘導がなされ、庁内のキーマンを軸に庁内外の連携により、問題解決につながった事例をできるだけ紹介する。

・既存の制度の活用だけで、問題解決につながる可能性のあることを周知する。

・消費生活部門だけでなく、福祉部門・徴収部門等を含む幅広い行政職員の参加を目指すこと。

・庁内で多重債務者の生活再建に役立つ制度には様々なものがあり、各自治体によって少しずつ違ってきているので、滋賀県野洲市などで作成されていた既存のマニュアルを参考に、各自治体で自治体職員や相談員がこれに関する知識を共有すべくまとめることを促す。

といったことを行うことを毎回の目標としていました。

5　またこの間、平成20年には、全国の自治体に対して、多重債務対策に関するアンケートを実施し、その結果を当会議のホームページで公開しました。

6　平成24年頃には、ほぼすべての市町村に多重債務の問題に関する相談窓口が設置されたこと、また、多重債務相談そのものが大きく減少したことなどから、これまでの「多重債務対策支援講座」のニーズが乏しくなってきていると感じられるようになりました。

そこで、当時その実像が明らかになり始めていた、現在の生活困窮者自立支援制度について、平成25年から同26年にかけて、シンポジウムを各地で4回開催したほか、この間のクレサラ被害者交流集会の分科会でも2回同様のテーマで実施しました。

しかしながら、生活困窮者自立支援制度については、学者・自治体職員・相談員などによる全国規模の大きな団体が別に設立され、意見交換・経験交流などの点で活動を続けていることから、規模の劣る当会議において同種の活動を行うことは困難と考えられました。

そこで、平成27年より活動を停止し、今後の活動について検討しておりましたが、結局、平成29年1月の総会において活動を終了する旨を決定いたしました。

7　この間、当会議の活動にご協力いただいた、各地の被害者の会の皆様・法律専門家の皆様、登壇していただいた自治体関係者の皆様・関連団体の皆様、代表をはじめとする当会議のスタッフの皆様、そして何より当会議の活動にご参加下さった全国の皆様にこの場を借りて御礼申し上げます。

生活再建と国際交流部会

国際交流部会会員　司法書士　**小　野　　慶**

1　東アジア金融被害者交流集会は10回目を迎える

　クレサラ対協国際交流部会は、「東アジア金融被害者交流集会」の名称で、2010年から2018年まで、日本、台湾、韓国の３国回りもちで、９回の国際会議を開いてきました。2019年は秋田で10回目を開きます。

　そもそも、クレサラ対協が何のために国際交流部会をもつようになったかというと、話は2005年にさかのぼります。当時はサラ金被害のピークを少し過ぎたあたり。法改正へむけての取り組みを進めていたころです。「他国に日本のようなクレサラ、高利貸しの被害の事例があるのか、調査すること、それを踏まえて日本における法改正を有効に進めていこう＝外圧効果」をねらうことにありました。韓国では1997年のIMF介入により、クレジットカードの利用促進のために、利子制限法が撤廃され、その結果、私債という高利貸しが跋扈し、「地獄よりひどい状態」に陥った、という被害実態があきらかになりました。新貸金業法＝2006年成立は、金利制限が大きな柱であります。韓国の事例を報告するのは、「金利を自由化すれば、こういう被害が生じる」という、生きた事例であり、強い効果があったはずです。

　2010年の岐阜でのクレサラ被害者全国交流集会前日の国際交流会議にて、翌年は台湾で開くことが決まりました。翌々年には韓国が担当し、日韓台×３＝９回に至りました。台湾の２回目は、日本の法改正運動を見た台湾の法律家たちが、これに刺激をうけて、台湾でも債務者救済の法整備を図ろうとして動き始めたと思います（台湾の消費者債務清理条例は2007年６月成立、2008年４月施行）。

　これまでの国際会議では、韓国、台湾の実務家は、日本に学ぼうという姿勢がみられました。かの地では、法律扶助基金協会、弁護士会といった、ナショナルセンターが集会を運営し、格調高く、高いレベルの議論がなされました。質疑応答では鋭い質問が飛んできます。私たちも十分勉強して臨む必要がありました。そのかわり、厚遇を受け素晴らしい体験をすることができました。

　国際会議には同時通訳が必要です。同時通訳には高度な技術が必要で、つまりはお金が必要。それ以外も国際会議にはお金がかかります。悩みはいつもお金。クレサラ対協は民間の運動団体で金がない。日本での集会は、台湾や韓国に比べると、貧乏くさくなりがち……では国威にかかわり、来てくれた人の面子をつぶします。「中身が良ければみすぼらしくてもいい」という考えで国際会議を開くべきではありません。そこは、クレサラ対協は「お金の問題は必ず解決する」が信念です。何とか解決していました?!

　外国語を流暢に操る必要はありません。外国語ペラペラ、中身ペラペラより、笑顔とほんの少しの英語で十分です。それよりも、日本語のほうが大切です。同じ言葉でも、イメージしているものが違って、議論がかみ合っ

ていない場合、修正することが求められます。たとえば、「破産」台湾では「清算」といいますが、日韓台とも法制度は同じ。法律的には同じだが、その社会背景の違いで、イメージが違っていて、運用が違っていることが多々あります。「日本では、破産免責率は100％に近い、韓国は80％だ、日本、すごい！」という誤解をするわけです。日本では免責不許可になりそうなのは、破産免責をそもそも申立てない、分母が違いますね。

2 「金融」被害者交流集会の意義

これまで9回の国際会議は、「金融」被害者交流会と言ってきました。クレサラでないのはもちろん、カードでも消費者金融でも、多重債務問題でもありません。「金融」という一般的な名詞を使い、サラ金でも銀行でも、お金を借りて困っていること「被害」といい、人権問題であることを明らかにしました。

韓国、台湾の法律家は「高金利、過剰与信、過酷な取立て」の3悪について私たちが説明すると、すぐに私たちと同じ認識を持ちました。同じ認識を持ったからこそ、「来年はうちでやる」「ではその次はうちで」ということが続いたのです。借り手＝被害者ということが、3国の法律家の間で、共通認識になったというのは大変に意義のあることだと思います。

金融被害についての認識を共通にしたところで、これをどう克服するかが議論の中心になりました。破産など法制度の利用＝司法に訴える、法制度を整備する＝立法運動、法が機能するように、被害予防のために行政に働きかけること。この点についても、3国の法律家の間で共通認識になりました。

こういった活動を法律家と当事者が「被害者の会」を作って一緒になって行ってきたのがクレサラ対協の活動の特長です。ここは、韓国、台湾の人たちにとって、画期的と映ったようです。第4回の大阪大会で被害者の会の交流分科会をもったところ「感動的だった」という声が聞かれました。

日本では、法律家が、債務の問題を「金融被害」＝人権問題ととらえて、個別救済を行うことに加え、社会運動を展開していること、それも少数の法律家だけが動いているのでなく何人もが、当事者を組織して、一緒に活動しているのがクレサラ対協の特長です。これを韓国、台湾の人たちも一緒にやろうよ！として拡げたのが、国際交流部会なのです。

それから10年、信頼関係は揺るぎません。もはやこれら3国では、クレサラ被害のような金融被害が生じることはないでしょう。

3 次の課題は生活保護問題

クレサラ対協は、多重債務問題からその背景にある貧困の問題へシフトしています。第10回の東アジア金融被害者交流集会では、生活保護の問題を取り上げることが決まっています。生活保護については、これまでの国際会議でも取り上げています。金融被害の問題の背景には貧困の問題があるということも、3国の法律家の共通認識になりつつあります。

では、生活保護の問題について、国際会議を開いてうまくいくのか。国際交流が図れるのか？　大丈夫です。

生活保護の問題は生存権の問題です。韓国、台湾の憲法にも生存権を含む社会権の規定はあり、自由権から社会権へという流れは、法の歴史の流れとして共通しています。生活保護の問題は、国際会議にふさわしい普遍性をもったテーマです。

議論するテーマが「生活保護」と明確であることも重要な点です。貧困問題について、運動がなかなかうまくいかないのは、問題が漠然としすぎていて何に取り組むのか分からないことが理由の一つです。テーマは「生活保護」「生存権保障」にしぼって、国際的な

視点から議論してはどうでしょうか。

　言葉の壁については問題ではなく、日本語が大切であることは先に述べたとおりです。生活保護に関していえば「保護」とは何か「最低限度の生活」とはどの水準をいうのか、「人間らしい生活」とは何かという問いが必要です。言語が違うからかえって、日本人だけで考えているだけでは気づかなかった発見があるはずです。

　海外視察とか調査と、私たちがやってきたことは若干ちがいます。海外の様子を調べてきて「○○では……」という話、海外の進んだ情報を教えてやるというのは、社会運動としては受けが悪いのです。国際交流というからには、もちつもたれつであるべきです。そもそも海外の人と交流したほうが楽しいじゃありませんか。韓国、台湾の人たちは温かい。

　今世紀は、貧困のない社会、すべての人に生存権が保障される社会へと変わる時です。これを日本のみならず東アジア各国の、法律家、福祉の専門家、当事者で一緒に考えようという夢と希望に満ちた取り組みがこれから始まるのです。

クレサラ運動に育てられた生活保護運動
―生活保護問題対策全国会議、12年間の軌跡―

生活保護問題対策全国会議事務局長　弁護士　**小久保　哲　郎**

近づかないほうが無難な人たち

　生活保護問題対策全国会議は、2007年6月に設立された。

　鼎談でもお話したが、きっかけは、2006年10月の第49回日弁連人権擁護大会だった。私たち、生活保護やホームレス問題に取り組んできた弁護士と、サラ金・ヤミ金問題に取り組んできた弁護士が奇しくも、「現代日本の貧困と生存権保障」という同じテーマを掲げてノミネートしたため、混成の実行委員会が結成された。日弁連として初めて生活保護の問題を正面から取り上げた人権大会だった。この出会いは、私にとって本当に新鮮で刺激的な体験だった。

　その準備の過程で、クレサラ対協の皆さんが人権大会と同時並行で、佳境に入った金利引き下げ運動に取り組むさまを目の当たりにした。殆ど脊髄反射で動いているのではないかと思うほどの行動力の凄まじさと、迷うことなく「運動」に公私の最優先順位をつけている思い切りの良さに、強いカルチャーショックを受けた。

　私は、徐々に「クレサラ対協」は、「クレサラ対狂」か「クレサラ対教」とした方が実態を表しているのではないかと思うようになった。いい年したおじさん、おばさんがハイテンションで揃いの黄色いTシャツを着てたりして、尋常ではない。この人たちの仲間に入ったら、土日も集会ばっかりせなあかんし、生活も一変して大変だし、近づかないほうが無難だと私の中の危険信号が激しく点滅していた。そのころ、木村弁護士から、皆が「赤紙」と呼ぶ、絵葉書がしばしば届くようにもなった。海外の美術館などで買ったと思われる裸婦像などの文化の薫り高い絵葉書のウラに達筆の（判読困難な）文字で「生活保護問題の団体を早く立ち上げなさい」といったことが書き連ねられていた。まだ先が長い弁護士人生を「生活保護弁護士」を標ぼうして生きていく覚悟も自信もなかった私は、見なかったことにして絵葉書をゴミ箱に捨てていた。

　人権大会の調査でドイツに行ったとき、夜の酒場で、目をギョロっとさせた木村達也弁護士から、「小久保くん、世の中変えよー思たら、気ィ狂わなアカンでェ」とニヤリとしながら凄まれた。「野宿生活者や生活保護受給者の人権を守れ」などと言っているくせに腰が引けているのを見透かされていると思った。

「教義」を学び、覚悟を決めて仲間入り

　一方、素直だけが取り柄の私は、徐々に、この突き抜けた人たちの集団が現実に世の中を動かしているさまを見て、この教義（運動のノウハウ）を信じ、この人たちと一緒に狂ってみたら、生活保護の分野でも世の中を動かせるかもしれないとも思い始めてもいた。「教義」を学ぶために木村弁護士の「事務局長日記」全3巻を線を引きながらむさぼるように読んだことを覚えている。誰がいつ何を

したかが極めて具体的に書かれていた。少数
であっても覚悟を決めた人が適時に的確に動
けば情勢を変えていけることがリアルに伝わ
ってきた。「教義」は、実は極めて合理的な
ものだった。これまでの裁判中心の生活保護
の運動やそれを担う私たちの姿勢に欠けてい
たものがよく見えてきたし、何をすればいい
のかのイメージもできてきた。

　貸金業法抜本改正を成し遂げた後の被害者
交流集会は、確か鹿児島だった。1000名を超
える人が参加して物凄い熱気だった。冒頭の
挨拶で、木村弁護士が、「思い起こせば30年
前……」と切り出し、感極まって絶句。会場
中が静まり返った時には、なんと格好のいい
姿だ、と強く胸を打たれた。この世に生を受
け、仲間とともに一文の得にもならない正義
のために30年間、地べたを這うような活動を
続け、遂にそれを成し遂げるなんて、これ以
上の幸せはないのではないか。弁護士として
うらやましくも思った。

　そして、私は遂には覚悟を決めて、クレサ
ラ対協流に踊り狂うことにした。木村弁護士
と一緒に、元厚生官僚で今は厚生労働省相手
の裁判をいっぱいやっている尾藤廣喜弁護士
に代表幹事を依頼しに行った。尾藤弁護士は
快諾し、2007年6月、生活保護問題対策全国
会議（以下、「生保会議」）が立ち上がった。

疾風怒濤の日々

　立ち上げ後は、本当に途切れることなく疾
風怒涛の日々が続いている。
　生保会議は、2年前の2017年6月に10周年
を迎えた。嵐のような10年間の活動について
は、10周年記念本『人間らしく生きる権利を
求めて～ジェットコースターの10年間』をぜ
ひご一読いただきたい。木村弁護士、宇都宮
弁護士はじめ、湯浅誠氏、雨宮処凛氏、水島
宏明氏、藤田孝典氏などそうそうたるメンバ
ーが、トピックごとに当時のリアルな状況を

書き記してくださっている。この分野に多少
の関心のある方にとっては、読み物としても
かなり面白いと思う。
　詳細は、この本を参照していただくとして、
ここでは、ごく簡単にこの10数年を振り返っ
てみたい。

北九州餓死事件

　設立直後の2007年7月10日、北九州市で保
護を辞退させられた男性が「おにぎり食べた
い」との日記を残して餓死するという事件が
報道された。当時、北九州市は、「闇の北九州
方式」と呼ばれる独特の実施体制を組み、毎
年のように餓死事件が起きていたこともあり、
私たちは、丁度7月15日に幹事会を北九州で
開催することにしていた。そこに餓死事件の
ニュースが飛び込んできたので、私たちは「教
義」に従い、直ちに幹事会に変えて現地調査
を行い、声明を出した。地元のマスコミ各社
に大きく取り上げられ、私は初めて新聞に写
真入りで出た。
　7月26日、北九州市と厚労省に対して同時
に公開質問状を出し、東西で二手に分かれて
申入れと記者会見をした。私たちは、厚労省
に面談を求め、「辞退による保護廃止を違法
とする裁判例の規範を福祉事務所に通知すべ
きである」と求めた。すると、対応した課長
補佐は、笑いながら「マクドナルドじゃない
んだから、何から何までマニュアルにして通
知するのかってことですよ」と言った。訳の
分からないできたばかりの法律家団体など歯
牙にもかけないという態度に猛烈に腹が立っ
た。
　保護を廃止した福祉事務所長を保護責任者
遺棄致死罪で刑事告発することとし、告発人
を募ったら、618人が集まった。8月24日、刑
事告発をした際の記者会見も大きく報道され
た。
　9月6日、先日の対応から一転して厚労省

が辞退廃止を原則禁じる通達を全国に出した。課長補佐の顔を思い出しながら、こうやって事態は動くんだと思った。初戦に勝利し、自信になった。

生活保護基準引き下げ阻止（2007年）

2007年10月18日、生保会議のMLに木谷公司郎さんのメールが投稿された。翌19日から突然、生活扶助基準に関する検討会が開催されるので対応が必要というもので、当会議は19日に早速抗議文を発表した。来年度予算編成に向けて生活扶助基準引き下げの錦の御旗にするため学者の検討会のお墨付きを得ようとする魂胆が見え透いていた。検討会は、急ピッチで5回開催され、11月30日には報告書が取りまとめられた。その日のうちに舛添厚生労働大臣が基準引き下げを明言するという予想通りの展開で、引き下げ阻止は困難かとも思った。

しかし、その年の3月に反貧困ネットワークを立ち上げた湯浅誠さんや木谷さんらを中心に毎回の検討会の傍聴抗議活動や各種集会などがかなりの熱気をもって取り組まれた。16の単位弁護士会が反対声明をあげ、けっこう難産だったが、日弁連も12月4日、会長声明を出した。

11月29日には大阪（170名参加）、12月8日には鹿児島（160名参加）、12月15日には名古屋（420名参加）と全国各地でも集会やデモが開催された。12月7日には日弁連会館で「もうひとつの検討会」を開催し、当事者や関係者のリレートークを湯浅さんが仕切った。多くのマスコミが見守る中、160名が参加。テレビ等の報道にもつながった。

少し前につながりを作っていた山井和則議員の尽力で、12月5日、民主党厚生労働部会がマスコミフルオープンの中、宇都宮健児弁護士や当事者らのヒアリングを行った。この日、民主党が党として反対の声明を出したこ

とで国会の中でも動きが出てきた（当時、民主党は参院で多数を握っていた）。日弁連で議員まわりを行い、金利規制に尽力した自民党の後藤田議員や森まさこ議員は理解を示してくれた。また、公明党議員も支持者から批判の声が強く憂慮している様子だった。

そして、とうとう次年度予算編成のタイムリミットと言われる12月20日、生活保護基準引き下げを見送ることが正式に表明された。生活保護基準引き下げの動きを政治的に未然に止めたのであり、こんなことが本当にできるんだと感慨無量だった。

母子加算の復活

生活保護の母子加算（2万円強）は、2005年4月から段階的に削減され、2009年4月、完全に廃止された。

民主党は、2009年5月、山井議員を中心に党内に母子加算復活作業チームを設置し、同年6月には野党4党（民主、共産、社民、国民新）が衆議院に母子加算復活法案を共同提案した。また、民主党の鳩山代表は、6月17日の麻生首相との党首討論で、「アニメの殿堂より母子加算の復活を」と訴えた。

こうした動きと連動しながら、当会議は、適宜声明を発したり集会を開催したりし、舟木浩弁護士（京都）などを中心に議員まわりも行った。

8月30日の総選挙で民主党への歴史的な政権交代があった。社会保障に理解のある長妻厚生労働大臣、山井政務官という布陣でもあり、母子加算復活は目前と思ったが甘かった。財務省が激しく抵抗したのだ。

私たちは、9月17日、院内集会「早くしてよ！母子加算復活」（170名参加）を開催。10月19日、明治公園で開かれた「反貧困世直し大集会」で、財務省との折衝が山場を迎えていることを知り、2日後の21日に急きょ院内集会を開催するとともに声明を出した。2日

で集会準備をしたのは、後にも先にもこの時だけだが、多くの参加者があり、出席した民主党議員からも「これでは公約違反だ」との声が相次いだ。

同日夜報道ステーションが特集を組むとのことで、取材に応じてくれる当事者を探し、京都生健会の若いお母さんが取材に応じてくれることになった。厚労・財務両省の副大臣・政務官交渉も決裂したため、夜、長妻大臣が鳩山首相に直訴することになった。報道ステーションは、京都のお母さんのインタビュー映像の後、首相官邸に入る長妻大臣の姿を生中継で流し、古舘キャスターが、「鳩山さん、このお母さんたちの声を受け止めて決断してください」と訴え、画面はコマーシャルに切り替わった。

その夜のうちに鳩山首相は、母子加算復活を裁定し、私たちは、翌22日、「母子加算完全復活の鳩山首相裁定を歓迎する声明」を出した。いったん削減された生活保護基準が政治的に復活したのもまた前代未聞の出来事である。

反貧困キャラバン2008、2012、2013

金利引き下げキャラバンのノウハウをまねて、反貧困キャラバン2008に取り組むことになった。確か、宇都宮弁護士あたりから焚きつけられたのだったと思う。主催は、生保会議と反貧困ネットワーク、中央労福協だった。事務局は事実上私と徳武聡子司法書士が担うことになったが、キャラバンなど初めての経験だったので、東ルートは井口鈴子司法書士（埼玉）、西ルートは小野慶司法書士（京都）という、いずれも「キャラバンのプロ」に全面的に頼ることにした。西の出発が7月12日に北九州で、東の出発が同月13日に埼玉であった。私は、いずれも揃いの水色のTシャツを着て、デモの先頭に立つような人になってしまっていた（笑）。

実は、春から入院していた母の体調が悪く、父と姉は母の病室で泊まっていた。同月14日未明、父から危篤状態を知らされ、駆け付けたが間に合わなかった。肉親を身近で亡くしたのは初めての経験だったのでとてもショックだったが、意外と後悔はなかった。葬儀会場に立っている生活保護問題対策全国会議や仲間や先輩弁護士からの献花を見ると、その人たちがそこに立って励ましてくれているように感じたのを覚えている。

ともあれ、何とかキャラバンはゴールを迎えた。ゴール集会は湯浅さんの力量もあって盛り上がり成功した。嫌でも車を渡されるという、ある面「不幸の手紙」のように理不尽な企画で、一部の地域の方々には迷惑をおかけしてお叱りも受けた。ただ、これを契機に各地に反貧困ネットワークが立ち上がるなど大きな成果もあったと思う。

2012年には中西基弁護士（大阪）が、2013年には常岡久寿雄弁護士をはじめとする千葉の皆さんが、それぞれ事務局を買って出てくれて、反貧困キャラバンは都合3回取り組まれることになった。大変な作業を引き受けてくださった皆さんには感謝と、申し訳ない思いで一杯だ。

2013年生活保護法「改正」

2012年12月の総選挙で自民党政権が復活してからは、逆風の時代が始まった。

2013年5月、閣議決定予定の生活保護法改正法案を入手して驚いた。不正受給対策の強化等の予想された内容だけでなく、全く想定していなかった、申請手続の厳格化、扶養調査の強化など、違法な「水際作戦」を合法化する内容が含まれていたからだ。

同月14日、東京新聞朝刊1面に「生活保護法改正案・議論なく申請厳格化」という上坂修子記者の記事が大きく載った。そこから上坂記者と私たちの二人三脚のような闘いが始

まった。

　私たちは15日には緊急声明を出すとともに、漫画家のさいきまこさんに描いていただいた分かりやすい8コマ漫画を入れた声明の要旨のチラシ（100頁）を作成し、全国会議員にポスティングした。

　同月17日の閣議決定時には、国会前での緊急アクションを行うとともに、同じくさいきさんのインパクトあるイラスト入りで「『生活保護法を改正しても申請手続はこれまでと同じ』という厚生労働省の虚言」というチラシを新たにつくり、全国会議員にポスティングした。同日には、日弁連も会長声明を出した。宇都宮会長、新里副会長というコンビだからこそ、14日の貧困問題対策本部の会議で提案して3日で発表という異例の速さが実現した。こうした動きを上坂記者が逐一大きく報道してくれた。

　5月21日、民主党の厚生労働部門会議で村木社会・援護局長のヒアリングが行われたあたりから、同会議座長の山井議員を中心に条文修正の動きが出始めた。公明党の中にも原案の危険性に対する理解が広まっていた。申請手続については一定の評価ができる修正がされるが、扶養調査の方は法文自体は変わらず、国会答弁や厳格な規則（省令）の制定で歯止めをかけるのがギリギリの合意点ということだった。暴走列車が群集の真ん中に突っ込むのは避けられたとしても、完全に軌道が切り替わったとはいえない修正であり、どう対応してよいか胃が捻じれるほど苦しんだ。しかし、当会議のコアメンバーや「常勝将軍」である新里宏二弁護士にも相談し、民主党が反対に回ったとしても否決には至らず原案のまま法律が成立する情勢下では、やむを得ない選択であると判断した。国会での質疑案づくりや附帯決議案づくりに積極的に関与していった結果、国会での答弁や附帯決議は一定の歯止めとなり得るものとなった。

　しかし、2014年2月、公表された省令案は、何の歯止めにもならない内容で国会答弁に反するものだった。私たちは、3月5日、これを批判するパブリックコメントを発表し、修正のパブリックコメントを集中させるよう呼びかけた。これも東京新聞が大きく報道してくれた。結果1166件のパブリックコメントが集まり、4月18日、厚労省は180度抜本修正した省令を公表するという異例の展開となった。

　結果的に、現時点に至るまでは、法改正によって実務の運用にほとんど変化は生じていないようであり、ほっと胸をなでおろしている。

あいつぐ生活保護基準の引き下げ

　2007年には運動の力で生活保護基準の引き下げを食い止めることができたが、「生活保護の給付水準10％引き下げ」を選挙公約とした自民党に再度政権交代した後の2013年からは、毎年のように生活保護基準が引き下げられてきた。

　まず、2013年、国は、平均6.5％、最大10％の史上最大の生活扶助基準の引き下げを決め、同年10月から2015年4月まで3回に分けて基準を下げた。

　2015年には住宅扶助と冬季加算も削減され、2018年10月からは、平均1.8％、最大5％の生活扶助基準の引き下げ、母子加算や児童養育加算の削減が3回に分けて実行されつつある。

　まさに前代未聞の引き下げラッシュであるが、これに対する抵抗運動も前代未聞の広がりを見せている。

　2013年からの引き下げに対しては、計3万件近い審査請求がなされ、現在全国29都道府県において1000人を超える原告が違憲訴訟（いのちのとりで裁判）を闘っている（詳しくは「いのちのとりで裁判全国アクション」のHPをご参照）。手弁当の弁護団員は全国で300

人を超え、数カ月に１度の全国会議には50〜70人程度が集まって熱心に学習や議論を重ねている。行政裁量論が高いカベとして立ちふさがる裁判であるが、この引き下げの９割方は、生活保護基準部会の専門家の意見を聴かずに、厚生労働省が勝手に物価を考慮したことによる。しかも、「生活扶助相当CPI」という学説上も実務上も前例のない物価下落率が高くなる計算方法を独自に作成している点で、統計等の客観的数値や専門的知見との整合性を明らかに欠いている。さらに、貧困研究の第一人者で昨年（2018年）春に生活保護基準部会の委員を退任された岩田正美先生が、訴訟用にかなり踏み込んだ意見書を書いてくださったことなどもあり、違憲・違法の判決が得られる可能性も十分にある。

これからの運動の方向性

相次ぐ法「改正」や基準の引き下げに抵抗する声明を出し、記者会見をする中で、記者から「他の国はどうなっているのか」と聞かれることが多くなっていた。そこで、私たちは、2018年８月、ドイツ、フランス、イギリス、アメリカ、スウェーデン、韓国にそれぞれ詳しい研究者の方々の協力を得て、７カ国の制度を比較した上で、あるべき法改正案を提言する書籍、『これがホントの生活保護改革　「生活保護法」から「生活保障法」へ』（明石書店）を発刊した。

日本の生活保護制度は、権利性の確立という点で遅れており、名称変更、広報・教示義務の法定、ケースワーカーの専門性と人員の確保等を提案している（現在改定作業中の日弁連の「生活保護法改正要綱案」と同趣旨の提言である）。

これからは、単に改悪に抵抗するだけでなく、あるべき制度を求めて前向きの提言運動に車の両輪として取り組み、一歩でも制度の改善を勝ち取りたい。運用改善の面では、ここ数年で大きく動き始めている大学進学問題にできるだけ早く決着をつけるとともに、新たに自動車保有問題にも取り組んでいきたいと考えている。

クレサラ対協の皆さまの引き続きのご協力をぜひよろしくお願い致します。

違法な「水際作戦」を合法化し、親族の扶養を事実上生活保護の要件とする「生活保護法改正法案」の廃案を求める緊急声明 (抜粋)

by. 生活保護問題対策全国会議

■申請書の提出が要件化！

これまで　「口頭での申請」も認められるのが確立した裁判例

改正案　水際作戦の口実にも多用されてしまう。たびたび警告してきたが、他の行政制度以上に利用できないことにならぬよう現況する運用違反である。小倉市自殺事件判決

■数々の添付書類の提出も要件化！

これまで　提出は申請交付の後でよい。

→ 申請者が必要な資料を揃えて提出して、自力で保護を証明する事実の立証をすることになる。

申請の要式行為化 = 違法な「水際作戦」の合法化

●他にもこんな「改正」案が！？

●後発医薬品の利用促進
利用者に対して「可能な限り後発医薬品」の使用を促すこと（略）後発医薬品の使い分けを義務付けではないが、一方的に義務を課すのではなく専門家の治療や支援が必要。

●被保護者の生活上の責務
「健康の保持及び増進に努め、（略）生計の状況を適切に把握するとともに、支出の節約を図り、その他生活の維持、向上に努めなければならない」とあるが、保護受給者への差別や規制強化につながる危険性が高い。

●保護費からの不正受給徴収金の徴収
事実上「天引き」が強制される可能性があり、保護費の差押え禁止規定に違反する可能性が高い。

扶養義務の事実上の要件化

■扶養義務者についての調査権限が強化！
1. 要保護者や扶養義務者・同居親族に報告を求めることができる。
2. 要保護者（過去の利用者を含む）の扶養義務者の収入や資産・公共機関・保険会社は雇い主等に調査を。

■開始決定前の扶養義務者への「通知」とは？
扶養義務を履行していないと認定した扶養義務者で厚労省令で定められた事項を通知しなければならない。

この通知が、「正直に資産・収入を申告しないと、官公署・銀行はもとより勤務先にも調査がかかるぞ！」という、扶養義務者への圧力となる。このような事態が開かれた困窮者は…

*厚労省の現行法の実施要領では、扶養保護の要件ではなく、保護のように説明した結果、保護の申請を諦めることになる。扶養義務を断念する事実を悪化する可能性が大きい。

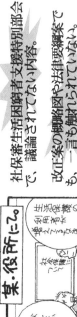

そうして、こっそりと、誰にも気づかないうちに、生活保護を一歩後退をさせるような法改正をさせようとしています。

社保審特別部会（略称図）や法律要綱案で、改正案の抜粋部分が法律要綱案で一言も触れられていない。(新旧対照表を見なければ、わからない)

これでは生活保護をためらい、自死・餓死・犯罪に追い込まれる困窮者の増加は必至。改正法案は廃案に！

非正規労働者の権利実現全国会議

非正規労働者の権利実現全国会議事務局長　弁護士　村　田　浩　治

1　設立経緯

　非正規労働者の権利実現全国会議は、2009年11月22日に結成した（いいふうふの日なので、いまでも結成総会の日は記憶が容易である）。

　その前年、日弁連の人権大会のテーマに「労働と貧困」が取り上げられた。人権大会では「貧困の連鎖を断ち切り、すべての人が人間らしく働き生活する権利の確立を求める決議」が満場一致で採択された。

　2008年年末の日比谷公園の派遣村の経験は、貧困運動と労働運動、クレジット・サラ金問題、生活再建問題に取り組む運動をつなげ、労働運動に関わる弁護士と、多重債務問題や貧困問題などに取り組む法律家がつながるきっかけとなった。貧困問題の背景にはワーキングプアと言われる労働の問題があり、とりわけ非正規労働問題を人権の視点で取り組まなければならない。労働組合の枠組みをこえた運動が必要だし、可能だという気運が高まっていた。

　こうしたことから、2009年5月頃から、クレサラ対協、労働弁護団、労働法学、労働経済学の学者の方々も加わり、「非正規雇用労働問題対策協議会の結成のよびかけ（仮）」を議論するようになった。その後、会議の名前は、現在の「非正規労働者の権利実現全国会議」として出発するようになり、議論ではなく実践的に非正規労働者の問題を解決する（権利実現）実践的な運動を作ることを志向し、活動を始めることになった。

2　結成当初の活動

　会の呼びかけは「日本の非正規労働は、差別待遇と自立できない低賃金という状況以外にも、法律が保障する最低基準の権利や団結権など当然の権利さえ、その行使の結果、雇用を失う不安から躊躇せざるを得ない現実があります。その結果、労使対等の原則に基づく民主的労働関係の形成を妨げられるだけでなく、最近では、雇用不安を背景に長時間労働、過労死・うつ病の多発、安全無視のなかでの労災による死傷、職場における『いじめ』や『ハラスメント』など、非正規労働者の深刻な状況が労働相談などを通じて数多く報告されています」「非正規労働問題は、いまや、労使対等を前提にした『労働問題』の次元を越え、『人権問題』という性格を強く帯びています。非正規労働者の権利侵害の放置は、正規労働者についても『雇用が保障されるだけましだ』として、不況下での労働条件切り下げという事態を生み出しています。非正規労働者の問題は、労働者全体、さらには国民全体に関わる重大な問題となっているのです」と非正規労働問題が、貧困と職場のハラスメントなど、権利問題の根底にあるという認識の下で人権課題として取り組む決意を述べるものであった。

　会員は個人会員を原則とし、非正規労働問題を抜本的かつ長期的に解決しなければならない重大課題として把え、非正規労働者の権利実現を支援し、権利拡充を根本的に図るための研究と交流を進める全国会議として結成した。

こうして、非正規会議は、非正規労働をめぐる①調査・研究とその交流、②法・制度案の検討、③法的救済策の検討、④情報・知識の提供、普及・広報などの活動を通じ、非正規労働者の雇用と暮らしの質を高め、権利の実現に貢献することを目指すものとして結成された。

3　2012年「労働者派遣法改正」問題

当初、偽装請負労働者の派遣先の雇用関係を認めた松下PDP事件（大阪高等裁判所2008年4月25日判決）等をきっかけに、各地で多数の非正規労働者が全国で提訴したこともあり、非正規労働研究会は実践的な裁判勝利を目指す研究会などが開催され多数の法律家が参加した。民主党政権が誕生したこともあり、派遣法をそれまでの事業者法から労働者保護法として改正しようという動きが生まれた。

しかし、最高裁が2009年12月18日に大阪高等裁判所の判断を覆したことから、下級審では、派遣労働者の派遣先の雇用責任を認めない判断が相次いだ。

さらに民主党政権下でも派遣法改正は当初の野党案が成立出来ず、自民党、公明党の修正をいれた「直接雇用みなし」制度を盛り込んだ改正が成立するに止まり、さらに施行まで3年もの期間をおくという問題を含むものとなった。

提訴された多くの訴訟では、派遣労働者を含む非正規労働者と正規労働者との差別是正どころか、派遣先の雇用責任さえ否定する判断が相次いだことから、非正規労働者の訴訟提起はきわめて困難な闘いとなっていった。

4　2015年「労働者派遣法改正」問題

2015年9月、安倍内閣は「派遣労働者を正規労働者となるようにする改革」と銘打ちながら、実際には派遣労働者の受入期間を企業側の手続によって延長を繰り返すことを可能とする一方、派遣元との有期契約の派遣労働者は同一の部署では3年以上継続して派遣就労を禁じるという改正が成立してしまった。

非正規会議は、この時期「いまこそ派遣労働者の声を集めよう」と2015年6月に参議院に法案が送られてから、3カ月の短期間で、600名を超える派遣労働者の声を集め、多くのヒアリングを呼びかけ、法案審議は参議院で3カ月にわたり、2012年法施行までに法案を阻止できるのではないかという運動となった。しかし、こうした取組にもかかわらず、残念ながら、派遣期間が3年で限定された2015年派遣法改正が成立した。

5　2018年問題

2018年は、労働契約法20条（有期労働者の不合理な差別の禁止）をめぐって最高裁判決が出されたこともあり、非正規労働者の均等待遇問題が大きな話題となった。

また2012年と2015年改正派遣法が施行され3年を超えたことから、長年にわたる派遣労働者の派遣切りが起きるなど相談も増加した。

多くの非正規労働者は、裁判に踏みこむだけの知識も財力もない中で、権利を実現するためにはいくつも障害を乗り越えなければならないため運動主体となることは容易ではない。労働組合を含む社会運動の中で問題意識を広げることが重要である。

そのためにも労働組合をもっと気軽に作れるような活動を広げることは出来ないか。SNSの活動を通じた知識を広げ、権利実現の道筋を生み出す人と人のつながりをつくる取組をしたいと考えているし、労働組合に非正規労働問題を取り組むための呼びかけを広げるための活動を考えるべく、現在は、常設では、「均等待遇研究会」「非正規労働問題研究会」「貧困と労働研究会」を実施している。いまもなお、非正規労働者の権利実現をはかるべく模索を続けている。

奨学金問題対策全国会議

―「被害に始まり、被害に終わる」の先にあるもの―

奨学金問題対策全国会議事務局長　弁護士　岩　重　佳　治

1　運動のきっかけ

　学びのために利用した奨学金の返済の負担が、その後の人生の大きな足かせとなり、それが結婚や子どもを持つこと、親元から独立すること、自由に職業を選択することなど人生の大切な選択肢を奪い、「社会人としての責任を果たせ」「借りたものは返すのが当たり前」と無理な返済を迫ることで気力や体力を奪い、人としての尊厳までをも奪っていく。その理不尽さに対する怒りが、学費と奨学金問題に取り組むきっかけでした。

　2013年3月、四谷で開かれた奨学金問題対策全国会議の創立集会には、200人収容の会場に次々と参加者が訪れ、椅子を補充しても足りずに立ち見が出る状況でした。これを見た時、私たちは、集会の成功を喜ぶより、何かとんでもないことがこの日本で起こっていることを実感し、背筋が寒くなる思いがしたものです。

2　クレサラ運動との共通点

⑴　構造的な問題

　奨学金問題には、クレサラ問題との共通点がたくさんあります。

　その第一は、返還困難が、個人の力ではどうしようもない構造的な問題によって生み出されていることです。

　問題の根源は、学費の異常な高騰です。1970年代、国立大学の初年度納入金は1万6000円でしたが、今や90万円に迫ろうとしています。

高等教育における日本の学費の高さは、世界的にも際だっています。

　他方で、家計の収入はどんどん苦しくなり、大学等に進学しようとすれば、奨学金に頼らざるを得ず、その結果、現在、大学生の約2人に1人が奨学金を借りています。学費の高騰に伴い、卒業と同時に数百万の借金を抱えて社会に出ることにもなり、返済は最長20年の長期に亘ります。返済の担保となる仕事は不安定・低賃金労働が拡大し、返済困難に陥るリスクは飛躍的に高まっています。

　貸与型奨学金が他の借金と違うのは、将来の仕事や収入が分からないときに利用する点にあります。そのため、返済困難のリスクがかなりの割合で最初から制度に内在しています。しかるに、独立行政法人日本学生支援機構の貸与型奨学金では、返済困難者に対する救済制度は極めて不十分であり、それが恣意的、不当に運用されることにより、被害を更に拡大させています。例えば、返還困難者に対する返還期限の猶予制度には、利用期間の制限があり、延滞を解消しないと利用を制限する、後出しで設けた利用制限を過去に遡って適用するなどの不当な運用がなされています。また、病気や障害で労働能力を全部または一部失った人に対する返還免除制度は、何年か猶予を繰り返した後でなければ申請用紙を渡さない、延滞を解消しなければ利用できないなどの不当な運用がなされています。そして、これらの救済制度は、利用者の権利ではなく、機構の「裁量」に委ねられていると

103

いうのが機構の言い分です。

回収も厳しく、延滞3カ月でブラックリストへの登録、4カ月でサービサーへの委託、6カ月で裁判所を利用した回収がなされます。更に、法施行令では、「支払能力があるにもかかわらず割賦金の返還を著しく怠ったとみとめられる」時にだけ許される繰上一括請求が、明らかに返済能力がない人に対しても行われています。機構は、「連絡もなく、救済制度の利用も求めない者は、支払い能力があると認めざるを得ない」などと乱暴な説明でこれを正当化しています。

⑵ 運動の方法

この問題に取り組むにあたり、私たちは、返還の困難な人に対する相談・救済活動を行うことから始めました。その中で、歪な制度や不当な運用の実態が次第に明らかになったことから、相談担当者用のマニュアルを作成し、相談の中で明らかになった事実をもとに、制度の改善を訴え続けてきました。また、被害に遭った当事者の実態を明らかにし、与野党を問わず、全党派に働きかけてきました。これらの運動の仕方もまた、クレサラ運動から学んだことです。

⑶ 一定の前進

その結果、奨学金問題は大きな社会問題として認識されるに至り、2014年からは、返還期限の猶予制度の利用期間の5年から10年への延長、延滞金附加率の10%から5％への引き下げ、真に返還が困難な人に対する延滞を据え置いたままでの返還期限の猶予制度等、返還制度の改善が実現しました。

2017年からは、それまで誰も実現できなかった給付型奨学金が国の奨学金制度としては初めて導入され、まだまだ規模は限られているものの、その適用対象の拡大と学費の減免制度の拡大が目指されています。返還方法についても、所得に応じて毎回の返還額が変わる「所得連動返還制度」が導入されました。

僅かずつですが、制度の改善が進められたのは、この問題が社会的に極めて大きな問題であることに加え、「被害に始まり、被害に終わる」というクレサラ運動の理念と方法が一定の功を奏したからだと思います。

3 新たな課題

⑴ 税負担への国民の合意

しかし、これらの改革は、まだまだ第一歩に過ぎません。手応えを感じる一方で、次の段階に進む上での困難が重くのし掛かっているのはなぜでしょうか。その最大の理由は、この問題の解決が、相当な予算の獲得という大きな壁を乗り越えなければ実現できない点にあると思います。これは、クレサラ問題にはなかった課題です。

学費と奨学金問題も、その根源は、公が子育て、教育にお金を出さないことにあります。実際、日本の高等教育に対する公財政支出の対GDP費は、OECD加盟国の中で最下位の状態を続けています。これは一体どうしたことでしょうか。

これについて、東京工業大学名誉教授の矢野眞和氏は、一つの重要な視点を提示しています。矢野教授らの調査によれば、日本の進むべき社会像について、国民の多くが北欧型の福祉国家が望ましいと答えています。しかし、その問いに「税金でこれを賄う」との一言を付けると、自己責任を前提とする小さな政府への支持が大幅に高まると言います。これは、国民の税負担を大きくして、教育を社会全体で支えることに対する国民的合意ができていないことを示しています。背景には、大学は優れた者だけが行けばいい、優秀でない者は好きで大学に行くのだから、自分たちがお金を出す必要はないという根強い意識があります。

これに対して、矢野教授らは、その研究の中で、高等教育の成果は、偏差値などの高い

低いに関わらず、誰に対しても期待でき、その効果が社会全体に波及することを明らかにしています。矢野教授らは、高等教育で得るものは、知識ではなく、本を読む力、学ぶ力であり、成績の高低に関わらないものであると指摘します。そして、それは所得を増やし、将来、社会の財政的負担を減らし、その効果は学んだ人の周囲にも及ぶことを明らかにして、「教育は大衆のものだ」と結論づけます。その上で、高等教育の恩恵を誰でもが受けられる具体的施策の第一歩として、若者だけでなく、社会人の学び直しのための、大人に開かれた無償教育を提唱しています。これは、貧困問題とも大きな関係があると思います。日本では、大学の入学試験は事実上18歳の春に限定され、最初に就職する機会も多くの場合は22歳の春に限定されています。そして、その成否が一生に影響すると思っているので、子どもは、幼い頃からその都度競争を強いられ、その中で育った若者は、皆、口を揃えて「失敗ができない」と言います。そうであれば、一旦大学に入っても自分に合わなければ中退し、社会での経験を積んで本当に必要性を感じてから学べる制度にすべきではないか、一度失敗しても何度でもやり直せるようにすべきではないか、様々な事情で18歳の春に進学できなかった人にも、その後、チャレンジの機会を与えるべきではないか、それが矢野教授の指摘だと思います。中高年になっても負担なく学べる制度であるためには、長く返済が必要な貸与型奨学金は適当でなく、高等教育は無償であるべきだということになります。こうして、自分にも恩恵があると多くの人が思える状況を作り出すことが、教育への税負担への合意を醸成する一つの方法になるとの指摘は、とても重要だと思います。

2018年、東京の多くの大学の大学生が集まって、「高等教育無償化プロジェクト」（通称FREE）を立ち上げ、今の学生にアンケートを取って苦しい実態を明らかにするなどして、高等教育の無償化を求めて活動を開始しました。メンバーには、自ら苦しい体験をした人もそうでない人もいます。FREEの活動に接して感じたのは、何より自らの体験を語る姿に、悲壮感が感じられなかったことです。聞ているだけでも、どれほど大変だっただろうと思われる内容なのに、高等教育の無償化を訴える彼らが語っていたのは、すべての市民が受ける恩恵に対する希望でした。これは、深刻な被害を訴え、敵を叩くというやり方とは一線を画しているように感じました。学費と奨学金の問題は、今や中間層にまで拡がっています。多くの市民に税負担への支持を拡げるには、彼らのような訴え方も必要ではないかと思いました。

(2) 声を上げられない人に対する理解

第二は、当事者や若者が声を上げることが、これまで以上に難しくなっていると思われることです。

クレサラの運動は、当事者が声を上げることにより、大きな前進を勝ち取ってきました。当事者が声を上げることの重要性は、今でも変わらないと思っています。

他方、運動の中で気付いたのは、今の若者は、これまで以上に声を上げられない深刻な状況にあるということです。奨学金の返済に苦しみ、奨学金を借りつつ学生生活を送っている世代は、構造改革路線の強い競争主義の中で育ってきました。そのため、自己責任の意識が誰よりも強いと感じます。特に「空気を読む」「忖度」などの言葉が行き交う社会において、若者に対し、当事者に対して「声を上げろ」ということは、大きな困難を強いることになると思います。声を上げたくても上げられない状況を理解し、当事者が負担を感じない、そっと背中を押すような状況をどうやって作り出すか、その課題が運動体に課されていると思います。

ちなみに、FREEは、活動の進め方の約束として「非暴力・反ヘイト・ジェンダーフリーの活動です」「活動参加者の思想・信教・政党支持の自由を守ります」「個人の尊厳を尊重する姿勢を活動内外で貫きます」と定めています。声を上げにくい同世代の人たちの心情をよく理解したものではないでしょうか。

⑶ ヒロイズムの克服

学費と奨学金の問題にかかわらず、貧困問題への取り組み、生活困窮者の支援は、実に多様な視点と対応が求められます。その分、運動に関わる方の精神的、身体的、経済的負担は、これまで以上に大きなものになっていると思います。これまで私たちは、深刻な社会問題について、自分を犠牲にしながら取り組む人を賞賛し、大きな試練に身体ごと立ち向かうことを良しとしてきたように思います。しかし、今や、壁があまりに大きく、多くの人が疲弊しているように思います。私たちは、学費と奨学金問題に取り組む中で、ヒロイズムに訴えかける運動は、そろそろ限界に来ているのではないかと感じています。

これまで、貧困問題に取り組む海外の団体や運動を多く視察してきましたが、実感するのは、活動をする人に対する支援が充実していることでした。一人で無理をするのではなく、疲れたら休み、様々な分野から一人の活動家を支えています。これから運動を担う若い方のためにも、私たちは、ヒロイズムを見直し、普通の人が少しずつ力を合わせて進めていけるような活動のスタイルを考える時期に来ているのではないでしょうか。

4　最後に

奨学金問題対策全国会議共同代表の大内裕和教授は、年配の世代が、自分たちの時代とは全く異なる今の若い人たちの置かれた状況を理解しないことに警鐘を鳴らし、これを「世代間断層」と呼んでいます。「被害に始まり、被害に終わる」との理念に基づいて築き上げたこれまでの運動の成果を大切に承継しつつも、私たちは、時代の現実をにらんだ運動のあり方を考える大きな転換点に立っているように思います。

多重債務問題から社会保障問題へ

社会保障問題研究会　弁護士　**土　井　裕　明**

多重債務と社会保障

　皮肉なことではありますが、かつてサラ金は、社会保障の不足を補う存在でした。病気、失業、離婚など、社会生活上の問題が発生して生活の危機に直面した市民は、社会保障制度が不十分であるがゆえに、とりあえず一息つくための数十万円の資金を手にしなければなりませんでした。そして、そのためにやむを得ずサラ金に走り多重債務に陥っていきました。サラ金の繁栄は貧弱な社会保障制度と表裏一体だったのです。

　2006年の法改正で上限金利が下げられ、総量規制も実施されて、サラ金はそれまでのようにどんどん貸し付けることができなくなりました。多重債務者を増やさないという意味ではよかったわけですが、他方、ピンチのときに借りられない資金需要者が発生することも予想されたことでした。サラ金業界はこの点をとらえて、金利規制の強化は資金需要者のアベイラビリティ（資金調達の利便性）が低下する、ヤミ金被害を拡大させる等といって法改正に反対したわけです。

　2007年に多重債務者対策本部有識者会議がとりまとめた「多重債務問題改善プログラム」でも、「借りられなくなった人に対する顔の見えるセーフティネット貸付の提供」が柱のひとつと位置づけられました。

　セーフティネット貸付として強化されたのが、社会福祉協議会を窓口とする生活福祉資金の貸付でした。この資金は、低利または無利息で貸し付けられるとともに、貸付の申込窓口を、生活困窮の相談窓口としても機能させることが期待されました。社会福祉協議会の相談窓口がうまく機能すれば、生活苦のために借入の申込みに訪れた相談者に対し、単なる資金の一時的な貸付を行うにとどまらず、生活改善のためのケースワークを行うこともできます。その後に制度化された生活困窮者自立支援制度とも相まって、かつてのような、とりあえずサラ金で借りてしのぐというスタイルとは大きく変わってきたといえます。

　しかしながら、たとえセーフティネット貸付であろうとも、借りたものは返さなければなりません。社会生活上の危機が訪れても、借金に頼らなくてよいような社会保障制度の充実こそが、本来の目指すべき方向のはずです。もともと、多重債務問題が深刻になった背景には、社会保障制度の貧困があったのです。「借りても返せる、借りた人を救済する」という取り組みから「困っても借りなくてすむ」ことを目指そうということです。社会保障制度の充実と、制度の有効な活用をテーマとするのが、社会保障問題研究会です。

多岐にわたる社会保障制度

　ひとくちに社会保障といっても、制度は多種多様です。年金、雇用・労働、医療、介護、児童福祉と子育て支援、生活保護、生活困窮者自立支援、教育・奨学金、住宅、税金の減免など、きわめて多くの制度があるだけでな

く、それぞれが技術的に複雑に入り組んでい
て、簡単に理解できるものではありません。

　これまで法律の専門家としてクレサラ運動
に取り組んできた弁護士、司法書士であって
も、生活保護や労働事件などの一部の分野を
除いて、必ずしも社会保障制度の詳細に精通
しているわけではありません。むしろ、社会
保険労務士の方が、細かい法制度に詳しいと
いう実情があります。社会保障問題研究会の
取り組みとしてすでに4回実施している障害
年金の電話相談会においても、社会保険労務
士のみなさんの協力が不可欠となっています。

　例えば、年金制度一つをとってみても、市
民のニーズに即座に応えられるだけの知識を、
弁護士や司法書士は持ち合わせていません。
最もポピュラーな老齢年金でさえも、繰り上
げ支給を受けた場合にどの程度の金額を受給
できるか、そうした計算ができる弁護士はほ
とんどいないと思われます。父が死亡して遺
族年金を受けている子が、母の再婚の際に新
しい父と養子縁組をした場合に、遺族年金を
失うことを念頭において相談に応じられる弁
護士もあまりいないのではないでしょうか。

　障害年金は障害を持つ方の生活を支える基
礎となる制度であるにもかかわらず、本来受
給できるはずの方が制度を知らずに利用でき
ていないというケースが少なくありません。
本来であれば、障害のある方の生活を支える
ため、病院の医療ソーシャルワーカーが障害
年金の請求の手続を教示すべきですし、医師
も障害年金の知識をもって患者に接するのが
理想的です。しかし、現実にはなかなかそう
なってはいないわけで、厚労省や病院等に障
害年金の請求漏れがないように要請する取り
組みがあってもよいと思います。

　医療分野でも、無料低額診療をより広く実
施することが望まれますし、薬局でもこの制
度が使えるようにすべきです。一部の自治体
では、自治体独自の施策として、無料低額診

療事業の対象を保険調剤薬局に拡大している
ところもあります。われわれとしても、こう
した取り組みを後押しすべきです。

　高齢者介護の分野では、例えば、特別養護
老人ホームへの入居要件が、原則として要介
護3以上に縮小されました。高齢者福祉の後
退といっていいと思いますが、こうした問題
も、社会保障制度の水準の維持という観点か
ら、われわれの課題に含まれるのではないで
しょうか。

　住居は生活の基盤ですが、税金の滞納があ
ると公営住宅に入れないとか、保証人を用意
できなければ入居できないといった問題も依
然として残されたままです。

社会保障制度を市民の手に

　日々実務に携わっている自治体職員は、法
律専門家より制度の詳細を詳しく知っていま
す。役所の窓口においてあるパンフレットに
は、制度の内容が要領よくまとめられていま
す。しかし、自治体職員は現にある制度を現
状のまま運用するほかありません。もちろん、
良心的な職員は、運用の工夫をするでしょう
が、職員の立場でできることには限界がある
でしょう。

　われわれに求められるのは、制度を所与の
ものとして解説したり利用の支援をすること
にとどまりません。制度の運用をより民主的
なものにしていくことも必要ですし、制度に
欠陥があれば、法改正を求める運動もしなけ
ればなりません。法改正まで含めた制度の改
良は、当事者と運動団体と法律家が担わなけ
ればなりません。

　当研究会としても、あらゆる社会保障制度
をカバーできているわけではありませんが、さ
しあたり制度利用者の視点に立って、各制度
の解説をした書籍『社会保障知っトクまるわ
かり─安心生活をつくる38の方法』を2017年
にまとめました。この書籍で、当面の課題を

108

リストアップしましたが、さらに個別の問題について取り組みを具体化していく必要があります。

多くの社会保障制度は、申請主義をとっています。いかに困った状態にあっても、制度を知らず、申請をしなければ、多くの場合何らの保障を受けることもできません。社会保障の最後の砦である生活保護ですら、本人からの申請がなければ制度を利用できないのです。制度を知らない方が悪い、申請がなかったから適用しなかっただけ、これでは社会保障制度は十分には機能しません。日々の相談活動の中で、使える制度があればきちんと使う、適切な制度がなければそれを作っていく、それが、社会保障制度を市民の手に取り戻すということだろうと思います。

依存症問題対策全国会議と
全国カジノ賭博場設置反対連絡協議会の運動と課題

依存症問題対策全国会議事務局長
全国カジノ賭博場設置反対連絡協議会事務局長　弁護士　吉　田　哲　也

1　依存症問題対策全国会議の活動

⑴　多重債務の背景にある問題としての依存症問題

　多重債務者支援を行なってきた私たちの前に現れる被害者層のなかに、二度目、三度目の借金問題を抱えた人たちが一定数存在していることは、従前から知られていた。

　被害者の会を含め、多重債務者支援に向き合った人たちは、被害者の経済的立ち直りのための家計見直し支援などを行なって、多重債務の背景にある根本問題に斬り込んでいってはいたものの、いわゆる、多重債務の原因がパチンコなどのバクチや買い物など過度でかつ不要不急の支出にある場合には、二度としないという誓いと反省の言葉に依拠することが一般的であった。

　しかし、目の前の被害者がなぜパチンコを繰返すのか、また、買い物を止めようとしないのかということを追求する過程において、被害者運動は、ギャンブルを止めたいけど止められない、買い物を止められないで苦しんでいる人々との邂逅を経て、医師等の専門家の助力を得ながら、ギャンブル依存症や買い物依存症というギャンブルや買い物を止めることができない病態というものの存在を認識するにいたった。

　これは、まさに、被害者運動が、行動嗜癖の問題についても、自己責任論を脱却し社会問題としてアプローチする条件を整えた瞬間であった。そのことは、一方で、それまでの私たちに内在してきた依存問題に苦しむ者たちに対する無理解について反省を迫り、他方で、依存からの回復のための助力という新しい支援のあり方を提示し、さらには、依存問題がどのようにして生み出されるのかという研究とそれに対する対処が課題として浮き彫りになったことを意味する。

⑵　依存症問題対策全国会議の発足

　そうした認識の変化に対応して、2008（平成20）年7月発足したのが、依存症問題対策全国会議である。同会議は、「多重債務の原因となるギャンブルをはじめとする依存問題への対策をとることを目的と」し（規約2条）、そ「の目的を達成するため」「依存症の問題を多重債務相談受付窓口を含め社会に広報啓発すること」「精神保健福祉センター、精神科医や学者と連携して、依存症による多重債務者対策の環境を整備すること」「パチンコ業界が健全な娯楽産業へ転換するよう求めること」「カジノその他のギャンブルの問題に対し、依存症問題の観点から適切な提言をすること」「ギャンブル依存症を精神障害として認めるよう厚生労働省等に求めること」などを行なうとしている（同3条）。

　同会議の初代代表幹事には加藤修氏、また、初代事務局長には吉田洋一氏（故人）がそれぞれ就任した。加藤修氏は、古くから多重債務者支援を行なってきた熊本県弁護士会所属の弁護士であり、そして、吉田洋一氏は熊本

クレ・サラ・日掛被害をなくす会を中心になって切り盛りしてきた方である。熊本の被害者運動は、早い段階から、精神科医師の赤木健利氏や尾上毅氏らの医療専門家とのつながりをもち、ギャンブルなどの問題を抱えている被害者やその家族を医療につなげ、また、ギャンブラーズアノニマス（ＧＡ）といった自助グループとのつながりも深め、そうした先駆的実践を通じて、依存問題の自己責任論を克服してきた。そうした歴史を有する熊本の被害者運動が、同会議の運動の牽引車的役割を果たすのは必然的であったといえる。

(3) パチンコ問題に斬り込む

　我が国のギャンブル問題は、その規模の大きさという点でいえば、すなわち、パチンコ問題と同義であるといってよい。当時、パチンコ人口は年間約2000万人、売上げ（貸玉料）は年間30兆円にも及んでおり、売上げだけを見れば我が国の基幹産業である自動車産業に匹敵する巨大さであった。

　パチンコは、金銭を賭けて賭けの勝敗に応じて金銭を取得できるわけだから、刑法上の「賭博」に相違ないはずであるが、三店方式という脱法システムがその摘発をしない言い訳に使われ、事実上野放しにされており、いつでも、どこでも、誰でも入ることのできるパチンコ賭博場が全国に約１万店舗存在し、そこには、全世界のギャンブル機械の６割が我が国に存在する。

　その結果、我が国には、数百万人ものギャンブル依存を疑われる人々が存在し、その数たるや成人人口の５％にものぼるとされた。諸外国の同様の調査の結果が高くても１％台にとどまっていることからして、我が国の数値の異常性は際立っており、その異常性は、まさに、我が国のパチンコ賭博がおかれたお手軽さがもたらしたものであった。

　すなわち、この問題を是正するならば、パチンコという業態そのものにメスを入れなければならなかった。

　2011年７月31日には、大阪で「なくせ、パチンコ被害」大阪市民集会を開催して、パチンコ問題に鋭く斬り込んでいた作家の若宮健氏らを招いて、シンポジウムを開催し、パチンコ問題をパチンコ被害として捉え、社会問題として取組むことの決意表明を行なった。

2　カジノ合法化問題への対応

(1) カジノ合法化論の急加速

　依存症問題対策全国会議は、パチンコラッピング電車問題やパチンコＡＴＭ問題について個別に取組んでいたが、同じころ、カジノ合法化論が並行して語られるようになっていた。

　カジノ合法化論は、すなわち、日本史上初めて民間賭博の公認を意味する。依存症問題対策全国会議の立場からすれば、既存ギャンブルは適切な規制が加えられて本来縮小されるべきものであり、合法ギャンブルの拡大は容認できるものではなかった。

　カジノ合法化論は、民主党政権下でも議論されたが、その結果、民間賭博を違法性阻却するための理論構成の壁を越えることはできないとの結論にいたり、いったん立ち消えになっていた。

　ところが、2013年、東京五輪招致決定の前後から、カジノ合法化論が急加速し、カジノ議連の議員によって、「特定複合観光施設区域の整備の推進に関する法律」案（いわゆる、カジノ解禁推進法）が国会に提出された。

　カジノ議連に加盟する議員は、与野党にまたがって200名近くおり、放置すればすぐにでも法案が成立してしまう状況は、まさに危機であった。

(2) 全国カジノ賭博場設置反対連絡協議会の発足と運動

　カジノ誘致の議論は、全国各地で行なわれており、それに対応して、誘致反対の住民運動が、沖縄、熱海などで行なわれていたが、

それを有機的につなぐ全国組織は存在していなかった。

これら住民運動の有機的連携と、とりわけ、カジノ合法化反対との一致点で広範な市民の糾合を目的として、2014年4月12日、全国カジノ賭博場設置反対連絡協議会が発足した。

同時に、大阪や小樽などでもカジノ誘致反対の住民運動が立ち上がり、その後、苫小牧、横浜、愛知、和歌山、佐世保、宮崎などでも相次いで住民組織が発足して、特色ある運動を展開した。

カジノ合法化論が、妄想ともいうべきバラ色の地域経済活性化をうたったのに対して、カジノ反対論は、ギャンブル依存問題のほか、ギャンブルによる地域経済の活性化という手法のまやかしを、まちづくりの観点から批判した。経済的視点については、経済学者鳥畑与一氏（静岡大学）にその理論的支柱をになっていただいた。

また、宣伝用のブックレットとして『徹底批判!! カジノ賭博合法化』（合同出版）を活用した。

⑶ カジノ合法化反対の声とカジノ法案のたなざらし

日弁連、日司連といった法律職能団体のほか、消費者団体、労働団体、医療・福祉団体、女性団体等多数の団体からも、カジノ合法化反対の意見が表明された。

各種世論調査では、例外なく、カジノ合法化に対して反対する意見が、賛成意見をおおむねダブルスコアで圧倒した。また、こうした世論の声を受けて、新聞各紙も、カジノ合法化に反対、あるいは、慎重との意見が社説をにぎわした。

その結果、法案はいったん廃案となり、その後再提出されるも、なかなか実質審理にいたらず、長らくたなざらしされることとなった。

⑷ カジノ解禁推進法、実施法の成立

それでも、2016年12月には、多くの反対の声を押し切って、カジノ解禁推進法が成立した。成立にあたっては、国民の反対の声を踏まえて、「世界最高水準のカジノ営業規制」を導入するなどといった表現も盛り込まれた。

しかし、カジノ解禁実施法も成立し、その後明らかとなったカジノ営業規制は、「世界最高水準」どころか、我が国がモデル視してきたシンガポールレベルにも及ばないものであることが明らかとなった。

⑸ カジノ設置を許さないために

消費者たるギャンブラーの保護と、ギャンブル産業の利益確保の命題の対立構造が、厳然として存在し、かつ、消費者たるギャンブラーの保護のための力は極めて弱く、カジノのギャンブラーの問題も自己責任の領域で語られようとしていることが明らかとなった。

カジノ開設のためには、各誘致自治体の同意が必要である。今後は、その同意を許さないための運動をどのように展開するのかが課題となる。

3 ギャンブル被害をなくすための運動の未来

⑴ ギャンブル被害の公認

ギャンブル問題を語るにあたって、出発点は自己責任の領域からの脱出である。これを脱しない限り、ギャンブラー、その家族に対する支援も、また、ギャンブル規制のあるべき姿もみえてこない。

そして、ギャンブルによって個々人に生じている問題を社会問題として捉え直すとき、その生じている問題は、ギャンブル産業やそれを容認する社会によって仕向けられているのではないかとの認識にいたる。これは、まさに、被害者と加害者の関係であり、「ギャンブル被害」というひとつのカテゴリーが形成される。

こうした過程は、まさにクレサラ運動が「被害」という観点でものを考えることが転機となったことと重なるものである。

そして、「ギャンブル被害」の公認こそが、ギャンブル問題の自己責任の領域からの脱出のメルクマールになる。

(2) 消費者たるギャンブラーの権利、利益の擁護のために

カジノ合法化反対運動の過程において、私たちが思い知らされたのは、ギャンブル産業側のとてつもなく強力な利益追求に向けた力である。カジノ規制の条件闘争は極めて分が悪く、このままでは多数のカジノ被害者が生じてしまうだろう。それゆえに、あるべきギャンブル規制の提案とそれを実現する運動が必要であり、それは、既存ギャンブルの全てを包摂し、かつ、カジノ規制に対するアンチテーゼとならなければならない。

そして、実現されるギャンブル規制は、消費者たるギャンブラーが安全にサービスを受ける権利が守られるレベルのものでなければならない。

生活弱者の住み続ける権利対策会議の活動と賃借人の権利保障のための課題

生活弱者の住み続ける権利対策会議事務局長　弁護士　増　田　　　尚

1　民間賃貸住宅と賃借人の置かれている現状

　日本の住宅政策は、長年にわたり、持ち家を取得することを中心として、賃貸住宅は、そのためのステップと位置づけられてきた。そのため、賃貸住宅における公共・公営部門の役割はきわめて限定的であり、賃貸、管理、保証についてはいずれも業法による規制もなく、賃貸住宅契約の私法上の効力についても借地借家法が規制するくらいで、賃貸住宅は市場任せになっていた。

　しかも、民間賃貸住宅の85%が個人家主で、大規模修繕計画も持たないなど、ただ所有不動産を活用しているというだけで、生活の基盤である住宅に携わっているという社会的な自覚や倫理が確立されているとはいえない。賃貸住宅の住環境は、持ち家に相当に劣後している。

　賃貸住宅の着工戸数は毎年、一定数を維持しているのに、空室数は増え続け、供給過多の状況にある。一方で、高齢者、障害者、シングルマザー、低所得者などは、賃貸住宅を確保することが困難な状況に追い込まれている。

　民間賃貸住宅をめぐっては、追い出し屋、囲い屋、脱法ハウス（違法貸しルーム）や無届け介護ハウスなど、生活困窮者を食い物にする事業者も後を絶たない。

　このように、日本では、住まいは権利ではなく、「商売道具」として捉えられており、

そのために、特に賃貸住宅の賃借人の住まいの権利がないがしろにされている。

2　生活弱者の住み続ける権利対策会議の設立

　以上のようなきわめて不十分な賃貸住宅政策のもと、築年数が相当経過し、十分な管理がなされないまま空室が目立つ民間賃貸住宅が増えている。こうした民間賃貸住宅を買い取って、建替や再開発を手がけると称して、賃借人の住み続ける権利を否定し、立退を強圧的に迫る不動産事業者による被害が近年多発している。

　借地借家法では、正当事由のない解約申し入れ（更新拒絶）は効力がないものとされ、賃借人の住み続ける権利が保障されている。しかし、賃借人の法的知識の乏しさに付け込み、建替や再開発というだけではおよそ正当事由がないことを知りながら、解約を申し入れて（更新を拒絶して）、賃借人に立退を要求し、立退料等の提供もしないまま、実力で出て行かせるなど、賃借人の権利が侵害されるケースは少なくない。

　このような不動産事業者による不当な立退要求を撃退させる支援に取り組むとともに、賃借人の権利が不当に侵害されないようにするための必要な法制度の確立を目指して、2015年4月11日の拡大幹事会にて、生活弱者の住み続ける権利対策会議が設立された（代表は田中祥晃）。民間賃貸住宅問題に取り組む法律家、研究者、市民が参加し、賃借人の住み

続ける権利を学び、被害実態の把握や被害救済のための活動を実践し、また、民間賃貸住宅における居住権の問題について、様々な団体と共同して、「住まいは権利」を実現する共同を広げることが確認された。

3 生活弱者の住み続ける権利対策会議の活動

対策会議は、同年6月14日に、東京、名古屋、大阪、福岡の4か所で、電話相談「ブラック家主110番」を開催した（東京は、「ブラック地主・ブラック家主対策弁護団」との共同により、「ブラック地主・家主110番」として実施）。合計74件の電話相談があった。

一方で、こうした借家人からの被害相談に応じていく中で、転居先を確保することが困難な現状にどのように対処するのかという課題を突きつけられた。

立退を求められている賃借人は、生活保護や年金で生活をするなど少ない収入で生活を余儀なくされたり、あるいは、障害や病気で介護の必要な状況にあるなど、すぐに移転先を確保することが困難な方も多い。また、事業者は、即時の明渡を要求したり、十分な条件提示をしないまま、賃貸人が交代したとか、建替・取り壊しをするなどの理由で、立退を迫っており、賃借人の住み続ける権利を無視、軽視する経営方針を採っている。

このように、賃借人の住み続ける権利を守るためには、民間事業者任せになっている民間賃貸住宅市場に、賃借人の権利を保障し、「住まいは人権」であることを確立する法規制が必要である。同時に、市場化された中で、自ら住まいを確保することが困難な「住宅弱者」に対し、住まいを提供するための法制度を確立することが求められる。そのため、対策会議は、居住支援など賃貸住宅に関わる様々な団体（全国追い出し屋対策会議、住まいの貧困に取り組むネットワーク、全国借地借家人組合連合会など）と共同し、「住まいは人権」を住宅政策に確立させる活動に取り組むこととなった。

4 新たな住宅セーフティネット

2007年に制定された住宅確保要配慮者に対する賃貸住宅の供給の促進に関する法律（住宅セーフティネット法）は、賃貸住宅の市場化のもとで、高齢者、子育て世帯、低額所得者（公営住宅法施行令に定める算定方法による月収が15.8万円を超えない者）、障害者、被災者などを「住宅の確保に特に配慮を要する者」（住宅確保要配慮者）と定義し、国や地方公共団体、事業者に、住宅確保要配慮者を民間賃貸住宅への入居を確保する施策の基本的な枠組みを制定した。同法は、2017年4月に改正され、同年10月25日に施行されて、予算措置や、告示による家賃債務保証業者登録制度なども含めた新たな住宅セーフティネットがスタートした。制度の概要は、以下のとおりである。

(1) 住宅確保要配慮者向け賃貸住宅の供給促進計画

都道府県及び市区町村は、国の基本方針に基づき、住宅確保要配慮者向け賃貸住宅の供給計画として、供給目標と具体的な施策を定めることとした。また、住宅確保要配慮者として、地域の実情に応じた、独自の類型を付加することもできる。

(2) 住宅確保要配慮者向け賃貸住宅の登録制度

登録制度は、賃貸人等があらかじめ一定の基準に適合した住宅を「住宅確保要配慮者の入居を拒まない賃貸住宅」として都道府県等に登録し、都道府県等が、登録住宅の情報を住宅確保要配慮者に開示するとともに、賃貸人に対しても必要な指導監督を行うこととされた。住宅確保要配慮者への情報開示として、ウェブサイト「セーフティネット住宅情報提

供システム」が開設された。

空き家等を登録住宅の基準に適合するように改修するための費用については住宅金融支援機構の融資対象に追加した。また、2017年度からの予算措置として、専ら住宅確保要配慮者のために用いられる登録住宅（専用登録住宅）については、改修費用を国や地方公共団体が補助をし、また、家賃債務保証料や家賃の低廉化のために国と地方公共団体が補助をすることになった（保証料補助の上限は国3万円・地方3万円／戸・年で、家賃補助の上限は国2万円・地方2万円／戸・月で、年24万円／戸まで併用して補助を受けることができる）。

⑶ 居住支援法人

改正法では、登録住宅の情報提供や入居相談など、住宅確保要配慮者の入居を円滑化するための活動に取り組む居住支援法人を都道府県が指定する制度を設け、居住支援法人に対しては援助をすることができるようにした。

⑷ 家賃債務保証業者登録制度

登録住宅の賃貸借契約に際しては、主として、賃貸人側の家賃未収の不安に対応するために、家賃債務保証業者による機関保証が利用されることが予定されている。改正法の施行と同時に制定された家賃債務保証業者登録規程（大臣告示）により、家賃債務保証業につき任意の登録制度が創設され、登録した家賃債務保証業者でなければ、登録住宅における家賃債務保証ができず、また、住宅金融支援機構による保険引受けや、保証料補助を受けられないこととした。

登録規程において、家賃債務保証業者は、登録申請時に、求償権の行使方法に関する事項を記載した書面の提出を要求されており、当該書面には、賃借人の平穏な生活を害する行為に関する事項として、不当な取立て行為が類型化されていて、これらを禁止する社内規則等の定めを設けることが求められる（4

条2項8号）。国交大臣は、上記の記載事項が「業務に関し、賃借人の生活の平穏を害するおそれがない」といえないときには、登録をしないこととされる（6条1項14号ハ）。また、業務処理の準則として、家賃債務保証業者に対し、「賃借人その他の者の権利利益を侵害することのないよう、適正にその業務を行わなければならない」旨の一般条項を定め（11条）、これに反した場合や、業務に関し、賃借人その他の者に損害を与えたとき、又は損害を与えるおそれが大であるとき、業務に関し、公正を害する行為をしたとき、又は公正を害するおそれが大であるとき、業務に関し他の法令に違反し、家賃債務保証業者として不適当であると認められるときには、国交大臣による指導、助言、勧告を行うことができ（27条1項）、これらの事由に該当する場合で情状が特に重いとき、又は指導等に従わなかったときには、登録を取り消すものとしている（28条1項7号）。

5 新たな住宅セーフティネットの現状と課題

新たな住宅セーフティネットは、発足後1年半が経過したが、現状を見ると、次のような課題が浮き彫りになっている。

⑴ 登録住宅

国交省は、登録住宅の戸数を2020年度末までに17.5万戸（年5万戸のペース）を確保する目標を掲げた。しかし、2019年3月31日現在、全国で8279戸にすぎず、20県が登録戸数1ケタであり、うち滋賀県、島根県は登録ゼロである。

国交省は、2018年7月に、登録システムを簡素化するなどして、登録を促すよう都道府県等に通知をした。しかし、民間事業者任せにして登録を待つのではなく、借り上げ方式のような準公営住宅など、公的責任において、住宅確保要配慮者への住宅供給を実現する以

外に登録住宅の目標を達成する方途はない。

(2) 家賃等補助

家賃等補助は、基礎自治体において制度化されない限り、国からの予算が措置されないため、制度化した基礎自治体もごくわずかにとどまり、まったく利用されていない。

賃貸人側が専用住宅として登録をしなければ家賃等補助も利用できず、賃貸人側にメリットが感じられなければ登録が進まないのは、法改正前のセーフティネット住宅で経験済みのことである。家賃等補助は、補助があれば、より条件のよい賃貸住宅への入居が可能になる賃借人の側にとってメリットのある制度なのであり、他方で、賃貸人側にとっては、得られる家賃等の収入の額が変わるわけではないのであるから、メリットに乏しい。そうであれば、賃借人からの利用の申請を受けて補助を行うようにするなど、制度設計を再考すべきである。

また、基礎自治体任せにするのではなく、国が積極的に予算措置を講じるべきである。さらに、予算措置ではなく、法律に明記することにより、制度として恒久化すべきである。

(3) 登録住宅における保証のあり方、家賃債務保証業登録制度

2019年3月31日現在、60法人が登録をしている。

そもそも、家賃債務保証業者は、苛酷な滞納家賃の取立てや、鍵交換などにより実力で明渡をするなど、賃借人等に被害を与えてきたために、「追い出し屋」として社会問題になったのである。このように、賃借人の居住の権利を脅かすような事業者を参入させること自体が住宅セーフティネットの趣旨と矛盾するものであり、保証料補助を行い税金を投入することには疑問なしとしない。住宅セーフティネットであるならば、登録住宅においては保証人を不要とするか、高齢者住宅財団などの公的保証を拡充する措置を講じるべき

であった。

もっとも、登録住宅への参入の条件として登録制度が創設され、家賃債務保証業者に対して業務規制がなされることになったことは、法制化の第一歩と評価できる。全面的な法制化（①義務的登録制度、②不当な取立行為の禁止、③家賃滞納データベースの禁止など入居差別の規制）により、いっそう賃貸住宅における居住の安定の確保を図る政策の実現が求められる。

(4) 住宅と福祉の行政連携の不足

このように、新たな住宅セーフティネットは課題が山積みであり、必ずしも使い勝手がよい制度とはいえないが、何よりも、行政の住宅部門と福祉部門との連携が取られておらず、福祉の立場の支援者に知られていないことが、制度利用が進まない根本原因となっている。

そこで、対策会議の在阪会員が中心となって、新たな住宅セーフティネットの制度利用法を解説したパンフレットを作成した。被連協に参加する各地の被害者支援団体はもちろん、福祉の分野の支援者にも制度を認知してもらえるよう、パンフレットの頒布方法について検討しているところである。

6 不当な立退要求による被害救済の必要性──地震被害とレオパレス問題

対策会議の所期の活動対象である不当な立退要求による賃借人の被害救済についても、近時、重大な事象が相次いで起きた。

1つは、2018年6月の大阪北部地震と9月の台風21号により、大阪の各地で、借家の建物に被害が発生し、これを機に、賃貸人から不当に立退を迫られる被害が多発した。対策会議の在阪会員が中心となって、賃貸住宅トラブル阪神ネットワークや、京阪神の借地借家人組合（連合会）と共同して、地震台風借家被害対策会議を立ち上げ、臨時電話相談、

茨木・高槻など被災地での相談会、週1の電話相談（2018年10月〜12月）を開催するなどして、被害相談を受け付けた。また、大半の建物は一部損壊にとどまっており、そのために被災者生活再建支援制度が利用できないという制度の欠陥が明らかとなり、制度改善要求などにも取り組むことが確認されている。

もう1つは、2019年2月に社会問題となったレオパレス21における建築基準法違反の発覚と、これを口実にした賃借人への立退要求である。国交省は、建築基準法違反については、レオパレス21に対し指導をしたものの、賃借人への不当な立退要求（不十分な補償しか提供を申し出ていないことや、即時の明渡の要求など）による被害の回復や防止については、何ら手当をしていない。レオパレス21は、登録賃貸住宅管理業者なのであるから、国交大臣は、レオパレス21に対し、業務によって賃借人の権利を害するような行為をしないように指導すべきである。対策会議としては、不当な立退要求の被害についての相談と救済に取り組むとともに、今後も同様な事象が起こりうることからも、賃貸住宅管理業者登録制度が実効性のあるものとなるように国交大臣に適切に権限を行使するよう求めていく。

滞納処分対策全国会議

滞納処分対策全国会議事務局長　弁護士　**佐 藤 靖 祥**

1　滞納処分問題の背景

　不安定雇用、少子高齢化などが原因となり、生活困窮者の増加には歯止めがかからない状況が続いております。これまでは、生活困窮者の悩みとしては、当面の生活費の捻出のために借り入れたローンの支払といったいわゆる多重債務問題として社会問題化されてきました。

　しかし、近時、多重債務問題に匹敵する社会問題として、主に地方自治体による滞納処分の問題が浮き彫りになってきました。

2　滞納処分とは

　滞納処分とは、簡単に言えば、法定の納期限までに納付されない税金等について、強制的に徴収をすることのできる行政処分のことを言い、その具体的手続については国税徴収法47条以下に規定されています。例えば、住民税を滞納している場合には、地方自治体は、判決その他の債務名義を取得することなく、滞納者の意思に反してでも回収ができるという制度となっています。

3　税滞納の原因・過程

　そもそも、税金は担税力（税金を支払うに足りる財力）に応じて賦課されるのが原則とはなっているので、理屈的には生活困窮により税を納付できないということは想定されていません。しかし、例えば先祖代々の家を持っている人の場合は、毎年固定資産税を賦課されることとなりますが、その居住者には、固定資産という資産はあるものの、毎年固定資産税を支払えるだけの収入があるとは限りません。にもかかわらず固定資産税を賦課されてしまうため、収入が少ない場合には固定資産税の支払いができず、税の滞納が生じてしまいます。また、住民税や国民健康保険料は、原則的には前年の所得に応じて賦課されますが、不安定雇用のため仕事を失ったり、高齢により雇い止めがなされたりすることにより、滞納が生じることは当然にあり得る世の中となっております。

4　地方自治体の滞納税金問題への対応の変化

　これに対し、住民が上記の通り生活が安定していないことから税収の落ち込んできている地方自治体の中には、「住民みんなが苦しい生活の中納税をしているのに、税金を滞納している者は、税負担の公平性に反するので許されない」とのスタンスで、積極的に滞納処分による差押を行う地方自治体が現れました。

　たとえば、群馬県前橋市においては、平成26年度における国民健康保険税の全滞納世帯に対する差押件数の割合が、90％を超えており、突出して滞納処分による差押がなされております。また、十分に滞納税金を徴収できない地方自治体においては、都道府県に設置される滞納整理機構を通じて、積極的な滞納処分を行ったり、徴税担当職員に滞納税金回

収のためのノウハウを身につけさせたりしており、地方自治体にとって、滞納税金の回収に関する研究は深まりつつあります。

このように、昨今は、地方自治体による滞納税金の解消に向けて、積極的に取り組むようになってきたのです。

5　行き過ぎた滞納処分

税負担の公平性の見地からすれば、滞納税金の解消はなされてしかるべきです。

しかし、一部地方自治体では、行き過ぎた滞納処分がなされる例が報告されるようになりました。

例えば、前記のように、国民健康保険税の滞納世帯の90％が滞納処分による差押を受ける群馬県前橋市では、児童手当の入金される預金口座を、児童手当の入金されたその日に差し押さえ、市の職員が滞納者の銀行預金口座の残金を直接回収したという事例があります。また、宮城県では、滞納整理機構により、捜索という名の下に自宅訪問をされ、同機構が納得する分割納付案を提示しない限り帰らない姿勢を示して、到底納付不可能な分割納付案をやむなく提示しなければならなくなり、生活が立ち行かなくなった世帯もあります。

このような、生存権を脅かしかねない、行き過ぎた滞納処分は、各地で問題になってきました。

6　民事執行と滞納処分の違い

このように書くと、「なぜ債権者である地方自治体の職員が直接取立をしているのか」といった疑問が生じます。

ここに、滞納処分の根源的な問題が含まれているのです。

すなわち、民事執行の場合は、まず、その債権の存在を公的に確定させなければならず、そのために裁判所や公証人役場において債務名義を取得しなければなりません。債務名義を取得した後に、債務者の財産を差し押さえようとする場合には、動産については執行官に、債権や不動産については裁判所に、それぞれ申立を行い、差押の禁止された財産に差押が及ばないようなチェック機能が備えられています。すなわち、第三者による確認作業がかならずあるのです。

しかし、滞納処分の場合は、そもそも納期限を過ぎた後に滞納者に送付される交付要求により、債権の存在が確定してしまいます。税金の債権者である地方自治体が作成した書類で公的に債権額が確定する仕組みになっています。

さらに、滞納処分による差押をする場合には、裁判所や執行官を通すことなく、地方自治体の職員自らが取立を行うことができるのです。したがいまして、民事執行のような第三者による確認作業もありません。

このような、滞納処分に特別に与えられた権限を駆使して、地方自治体は、滞納者に対する直接の取立を、第三者を介することなく行っているのです。

7　広汎な財産調査権

また、前記前橋市による、児童手当の入金された口座に、児童手当が入金されたその日に、職員が滞納者の預金を引き出しにいったという事案について考えてみると、「なぜ職員はその口座に児童手当がその日に入金されることを知っていたのだろう」との疑問も生じます。

民事執行においては、預金を差し押さえようとする場合には、何銀行の何支店の口座かを特定して、しかも、裁判所を通じて銀行の支店に差押通知が届いてみないと残高がいくらあるのかも判然としないにもかかわらず、なぜ、前橋市の職員は当該銀行の当該支店の滞納者名義の口座に、当該年月日に入金があるとわかったのでしょうか。

120

これは、国税徴収法141条に、滞納処分のためには、質問をしたり滞納者に関する帳簿書類などを検査したりすることができる旨が規定されていることに基づきます。

したがって、前橋市は、各金融機関に滞納者名義の口座がないか照会を掛け、口座がある場合にはその入出金の履歴を取得することによって、定期的に入金される児童手当が、どの口座に入金されるのがわかったということになります。

なお、かかる調査は、民事執行の手続では債務名義を有する債権者の権限には含まれていないので、当然にすることはできません。

8　問題点の追及

このように、一見して法的には問題がないかのような滞納処分がなされることについて、全国各地で疑問視する声が大きくなりつつあります。

例えば、滞納処分によっても差押をすることができないとされている児童手当につき、鳥取県が、前橋市と同様に、地方自治体が入金されたその日に預金債権の差押をした事案につき、広島高裁松江支部平成25年11月27日判決（確定）は、児童手当が差押を禁止されていない預金債権に転化したとは言え、差押禁止債権である児童手当の属性を失っていないものと判断し、鳥取県による差押を違法と判断しました。

しかし、このような成果が上がっている一方、強硬な態度を変えない地方自治体は改善を図るどころか、さらにエスカレートしている傾向もあり、もはや個別訴訟による解決だけでは、歯止めがかからない状況になってきました。

9　全国組織の立ち上げ

暴走する地方自治体には歯止めをかけるためには、全国の弁護士、司法書士などが結集して運動体を作ることが急務となりました。また、この活動は、本来的に税理士の独占業務というべきであることから、税理士の協力も必要不可欠です。さらに、徴税機関との交渉を長年にわたって行ってきた、各地の社会保障推進協議会や民主商工会などの実務的な知識経験も必要でした。

このような中、税理士として不当な滞納処分に精力的に対応をしてきた、角谷啓一税理士を代表とする全国組織を、平成29年4月8日に立ち上げました。組織名は「滞納処分対策全国会議」です（以下では「全国会議」といいます）。

全国会議においては、被害救済の相談活動はもとより、行き過ぎた滞納処分の法的な問題を検討し、問題のある自治体に対しては改善要求をするなど、滞納処分問題に関する社会運動を行うことといたしました。

10　前橋市への申入れ

全国会議においては、前述のように、滞納処分による差押の比率もその態様も群を抜いている前橋市に対し、改善要求をすることが急務と考え、平成29年8月27日には、前橋市においてシンポジウムを開きました。

このシンポジウムでは、元国税徴収官であった、戸田伸夫税理士を講師に招き、徴税機関に認められた広範な調査権限と自力執行権は、比較法的に類を見ないことに鑑み、その行使にあたっては一定のルールが存在していることを確認しました。具体的には、税務大学校において、3年間で合計にして1176時間もの研修を受け、滞納者に対する接遇から始まり、多岐にわたる内容を学ぶ国税徴収官は、滞納者の個別具体的な生活状況には十分配慮を行い、止むに止まれぬ事情がない限り、安易な差押には及ばないことが大原則であることなどが報告されました。

これに比べ、周到な調査を行い、年金や児

童手当が入金される日付と口座を調べ上げ、口座に入金されるや、その全額の差押を行う前橋市は、明らかに広範な調査権限と自力執行権を濫用しているものと考えられました。

そこで、全国会議では、①滞納者の個別具体的な生活状況を把握し、安易な差押は控えること、②生命保険や預貯金につき、当てずっぽうの網羅的調査を中止すること、③自力執行にあたっては高いモラルをもって臨むこと、などを内容とする要望書を採択し、翌28日には前橋市に申入書を持参し、その姿勢の是正を求めました。

11 野洲市訪問

全国会議では、次に、「ようこそ滞納いただきました」で有名な、滋賀県野洲市の状況を調査しました。前橋市においては、膨れる税滞納を解消するために、強硬的な取立を行うようになったこととは対照的なため、逆にそのような姿勢でどのようにして自治体の運営を行っているのかが不思議でなりませんでした。当会議での位置づけは、「北風と太陽」の寓話で言うと、前橋市は「北風」、野洲市は「太陽」ということとなります。

平成30年1月12日、野洲市長にもご出席いただき、野洲市の税滞納対策について懇談しました。

ここで分かったことは、野洲市においては、税滞納を生活困窮のシグナルとして捉え、その税滞納者の生活の再建を行うことにより、再び自主的に納税できるよう立ち直らせているということでした。まさに、前橋市とは対照的でした。

前橋市のように、広範な調査権に基づき税滞納者の財産を調べ上げ、問答無用で差押をするといった徴収方法は、確かに一時的には徴税効果が上がります。しかし、その結果としては、生活が徹底的に破綻させられてしまい、立ち直るきっかけを完全に失ってしまう

ばかりではなく、行政に対して不信感を植え付けることとなってしまい、悪循環を生み出すこととなってしまいます。

これに対し、野洲市の手法は、短期的に徴税効果が上がるという効果は望めませんが、税滞納者の生活の再建を行うことにより、税滞納の原因を取り除き、自主的に納税ができるようにするというのですから、長期的には徴税効果が上がる仕組みだと思われます。なによりも、生活再建に尽力するのですから、行政に対する信頼は増すこととなります。

したがって、地方自治の本旨の見地から見ても、野洲市の手法こそがあるべきものかと思いました。そして、全国会議では、野洲市の手法を各地に広めていくという方針をとることとなりました。

12 さいたま市の実情

全国会議が、上記の活動方針をとることを決めた矢先に、信じられない報告がさいたま市の税滞納者支援団体より寄せられました。さいたま市では、税滞納者に対し、ヤミ金から借りてでも納税しろなどと迫り、自殺者まで出ているというのです。

そこで、さいたま市の債権回収課に寄せられた市民からの苦情につき、埼玉県の市民団体が情報公開により取得した資料をあたってみると、繰り返し「債権回収課にヤクザみたいな人がいます」「ヤクザのような取立」「口のきき方を教育して下さい」「担当者の教育を切に願います」「態度が悪い」「高飛車」「高圧的」「強圧的」「恫喝」などといった苦情が寄せられており、ひどい内容では「愚民ども」などと職員が述べたり、挙げ句の果てには、「自己破産して借金ができない？　ヤミ金なら貸してくれる。ヤミ金なら返さなくていいんだからヤミ金から借りて一括納付するように」と要求されたりした案件があることが判明しました。

122

また、支援団体から聞き取りを行ったところ、さいたま市では税滞納が引き金となって自殺をした方が、少なくとも3名はいるということも把握するに至りました。

全国会議としては、前橋市を上回る悪質な自治体は想定していなかったのですが、このような事実を突きつけられた以上、改善を要請しないわけにはいかないものと判断し、さいたま市でのシンポジウムと、同市に対する改善の申入れを行うこととしました。

13　さいたま市でのシンポジウムと申入れ

平成30年7月8日に開催されたさいたま市でのシンポジウムでは、滞納税金の強圧的な取立により自殺に追いやられた事案の報告に続き、超過差押の承諾書に基づく給料の差押事案が報告されました。この事案は、月収35万円の税滞納者が、さいたま市に対し、月32万円の超過執行の承諾書を差し入れさせられたことにより、給料の内32万円が差し押さえられてしまったという事案について報告されました。さいたま市は、この税滞納者はどうやって生活を維持すると考えていたのでしょうか。

次いで、被害救済の実態として、前橋市と闘っている群馬の吉野晶弁護士から、給料振込口座の差押を違法と判断した、前橋地裁平成30年1月31日判決（確定）と、年金振込口座の差押を違法と判断した、前橋地裁平成30年2月28日判決（控訴審にて逆転）の報告がなされました。児童手当の送金口座を差し押さえたことを違法と判断した広島高裁松江支部平成25年11月27日判決に引き続き、各地で送金口座の差押を違法と判断する判決が相次いでいることが分かりました。

このような結果を受けて、翌9日、さいたま市の債権回収課に対し、節度を持った滞納処分を求める申入れを行いました。

さいたま市は、苦情件数は減少傾向にあることなどを説明していましたが、全国会議からは、言語道断の対応なのだから0件でなければならないことなどを訴えました。

議論の末、全国会議では、今後もさいたま市の動向は注視していることを告げて、申入れを終えました。

14　今後の活動方針

全国会議では、野洲市方式を広めていく方針ですが、前橋市やさいたま市のような、これとは真逆の悪質な対応をしている自治体において集会を開催し、その上で当該自治体に改善を申し入れるという活動をしていきます。

また、十分な研修を受けずに徴税事務を行うことの問題性を明らかとし、一定の研修を受けない限り徴税事務を行うことができないというルール作りも目指していきたいと思います。

さらに、破産の際に免責の対象とするような法改正、少なくとも、破産者については滞納処分の停止をするような実務慣行の確立を目指した活動をしていきます。

そのためにも、全国各地の滞納税金問題を扱う税理士、弁護士、司法書士及び支援団体と連携をする必要がありますし、なによりも、この問題に関心を持っていただくことが必要不可欠です。しかし、まだまだ過酷な滞納処分への対処法が広く知れ渡っているわけではありません。そこで、全国会議では、Q＆Aを含めた、過酷な滞納処分への対処法をまとめた冊子を制作中ですので、是非、みなさまにも、過酷な滞納処分の相談、対応をしていただければと思います。そして、この活動に参加していただき、運動を盛り上げていきましょう。

第3節

私たちの仲間が担っている
団体あるいは活動

公正な税制を求める市民連絡会

公正な税制を求める市民連絡会事務局長　猪　股　　正

第1　はじめに

　生産年齢人口の減少、高齢化等による社会保障費の増大、財源不足を理由に、医療、介護、保育、教育、年金、生活保護等、幅広い分野で、社会保障の削減が進められている。このままでは、格差と貧困の拡大に拍車がかかり状況が一層悪化する。

　格差と貧困の拡大に歯止めをかけ、人々が人間らしく生きられる社会を構築するため、税と社会保障による所得再分配機能の抜本的強化が必要である。そのためには、基本理念を掲げ、短期、中期、長期の政策目標を設定した税制と社会保障政策の大きな転換が必要であり、これを、医療、障害、教育、生活保護等の各現場の取組と連携させて、進めることが必要である。

　このような税と社会保障による所得再分配の強化は、生活保護問題、奨学金問題、滞納処分問題、住まいの問題等、クレサラ対協が取り組む各分野、各現場の取組と密接不可分な共通課題であり、生活再建・反貧困を運動方針とするクレサラ対協が取り組むべき重要な問題でもある。

　公正な税制を求める市民連絡会（共同代表：宇都宮健児、雨宮処凛、菅井義夫、山根香織）は、2015年に発足し、社会保障の充実、不公正税制の是正、所得再分配の強化、税制の透明化等に向けて取り組みを進めてきている。税制の不透明さ・難解さ、各分野の現場の問題との距離感、消費税に対する考え方の党派間の大きな溝、社会の分断・連帯の希薄化の問題等と相まって、克服すべき課題は多く、試行錯誤の現状である。

以下、租税及び社会保障の両面で所得再分配効果が国際的に見ても低い日本の現状、その要因、要因を踏まえた改善の方向性、重視されるべき基本的な価値や理念等について述べ、最後に、今後の運動の前進に向けて重要と考える事項について触れたい。

第2 税と社会保障による所得再分配の現状―OECD諸国中最低レベル

所得再分配とは、所得格差を是正するために、市場で分配された所得を、税と社会保障を通じて再分配することである。財政の本質は、税による共同需要の共同充足と格差是正による統合にあるとされるが、所得再分配は財政の本意的な重要な機能である。

ところが、日本の場合、所得再分配効果は、OECD加盟国中最低レベルであり（内閣府「経済財政白書（平成21年度版）」）、成人全員が就業している世帯（共働き、一人親、単身）では所得再分配が逆に貧困の拡大を招くという異常な状態にある（大沢真理「逆機能を解消して機能強化を」季刊・社会保障研究Vol.51 No.2参照）。

第3 所得再分配機能に乏しい「税制」が形成されてきた日本

1 財政需要を充たせない税制・借金依存の現状

日本の一般会計の歳出と歳入の推移をみると、歳出は、大規模な公共投資により増大を続けたのに対し、租税収入は、1990年をピークに減少傾向となり、歳出と租税収入の乖離が広がり、「ワニの口」が開いたと言われる状態となった（財務省「日本の財政関係資料（平成30年3月）」参照）。税収調達能力が弱まり、必要な財政需要を確保できなくなり、同時に、公債が累積していった。2018年度一般会計予算では、歳入のう

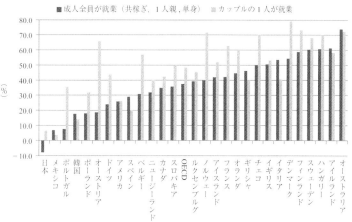

図6 労働年齢人口にとっての貧困削減率、世帯の就業状態による、2005年

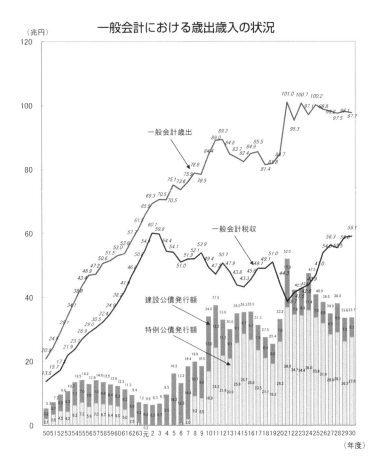

一般会計における歳出歳入の状況

ち税収は約59兆円であり、歳出全体の3分の2しか賄えておらず、残りの3分の1を借金に依存している。

2　低い租税負担率

国民負担率とは、国民が納める税金と、年金や医療など社会保険料などの合計が、国民所得に占める割合のことである。日本の国民負担率は42.5％であり、主要先進諸国と比べ低い水準にあり、特に、租税負担率は24.9％でありOECD加盟国中最低に近い水準である。これに対し、社会保険料の負担（社会保障負担率）は17.6％でありOECD平均を上回っている（財務省「国民負担率の推移（対国民所得比）」2018年度、「国民負担率の国

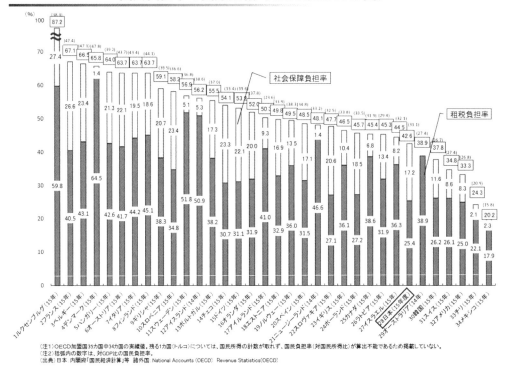

国民負担率の国際比較（OECD加盟35カ国）

際比較（OECD加盟35ヵ国）」2015年度）。

3 税収調達能力を劣化させた1990年代の大減税政策

税収調達能力が顕著に低下した要因は、「失われた10年」と呼ばれる1990年代を中心とする大減税政策にある。

元々は景気対策の色彩が強かった減税政策だが、1989年の税制改革から「構造改革」の御旗が掲げられ、「努力した者が報われる税制」が目指され、高額所得者にターゲットを絞った減税政策が実施され、法人税減税も進められ、形振り構わない税率の引下げと租税特別措置を拡大するという減税が実施された。その背景には、富裕層や大企業に的を絞った減税をすれば、経済成長が促進して税収も増加し、豊かな者がより豊かになれば、そのお零れが貧しい者にも滴り落ちるという「トリクル・ダウン」効果が働くという新自由主義的思想があった。

大減税政策の結果、1990年代の10年間で、租税収入は60兆円から47兆円へと13兆円も減少し、減税回数は所得税だけで6回、1990年から2000年にかけて、個人所得課税の負担率は8.1％から5.1％に、法人所得課税の負担率は6.5％から3.7％へと落ち込んだ。他方、1989年に3％でスタートした消費税は、1997年に5％に増税され、減税分が消費税によって穴埋めされ逆進性が強まっていった。

4 格差・貧困を拡大させる租税構造の形成

このような富裕層や大企業中心の減税政策により、所得税の累進性が弱まり、基幹税であった所得税及び法人税の税収減を、逆進性を持つ消費税の増税によって穴埋めしたことから、租税負担が豊かな階層から貧しい階層へとシフトした。また、保険料の引き上げや自己負担の導入など社会保険料への依存が高まり、社会保険料負担も低所得者の負担が重く強い逆進性があることから、状況に拍車をかけた。さらに、公債が増加し、公債を持つ富裕層への返済に、国民から取り立てた税金が使われ、一般国民から豊かな者に所得が分配されるという所得の逆再分配が生じた。

このようにして、所得税及び法人税の減税、消費税の増税、社会保険への依存、公債の累積が進んだことにより、逆進性が強まり、格差、貧困を拡大させ、所得再分配機能に乏しい税制が形作られた。

5 不公正な税制

税制における所得再分配機能の低下は、不公正な税制のあり方と不可分な問題である。

株式等の譲渡所得など一定の所得については、他の所得金額と合計せず、分離して税額を計算する分離課税が行われており、かつ、これら分離課税される所得には、超過累進課税率より低い税率が別途設定されている。例えば、上場株式の譲渡所得等に対する所得税は、所得の金額に関係なく、一律20％（所得税15％、住民税5％）の税率が適用されている。その結果、所得税負担率は、所得1億円を超えると、所得が増えるほど低下し、所得100億円超の階層では税負担率は15.8％とな

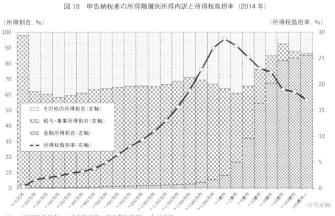

図18　申告納税者の所得階層別所得内訳と所得税負担率（2014年）

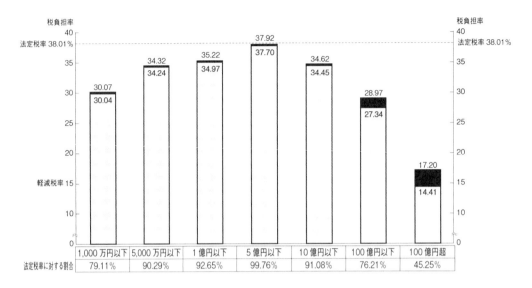

図1 企業規模別の法人所得に対する法人税等合計税額の平均負担率
―2013年3月期の国税・地方税の合計法定税率38.01%の時期―

（注1）企業規模別に区分した法人所得に対する法人税等合計税額（法人税・法人住民税・法人事業税の合計）の平均負担率を外国税額を含めた場合と除いた場合の双方のケースにつき図示している。企業規模は資本金階級によっている。
（注2）図表における■の部分は「外国税額」相当を示している。

（出所）国税庁企画室編『税務統計から見た法人企業の実態（会社標本調査）』（2012年度分）及び2014年2月に内閣が国会に提出した『租税特別措置の適用実態調査の結果に関する報告書』（2012年度分）を基に分析整理して作図している。

り、所得2000万円の階層と大差ない税負担率にとどまり、極めて不公正な構造となっている（127頁図は熊倉誠和・小嶋大造「格差と再分配をめぐる幾つかの論点」21頁参照）。

法人税についても、課税ベースの計算方法において、受取配当金の益金不算入、連結納税制度、欠損金の繰越控除など大企業を優遇する控除等が認められ、また、研究開発税制の租税特別措置など大企業優遇の税額控除が認められている。その結果、税負担率が、資本金5億円を超えると低下し、巨大企業より中小企業の税負担率が大きいという不公正な事態となっている（上図は富岡幸雄「月刊保団連」No.1179参照）。

また、富裕層や大企業によるタックス・ヘイブンを利用した巨額の税逃れも深刻になっている。タックス・ジャスティス・ネットワークの試算によれば、多国籍企業の税逃れによる日本の税収損失は約5.1兆円、また、アップル社の税逃れだけで毎年2000億円を上回るとの推計がある。

第4 脆弱な社会保障制度に追い打ちをかける社会保障の削減

1 自己責任主義のもとで作られた脆弱な社会保障

北欧やヨーロッパ諸国においては、高度経済成長期の豊かな税収によって社会保障制度が整備、充実されたのに対し、日本では、自分で働いて貯蓄をし自分で生活を守るという自己責任が強調され、好況期の税収を社会保障に振り向けるのではなく、減税政策によって国民に返され、社会保障制度は脆弱なままとなった。

2 高齢化等による社会保障費の「自然増」

1990年の社会保障給付費は、47.4兆円であったが、2018年度の社会保障給付費は、121.3兆円（うち年金が56.7兆円、医療が39.2兆円、介護・福祉その他が25.3兆円）となり、73兆円増加しており、これを賄う財源は、保険料

第3章 私たちと仲間たち

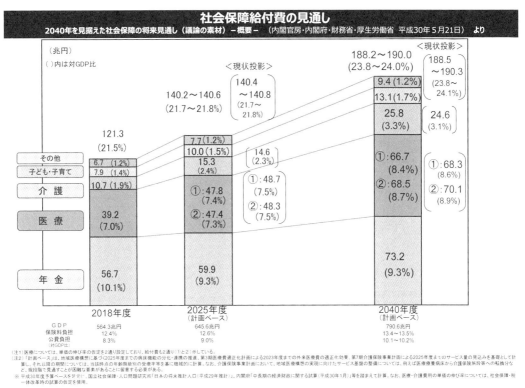

が70.2兆円、公費負担が46.9兆円である。

社会保障給付費増大の背景には、高齢化等に伴って増える「自然増」がある。

社会保障給付費は、今後、2025年度には140兆円、2040年度には190兆円にまで増加すると推計されている（厚労省「今後の社会保障改革について―2040年を見据えて―」参照）。

なお、金額ベースでは2040年度は2018年度の1.6倍であるが、社会保障費の実質的な支出が1.6倍になるわけではない。社会保障費の対GDP比でみると、2018年度の21.5%が2040年度には24%程度となるとの推計であり、2040年度の社会保障費は2018年度の1.1倍になるということである。

3 加速する社会保障の削減

このように、税収調達能力の減少、公債の増大、社会保障給付費の「自然増」の拡大によって、財政赤字が増加する中で、社会保障の削減が急ピッチで進められている。

1995年には、財政危機宣言が出され、小泉政権時の「骨太の方針2006」においては社会保障費を毎年度2200億円削減する方針が示された。2012年には、社会保障制度改革推進法が制定され、自助・共助が強調され、年金・医療・介護の主たる財源は社会保険料に求めるとされ、「持続可能な社会保障制度の確立を図る」「社会保障制度改革」の名のもとに、社会保障の削減方針が法定された。2013年には、これを実施、推進するための社会保障改革プログラム法が制定され、社会保障の削減が広範な分野で急ピッチで進められている。

第5 今後の状況の一層の悪化

このように、税制における所得税・法人税の度重なる減税、消費税の増税、社会保険・公債への依存、社会保障制度における自助・共助の強調や財政赤字を理由とする社会保障の削減によって、税と社会保障の両面で所得再分配効果が低下している。

このような状況にあって、現在、税制にお

129

いては、法人税率の引下げ圧力が一層強まり、所得税の分離課税の問題やタックス・ヘイブンを利用した税逃れなど不公正な税制の是正がなされないまま、消費税率の10%への引上げが予定されている。また、政府は、「骨太の方針2018」において、プライマリーバランス（その時点で必要とされる政策的経費（過去の国債の返済や利払いを除いた歳出）を、その時点の税収等でどれだけ賄えるかを示す指標）を、2025年度に黒字化する方針を打ち出し、一層の社会保障「改革」を進めるとしている。

このままでは、所得再分配の機能不全が一層進み、格差と貧困の拡大に拍車がかかるばかりである。

第6　改善の方向性

この状況を是正し、格差と貧困の拡大に歯止めをかけ、人々が人間らしく生きられる社会を構築するためには、市民が、改善の大きな方向性や実現すべき基本理念や価値を共有することが必要である。そして、その基本理念や価値を実現するため、短期、中期、長期の目標を設定し、実現のための具体的な政策を策定し、実践と検証を続けつつ、税制と社会保障政策の大きな転換を図る必要がある。

1　尊厳に足る生存の保障、社会保障の削減方針の転換、公正な税制の確立・強化

そもそもの目的は、すべての人の尊厳に足る生存を保障することにある（憲法13条・25条の価値の実現）。そのためには、社会保障の削減を広範な分野で推進する現在の政策を大転換し、社会保障の充実へと舵を切らなければならない。社会保障の充実のためには、それを可能とする財源が必要であり、公正な税制を確立し、税収調達能力を抜本的に強化する必要がある（税と社会保障による所得再分配機能の抜本的強化）。

2　「量出制入」

税収不足や財政赤字を理由に、社会保障を削減し、憲法が保障する価値の実現を二の次にする現在の政府の政策は誤っており、本末転倒である。「量出制入」、すなわち「出るを量って、入りを制す」が国の財政の正しいあり方であり、人々の幸福の追求や個人の尊厳を確保するために、どれだけの税収が必要であるかがまず第一に考えられなければならない。

3　所得再分配の機能不全化要因の除去

日本において、所得再分配が機能不全に陥った要因は、上記第3ないし第5で述べたとおりであり、要因を除去し、改善していく必要がある。

(1)　まず、社会保障における自己責任主義を転換し、新自由主義の誤りを再確認し、公助を後退させ自助・自立に偏重した社会保障制度改革推進法の廃止が必要である。

(2)　税制においては、富裕層や大企業を優遇して行われた所得税及び法人税の減税政策を見直し、所得税の累進性強化、法人税の強化、所得税・法人税・国際課税等における不公正な税制のあり方を見直し、逆進性が強い社会保険への依存も見直す必要がある。

富裕層や大企業に対する減税をすれば、経済成長を促し、豊かな税収をもたらし、豊かさが貧しい者にも滴り落ちるという「トリクル・ダウン」効果は、国際的にも否定されている（2014年12月OECDワーキングペーパー「所得格差の動向と経済成長への影響」参照）。豊かな者や企業所得を減税すると、衰退産業を生き残らせ、かえって経済成長を抑制することにつながる。一人ひとりが新しい仕事作りや産業作りにチャレンジできるようにするために、チャレンジして失敗しても安心して生活できるセーフティ・ネットをしっかりと張る必要がある。

(3) 税金の使途や税制のあり方に対する民主的コントロールの実効化が極めて重要であり、徹底した情報公開制度の構築を含む、国民が税に関する正確な情報にアクセスでき、税制のあり方や税金の使途の決定に実質的に参画できるシステムを構築する必要がある。

(4) これらの社会保障及び税制の抜本的見直しに着手しないまま、消費税増税を行うことは、逆進性の弊害を強めるものであって、格差と貧困の是正にとって有害であり、また、負担増への反発を生み、租税抵抗を強める。まず、不公正な税制の是正等、社会保障及び税制の抜本的見直しに着手し、その上で、低所得層をはじめ人々の生活の底上げを図り、所得再分配機能を強化して、人間の尊厳ある生存のために、互いに支え合う税と社会保障制度を再構築するという理念のもと、給付及び税のあり方や税の組み合わせを考える必要がある。

4 普遍主義の追求、現物給付の重要性、地方自治の強化

(1) 選別主義から普遍主義への漸進的転換

低所得者や困窮者のみに社会保障サービスを集中する選別主義は、厳格な資産調査を必要とし、スティグマ（恥の意識）を高め、社会保障サービスから排除される漏給を生む。それだけでなく、選別主義は、サービスの対象となっていない人が税の負担に抵抗し、対象となっている人となっていない人との間に分断や対立を生み、市民の連帯を喪失させ、憲法13条・25条の価値を実現するために必要な強靱な財政の構築を阻害する。実際、選別主義の日本は、生活保護バッシングがあり、また、国際比較では、日本はOECD加盟国中で租税負担率が最低水準に近い国であるにもかかわらず、租税負担が大きい北欧諸国などに比べ、租税抵抗（納税に対する抵抗感）が大きい国

となっている。

そこで、所得の多寡などによって給付の対象者を選別せず、より広く普遍的に給付の対象とする普遍主義への転換を図り、保育、教育、医療、介護等の各分野において、人間の普遍的・基礎的ニーズを充たして人間らしい生活を支えることにより、中間層を含む国民全体の受益感を高めつつ、互いに租税を負担し連帯し合うことへの国民的合意を形成する必要がある。

(2) 現物給付の重要性

ニーズを充たすには、現金給付により市場からサービスを購入する方法もあるが、市場価格によってはサービスを購入できず必要な社会サービスを受けられない。基本的ニーズの充足は、現金給付ではなく、現物給付（対人社会サービス）の形で図られるべきであり、そうすることにより格差縮小の効果ももたらされる。

(3) 地方自治体の役割と地方財政

そして、現物給付の担い手としては、住民に身近な地方自治体が相応しい。住民のニーズを的確に把握でき、また、住民にとっても受益のあり方が見えやすく税負担への同意が促されるからである。地方自治体による現物給付を充実させるためにも、地方自治体の財政基盤の強化が重要であり、地方税及び地方交付税の強化等の諸方策が検討されるべきである。

(4) 普遍主義の国々―北欧諸国

普遍主義を実践し、地方自治体が現物給付を担っている国々の代表は北欧諸国である。

国連の「世界幸福度報告書」2019年版によれば、幸福度ランキング1位はフィンランド、2位はデンマーク、3位はノルウェー、4位はアイスランド、5位はオランダ、6位はスイス、7位はスウェーデンであり、北欧諸国が上位を占めている。

日本は、156か国中58位であり、2016年の53位、2017年の51位、2018年の54位からさらに順位を下げている。国連の幸福度ランキングでは、一人当たりGDP、社会的支援、健康寿命、人生の選択の自由度、社会的寛容さ、社会の腐敗度の6つの指標が用いられているが、日本は、北欧諸国に比べ、社会的支援（50位）、人生の選択の自由度（64位）、社会の腐敗度（39位）、社会的寛容さ（92位）等の順位が顕著に低い。

普遍主義を実践し、支出の大きな政府である北欧諸国は、幸福度が高く、ときに財政黒字さえ実現しているのに対し、選別主義をとり、極めて小さな政府である日本は、幸福度が低下し、財政赤字に苦しんでいるという事実に目を向ける必要がある。

第7　今後の運動の前進に向けて

最後に、今後の運動の前進に向けて、重要と考える事項について述べ、まとめとしたい。

1　基本理念の確認・共有

税と社会保障のあり方の問題は、私たちは、どのような社会を目指すのかという選択の問題でもある。個別の税制度等を検討し選択するより先に、目指すべき社会像や基本的な理念を確認し、共有する必要がある。

例えば、税と社会保障は一体的に考える必要があるが、新自由主義を基本とする「税と社会保障の一体改革」と、私たちが目指す一体的改革とでは、その姿はまったく異なる。

基本理念の確認・共有があってこそ、具体論における意見の相違を乗り越えられるが、それがなければ、運動は迷走し、ときに分断と対立の罠に陥り、結果的に、現状を肯定する力を利することになる。

私たちは、人間の尊厳ある生存の保障（憲法13条・25条の価値の実現）、自己責任主義の転換、富裕層・大企業優遇の不公正な税制の見直し、選別主義から普遍主義への漸進的

転換、社会の分断を克服し互いに支え合う連帯の社会を標榜し、粘り強い連帯の運動を進める必要がある。

2　消費税を入口にしない

現在の再分配効果が低い税と社会保障の構造が、所得税及び法人税の減税、消費税の増税、社会保険への依存、公債の累積等の相互の連関によって形成されているのと同じく、私たちが標榜する基本理念を具体化する税や社会保障の個別の政策を検討するにあたっては、税と社会保障給付の相互の連関を考え、各税制の長所・短所を踏まえた適切な税の組み合わせを検討し、全体として所得再分配効果の高い制度を構築することを目指すべきである。消費税には、高い税収調達能力がある一方で逆進性があるが、同じく消費税であっても、日本の現政権が予定している10％の消費税と北欧諸国における25％の消費税がもつ意味合いは異なる。消費税を入口（踏み絵）にし、同じ社会像を目指す人々の力を分散させてはならない。

3　現場に軸足を置き、各分野の運動を財政問題で連結させる運動

医療、障害、教育、生活保護等の各現場に軸足を置き、現場の事実、当事者の声を財政政策に反映させ、財政問題で各分野の取組を横串で連携させる運動が構築する必要がある。

4　生活困窮者等の支援と幅広い層の受益を充たすことの両立

社会サービスによる受益が少ないため、人々が、租税負担に抵抗し、国際的にみても租税負担率が最低水準であり、累積債務が増大し、生活保護利用者などの一部の受益者をバッシングしている状況を変革し、人々の共通のニーズを広く充たし、幅広い層の受益感を高めつつ、税負担への同意を促し、互いに支え合う連帯の社会へと転換する必要がある。

そのためには、ただでさえ財源がないとされる状況の中で、人々の共通のニーズを充た

すことに振り向ける財源を作らなければならない。その際、格差と貧困を拡大させる社会構造の中で、現に生活に困窮している人や不平等の犠牲になっている人に対する支援を弱めることがあってはならない。

5 短期、中期、長期のプロセス、説明と実践

しかし、例えば、幼児から大学までの教育費（4.1兆円）の無償化、医療費の患者負担（4.8兆円）、介護サービスの自己負担（0.7兆円）、これら3分野の無償化だけでも最低10兆円の新規財源が必要とされる。今、生存を脅かされている人への支援は不可欠であり、社会保障費の「自然増」もある。

この難しい課題を克服するため、人々の叡智を結集し、基本理念を実現していくプロセスを、短期、中期、長期に切り分け、各プロセスの政策目標を設定し、財政は「人々のためにある」という「説明」と「実践」を重視し、したたかで粘り強い取組を続ける必要がある。

北欧諸国等が、どのようなプロセスで、普遍主義を実現したかを学び、共有することも重要である。

6 軸（柱）を意識した財政の運動

医療、教育等各分野毎の財政問題、公共サービス・軍事費など税の使途をチェックして削減を求めたり枠をはめるという民主的コントロールの問題、今、生活に困窮し生存を脅かされている人の支援に関わる問題、税と社会保障による所得再分配、賃金による所得の直接的分配の問題も含めた社会システムの問題など、運動の軸を意識し、提案を含むリーフレット等の運動のツール等も各軸毎に作成することも検討する。

7 その他

(1) 税制等の不透明さ、難解さの克服

日本の所得再分配や税制の状況、普遍主義や北欧諸国の状況、教育や医療等の無償化を進める際の財源規模、税の使途の国際比較等に関する目で見てわかりやすいリーフレット、動画等の作成

(2) 体制の充実

良心的な学者等との連携、毎年の税制改正をチェックし提言できる体制の充実等

多重債務と自殺
― 当会の歩みと法律家に望むこと ―

特定非営利活動法人多重債務による自死をなくす会
コアセンター・コスモス 代表理事 弘 中 照 美

1 はじめに

全国クレサラ・生活再建問題対策協議会設立40周年おめでとうございます。

私たちは、平成19年3月に任意団体として設立しましたが、クレサラ対協の諸先生方には非常にお世話になりました。

この場をお借りしまして、改めて御礼申し上げます。

当会は貴協議会に、全くご協力できていないことを深くお詫び申し上げるとともに、このような寄稿の機会をいただきましたこと、併せて御礼申し上げます。

はじめに当会が自殺対策の活動をはじめるきっかけについて、お話させていただきたいと思います。

当会代表理事は以前自身が、多重債務に苦しんだ時期があり、自らも子供と一緒に電車に飛び込もうと考えたこともありました。

平成16年8月31日に実母が同じく、主に多重債務を苦に自死。

実母を支えきれなかった自責の念に苦しみました。

ところが、貸金業者の消費者信用団体生命保険について、クレサラ対協の弁護士や司法書士の先生方の支援をいただき、主に辰巳先生が中心となって団体生命保険の無効の訴えを提起していただきました。

当時、泣いて暮らしていた私に、生きる術を与えてくださったのは、諸先生方のお力でした。

非常に有難かったのと、それを機に同じ苦しみを持つ自死遺族の方々や主に多重債務を要因として自殺を考えている当事者に寄り添うことの必要性から、自殺対策の活動を始めました。

当会設立から平成31年3月で12年になりますが、全国47都道府県から相談があり、相談者が3万人（延人数ではありません）を超えました。

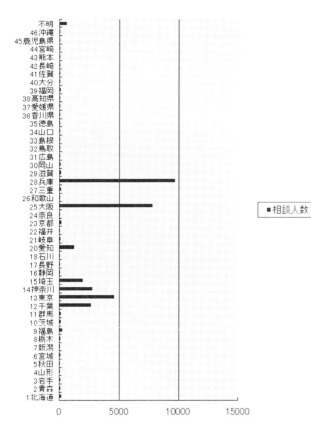

地域別相談数グラフ 人数33,883内不明568（応対不可能）H31.1.31

134

当会へのアクセスは圧倒的にインターネットで検索して、電話をしてこられるか、ホームページからメールでお問合わせをしてこられます。

僅かに地方自治体の関係部署から相談のご依頼もあります。

地元、兵庫県が圧倒的に件数が多く、次いで大阪、東京と続きます。

意外なのは、関西地方でも京都や和歌山、奈良からの件数は少なく、寧ろ埼玉や神奈川等の方が件数が多いことです。

九州方面からの相談は、東北地方とよく似ていますが、借金問題より、精神疾患で苦しんでいて、人間関係で苦しんでいたり、孤独感から死にたいと考えている方々からの相談が多いのも特徴のひとつです。

2　地域自殺対策計画について

また平成31年には、地域自殺対策計画が各市町村で策定されてきます。

当会は、神戸市、西宮市、宝塚市で自殺対策推進委員会や協議会の委員をしており、自殺対策計画を策定することに関与しています。

各地方自治体もいよいよ本格的に具体的な計画に沿って、動いていくことになりました。

それに伴い、大阪府、大阪市、八尾市、堺市、京都市、神戸市、西宮市、宝塚市、加古川市で相談窓口のひとつとして当会が掲載されています。

3　相談者の声なき声

当会では最近、自死遺族が直面する法律問題（損害賠償請求、相続、労働問題等）で、弁護士につなげる事例が多くなっています。

ご遺族が希望すれば同行支援をして、メンタル面に寄り添って、弁護士に実務を依頼しています。

多重債務問題や生活問題に苦しんでいる方々には、近隣地の弁護士・司法書士（総称として法律家という）につなげるか、法テラスを紹介しています。

しかし、法テラスの無料法律相談に対する苦情も多く寄せられています。

相談者の目線で相談に乗ってくれないという内容が非常に多いのです。

また法テラスに限らず、法律家に対する苦情の多くは、事務的で抽象論しか話をしてくれない、気持ちを理解してくれないというものです。

その場合、当会では法律家につなげる前に、当事者の相談内容を傾聴して、追い詰められている状態を整理し、複数の具体的な主訴内容の中から、当事者が一番訴えたいことをつかんでいくように心がけています。

具体的な支援策や対応策を丁寧に説明すると納得されたりしますが、その場合相談者から法律家に対して、現状置かれている環境や不安要素をできるだけ素直な気持ちになって相談するよう、併せて伝えるようにしています。

支援方法は様々ですが、居住地の行政機関（福祉事務所が多い）や議員につなぎ、生活面（生活保護申請）への支援依頼をして、メンタル面に関しては当会で電話による傾聴を継続したりしています。

所持金がない等、生活問題で緊急を要する場合は、取り急ぎ1週間〜10日間ほどの食料品等を送って、さらに当面の生活問題を地元の議員や支援者の方々と相談しながら進めることもしています。

特に年末や年度末、年度当初は所持金数百円しかないという相談が多く寄せられてきます。

地域のフードバンクを利用するようにも勧めたりしますが、それさえもできない相談者が多いのが実情です。

そのたびに、わずかながら食糧支援をさせていただいています。

4 支援者に望むこと

当会で高齢者の方が相談対象者の場合、家族からの相談も多く、認知症問題、独り暮らしの親の生活状況や多重債務問題が主な要因です。

障がい者の場合は、精神障がいが殆どで、精神疾患に罹患している相談者ご本人からの相談、次いで家族・知人・行政担当者からの相談と続きます。

行政の福祉サービスを受けている方の場合、ヘルパーとの意思疎通が図れないとか、ケースワーカーとのトラブル等、行政に対する苦情が圧倒的に多く、あとは精神科医への苦情、将来への不安、孤立からの絶望感が主訴内容となっています。

本人からよく聴くのは、周囲の支援者が本人の気持ちをあまり理解してくれないと感じていることです。

もちろん、すべて希望が叶うような支援は無理なのは当然ではありますが、何を分かってほしいと思っているかを感知することが重要だと思います。

例えば、本人はヘルパーさんとそりが合わないと苦情を言ったとします。

それは、誰のせいでもありませんし、本人の意向に沿った対応はとても聞き入れられないことかもしれません。

受け入れられないからと言って無視するのではなく、多少ともその気持ちを受け止めて、少しでもいい関係を築けるように改善することを本人に伝えること、確認し合うことが大事だと思うのです。

5 傾聴することの重要性

当会では法律家に対して、例えば相談者の現在の精神状態について、相談者主訴内容から、いま何に苦しんでいるのか、その原因はどこにあるか等を把握して、本人の了解を得たうえで心情をお伝えすることもあります。

もちろん、私達は医師ではありませんので、相談者の状態について診断することはできませんし、そのつもりもありません。

あくまで法律家への支援依頼が目的ですので、相談者の利益を損なうようなことは一切しておりません。

しかし一部の法律家の方々は、そういった留意点をお伝えすると、それだけで躊躇して、場合によっては断られることもあります。

そこで、法律家のみなさまにお願いしたいことがあります。

実務を円滑にするためには、やはり依頼者の気持ちを傾聴してほしいのです。

技法とよべるかどうか分かりませんが、傾聴するうえで大事なことを何点かお伝えしたいと思います。

そんな時間がかかることができないと思われるかもしれませんが、意思疎通をしやすくするうえで有効だと思います。

すでに皆さまもご存知かもしれません。

「言うは易く行うは難し」と思いますが、でも必ず、役に立つと思います。

傾聴するうえでの技法（参考）

① 一言に傾聴するといってもどうすればいいのか困る場合があるかもしれません。

まずは、相談者（依頼者）の緊張を緩和するように心がけて下さい。

話（気持ち）を聴く場合に、よく言われているのは、「うなずき」と「あいづち」が大事ということです。

傾聴の難しさは、耳を傾けるということなので、極力話を中断させないことです。聴いてもらっているという環境を作るようにして下さい。

② 「いいかえ」はよく言われることですが、相手の話を繰り返す（確認作業）ばかりではなく、もう一歩発展させた返しを身につ

けましょう（応答作業）。

「いいかえ」は相手に対して、話をちゃんと聴いているよというメッセージでもあります。

例えば、「死にたい」と言われた場合、「いま死にたい気持ちになっているんですね」と繰り返すと共に、さらに「何故死にたいと思うようになったのですか」、応答反応するように「その原因について貴方と考えることができればいいですね」というように発展した聴き方が功を奏します。

ただ、発展的な応答もできない非常に難しいケースもあります。

決して「死んではいけません」と否定しないように心がけて下さい。

③ 相手の話を善悪で判断しないこと。

相手の感情を批判や非難をしないことが重要です。

只でさえ、自己否定や攻撃的な言動をしている場合に、さらに追い打ちをかけないように気をつけましょう。

④ 依頼者の気持ち（精神状態）が分からない、理解したくないとシャットアウトする前に分かりたいという姿勢つくりに努力して下さい。

⑤ 相手が伝えたいことを穏やかに確認する。

前項のいいかえと重複するかもしれませんが、「〜というお気持ちなんですね」というような確認作業をすることをすることによって、真摯に受け止めて、分かろうとしていることを伝えましょう。

⑥ 違った解釈や誤解をしてしまった場合は、素直に謝ることも大事です。

⑦ あいさつを気持ちよく伝えましょう。

ひとは「あいさつ」をされると気持ちがいいものです。

あいさつをすることで、相談者のいまの精神状態を垣間見ることができます。

相談にのる場合に、いきなり本題に入る

のは最悪の手法だと思って下さい。

⑧ 受け手側（弁護士や司法書士個人）の主観や考えを押し付けないようにして下さい。

一番難しいのが、法律家として実務を担当するのに、法的解釈や法律家としての論理や考えを述べないといけない場面もあると思います。

しかし、親身になっていることを理解してもらおうとして、つい個人的意見や考えを押し付け過ぎてしまう場合があります。

相談者の希望する解決策と法的判断との間にギャップが生じることが多いと思います。

「法的に解釈した場合、このようになると思いますが、いかがでしょうか」と伝え、相手から「先生のお考えを教えて下さい」と言われた場合、「私はこのように考えています」と答え、分かりやすく対応していただくのがいいのではないかと思います。

また、この手続きをする上でどうしてもしなければならないこと以外は「〜しなければならない」「〜であるべきだ」という一義的な考え方を押し付けないようにして下さい。

相手はより一層、追い込まれてしまいます。

また反語表現することもありますので、言葉の裏側も感じ取りましょう。

相手とどのような関係を構築しようとしているかを意識して下さい。

専門家なのだから、法律家の言うことを聞かないと知らないといったニュアンスを感じさせるようなことは厳禁です（対等性が重要）。

⑨ 相手に深読み、先読みをしないようにアドバイスをお願いします。

どうしても不安や苦しみに思っていることを相談すると「こうなるのではないか」「絶望するしかない」等と考え過ぎてしま

うことがあります。

受け手側（弁護士や司法書士）は、「そうなるとは限らない」、「解決策はいくつもある」ことを伝えてほしいのです。

カウンセリング療法で、相手に対し助言を避けること、分かったつもりにならないこと等、注意すべき点を挙げている場合がありますが、私は法律家は助言（方向性を示す）するのは必要な作業だと思います。

また分かったつもりは確かにまずい対応だと思いますが、分かろうとする姿勢が大事だと思うので、敢えて傾聴オンリーがベストとは思っていません。分からないけれど、分かりたいという姿勢が大事だと思います。

私が思う「傾聴」とは、相手が伝えたいことは途中ジャマをしないで耳を傾け、相手が訴えたいことを確認して、アドバイスを求められると、応答するといった対応だと思っています。

カウンセリングとの違いはそこにあって、ただ聴くことだけを重視し、出口が見えなくてもいいという相談以外は、上記のような対応をしています。

6　こころの余裕

法律家が自殺対策でできることと大上段に振りかぶると中々難しく、行動に移すにしても躊躇してしまわないですか？

私なりに咀嚼して申し上げますと、要するに「ひと」と「ひと」の結びつきを大切にしようということだと思います。

「法律家としてできること」とお考えになる前に「ひととして自分ができること」をこころ懸けることが大事なのではないでしょうか。

そうすると自ずとさらに一歩進んで法律家としてできることは何があるかと考える余裕が出てくるように思うのです。

どうしても何か対策を講じなければならないと難しく考え過ぎてしまいがちになりますが、みなさん平等に大なり小なり「死にたい」と思うほど、辛い思いをしたことがあると思うのです。

今まで、そんなこと思ったことがないという方も将来的にそう思うことに遭遇するかもしれません。

でも、自分は「死にたい」と思っても実際にそんなに苦しまなかったし、もしそのような事態になったとしても実際に死のうとも思わない、死のうと思う人の気持ちが理解できないと無意識にシャットアウトしてしまっていませんか。

自死は、自分とは別の世界で起こっている問題ではないのです。

もう少し、肩の力を抜いて、深呼吸すること、様々な研修を積み重ねることが大事だと自分自身にも言い聞かせて、法律家のみなさまには「聴く姿勢にこころの余裕をもって下さい」と申し上げて、終わりたいと思います。

ありがとうございました。

青木ヶ原樹海での自殺防止看板の設置と
相談電話の受付を通して

夜明けの会 吉 田 豊 樹

青木ヶ原樹海で警察に保護され被害者の会へ相談に来た事例があります。残念ながら青木ヶ原樹海が自殺の名所となってしまっている現状があり、相談に来た人達は、借金の解決は、出来ないと思っていた人が大半でした。

しかし、借金の解決は、必ず出来ます。それを知らずに自殺をしてしまう人達を無くすにはどうすればいいか考えた結果、まず借金のことで死んではならないということを一人でも多くの方に知らせるべく平成19年7月に自殺防止の看板を設置しました。

又、内閣府に設置の「多重債務者対策本部有識者会議」の「多重債務者被害救済のための政策提言」にも、
「自殺防止対策として『借金の解決は必ずできます、まず相談しましょう！』『借金なんかで死んではいけない』など国・都道府県・市町村で広報すること。『自殺の名所』とされている山梨県富士山麓青木ヶ原樹海、福井県東尋坊などに『借金の解決は必ずできます、まず相談しましょう！』などの自殺防止の看板を設置すること。債務者が自殺等で亡くなった場合、遺族の悲しみ、苦しみに配慮し『相続放棄の手続き』があることを知らせ、遺族への請求をしないこと。又遺族の悲しみ、苦しみに対する心のケアなど必要な援助をすること。」
と提言されています。

相談電話と看板設置と維持について

平成19年1月20日より多重債務による自殺防止の専用電話を開設し、11年が経ちました。平成19年1月20日から平成31年1月31日までの相談電話は、4万6009件になります。このうち、青木ヶ原樹海から自殺防止の看板を見て直接、電話をかけてきた人は263人です。相談は、24時間体制で相談を受けています。また、電話相談後、全国の弁護士、司法書士、被害者の会を案内させていただいております。相談者より、全国の弁護士、司法書士、被害者の会の皆様に、感謝の電話など多数いただいております。本当にご協力感謝いたします。

自殺防止の看板につきましては、平成19年7月24日に正式に設置され、各マスコミなどでも多く取り上げられ「借金の解決は必ずできる。大事なのはその後の生活」ということと「借金で死んではいけない」ということなどが呼びかけられてきています。

自殺防止看板設置、相談電話の開設から、多くの先生から寄付金をいただいておりこころよりお礼を申し上げます。他の自殺多発場所へ看板設置の調査費や交通費などは、使用できないのでいただいた寄付金（緊急積立金）より使用させていただいています。

現在、原則、毎月1回青木ヶ原樹海へ看板のメンテナンス（傷・汚れなどの修理や清掃）を実施していますが、看板に穴をあけられていたり、落書きをされていたりとこころない方がいるのも事実であり、未だに理解されていないことを考えると今以上に、この活動をし、多くの人に周知していかないと感じています。

樹海からの相談者について

樹海から看板を見て直接電話をいただいた方、263名の大半は、山梨県以外から来ており、「家を出された」「生活ができない」「取り立てから逃げたい」と樹海を訪れ一週間歩き回って死に場所を探したなど借金の解決と同時にこころの相談、生活保護などの処置が必要とされています。

今後、今以上に借金の解決だけでなくこころのケアなど医療関係との連携が急がれます。

電話を受けている私としては、17年前まで借金を背負い自殺未遂をしたこともあり、深夜など電話の向こうで借金の相談をすること、電話をすることさえも本当に勇気が必要だったと日々痛感しています。

自分以上に辛い状況（家族関係が不和になっている）になっている人も多く、元の生活を取り戻すには長い時間がかかりそうです。私もいつも自分が初めて太陽の会に電話をし、本多さんが電話にでてくれて、夜明けの会を案内してくれたことを思い出し、夜明けの会で解決した時のこと、その後、家族へ報告した時のことを相談者に話しています。

時には、「今は生活できているの？」など電話で相談者に逆に励まされる時もあり、当時のことは絶対に忘れてはいけないと感じています。

電話をしてくれる相談者の殆どは先が見えず自分だけがこのような状況になってしまっていると思っています。借金の解決、生活費、住居などの問題を一つ一つ解決できることを説明し、時間は掛かるが自殺という選択肢をなくすことが第一歩ではないかと感じています。

近年の相談内容

当初、多重債務の相談が大半を占めていましたが平成22年ごろより、当相談電話にも「うつ」・「統合失調症」などのこころに関する相談が増えてきました。現在、こころの相談は、多重債務や生活の相談の数と同数に近い相談件数となっています。

当然、私達には、専門的な知識が少ないため精神保健福祉センターやこころの健康センターなどを案内しています。

また、ヤミ金の相談については、少ないもののまだなくなったという感じではなく月に３件から５件位の相談がきています。

今後の課題と活動

自殺は、電車やダムへの飛び込みなど残念ながら多くの多発場所があります。これは、まだ広報活動が至らないこともあると痛感しており、今以上に認知をしていただく活動をしなければなりません。

また、今後、「こころの相談」・「法律相談」・「生活相談」の専門家と行政（相談窓口など）、民間の支援団体、医療機関などとの連携を早急に行わなければならない状況であり、自殺防止の広報をもっとしなければいけないと感じています。

「暮らしとこころの総合相談会」を実施して

夜明けの会　吉田豊樹

1　はじめに

　「暮らしとこころの総合相談会」は、突然の解雇、給料の未払い、サービス残業、リストラ、雇用形態、労働時間などの雇用相談、生活資金や事業資金等で膨らんだ借金などの多重債務相談。眠れず、気分が沈み、やる気がでない、体調がすぐれないなどのこころの相談、リストラなどにより今後の生活ができないなどの生活相談と現代生活において誰にでも起こりうる複雑な相談を、1人で抱え込まずに相談をしてほしい。そんな思いの下に、平成22年より「地域自殺対策緊急強化基金」による「包括支援相談」事業の一環としての埼玉県委託事業が、運営主体を「夜明けの会」、共催・協力団体を「さいたま市」・「埼玉弁護士会」・「埼玉司法書士会」・「埼玉県立精神保健福祉センター」・「埼玉いのちの電話」にて実施されております。

2　相談日時・場所・内容

　相談会の日時は、月2回、午後3時～午後7時、場所は、JACK大宮5階で同じ曜日、同じ場所で実施されています。相談内容は、法律相談、こころの相談、生活相談と分かれております。

3　相談体制

　法律相談は弁護士・司法書士、こころの相談は精神保健福祉士、生活相談は社会福祉士と各専門家が相談を受けております。当然、「法律相談」と「こころの相談」と「生活相談」と2つ以上の相談を受ける場合もあります。その場合、各専門家（弁護士・司法書士・精神保健福祉士・社会福祉士など）が1つのブースに入り相談を受けています。

4　相談実績

　約8年間の相談実績推移は、下記の表の通

「暮らしとこころの相談会」相談人数推移

年　度	暮らし（名）	こころ（名）	両方（名）	合計（名）	相談会回数
平成22年度	596	132	212	940	46回
平成23年度	434	145	222	801	51回
平成24年度	425	112	163	700	47回
平成25年度	341	113	114	568	47回
平成26年度	307	154	143	604	47回
平成27年度	253	139	139	531	47回
平成28年度	206	95	103	404	36回
平成29年度	160	86	73	319	36回

※暮らし：法律相談と生活相談が含まれる。　※両方：「暮らしの相談」と「こころの相談」の両方を相談。

りです。「両方」(暮らしとこころ)の相談件数の割合は、全体の22.9%となっています。相談者は、暮らしの相談(法律・生活)だけでなくこころの相談を抱えていたり、逆にこころの相談の中には暮らしの相談(法律・生活)も抱えているケースが多くみられます。また、「こころの相談」は、1回の相談では解決は難しく、数回通って専門家がアドバイスをし、また、専門家と相談者が一緒に解決に向けてその方法を話し合っています。

相談場所が大宮のみということ特に埼玉県の西部地区(秩父方面など)から相談にくるのは大変だということから、年間3回程度は出前相談を実施しています。

5 相談担当(専門家)の連携

従来の相談体制や各専門家だけでの相談の場合、各専門分野のみについてしか相談者の悩みに答えることはできません。例えば法律相談だけであれば、弁護士や司法書士で法律的には解決できます。しかし、相談に訪れる多くの相談者は、複数の悩み(例えば多重債務に苦しむ相談者は、眠れない、生活ができない、明日の支払いをどうしよう、など)法律だけでなく生活やこころの相談も必要とされます。この逆にこころの相談だけなく法律や生活の相談も必要とされる場合もあります。

従来の相談では専門分野以外の相談が見受けられる場合、良くても紹介先を告げることで終了してしまい、その後の相談者の経過がわからなくなってしまいます。

「暮らしとこころの総合相談会」では、法律相談の中でこころの相談が必要と見受けられた場合、法律家がこころの相談をすすめたり、インテイク(聞き取りの時点)の時に生活・こころ・法律の専門家が一緒(3人)にブースへ入り相談を受けることができます(相談者の同意のもと)。

また、当相談会は各相談担当者(弁護士、

司法書士、精神保健福祉士、社会福祉士など)の連携が不可欠であり専門分野以外の対応を情報交換できる場でもあります。

事例的には、本来は、「こころの相談」を必要としているとみられる相談者本人が、「法律相談」を希望するといったケースが多くあります。相談会での流れでは、①受付、②インテイク、③弁護士・司法書士による法律相談又は精神保健福祉士・社会福祉士による、こころ又は生活相談となっていますが、弁護士若しくは司法書士が「眠れないとかあればこころの相談も受けてみては」などと「こころの相談」を促すと、多くの相談者は、「せっかくだから受けてみます」とこころの相談を受けています。この事例の逆もありこころの相談から法律相談や生活相談もあり、相互の相談担当者(専門家)が連携することとの意識が必要です。

6 今後の課題とまとめ

現在、県内だけでなく、東京、神奈川、栃木などの埼玉県以外から相談に来ている人もいます。他の都道府県でもこのような相談会ができれば、身近にそして気軽に包括的な悩みの解決につながると感じています。

また、県内でも遠方でなかなか相談会には来れない相談者も多く出前相談会を実施していますが年に一回しか開催できないとすると周知が困難なことと相談会の開催日が相談者に合わない場合があります。保健所や市区町村単位などに小規模ながらもこの相談会のような包括的な相談ができること及び、市区町村や保健所が受け皿になる必要があります。

当相談会は、「法律・こころ・生活」の相談を受けているところ、現在、当相談会の相談内容は会社の労働問題、年金の悩みなど多岐に亘っています。行政・労働団体・民間団体・専門家などが今以上の連携をする必要があり、包括的に相談者と接し、受け皿的な場所を作ることが今後も求められています。

「暮らしとこころの総合相談会」は、他の都道府県からも注目されており、事務局には、「自分の県でも実施したい」などの問い合わせがあります。埼玉県では、行政と民間団体・専門家などとの連携がよく取れていることをこの相談会を通じて感じています。今後もこの連携を密に行い、多くの相談者の悩みに応えられる相談会にしていきたいと思います。

夜明けの会20周年記念集会（2017年6月18日）

第4章

寄稿 クレサラ対協40周年に寄せて

貸金業法改正10周年記念集会（東京、2016年12月11日）

社会保障問題とクレサラ対協の役割

―多様化する社会問題にどう応えるのか―

鹿児島大学 伊 藤 周 平

1 社会保障削減と生活困難・貧困の拡大

　安倍晋三政権は、社会保障制度改革の名のもと、社会保障費の抑制や削減（以下「社会保障削減」という）を進めている。2018年度予算では、医療・介護を中心とした社会保障費の自然増分は、概算要求段階の6300億円から5000億円に抑えられ（1300億円の削減）、安倍政権の6年間で、医療崩壊をもたらしたといわれた小泉政権時代を上回る1.6兆円もの削減である。同時並行で、社会保障削減を内容とする法律が次々と成立、生活保護基準や年金給付の引き下げが断行されている。生活保護の生活扶助費も、2013年から3年かけて、2018年10月から、さらに引き下げられ、3年かけて160億円が削減される。

　社会保障の中心をなす社会保険制度（年金・医療・介護）については、保険料の引き上げ、給付水準の引き下げ（マクロ経済スライドによる年金水準の引き下げ）、給付要件の厳格化（特別養護老人ホームの入所対象者を要介護3以上に限定など）、患者・利用者の自己負担増が次々と断行され、保険料や自己負担分を払えない人が、必要な医療や介護サービスを受けられない事態を招いている。また、年金から天引きされる保険料の増大や年金給付の減額は、年金生活者の生活困難を増大させている。

　日本国憲法（以下「憲法」という）25条1項は、国民の「健康で文化的な最低限度の生活を営む権利」を明記し、同条2項は「国は、

すべての生活部面について、社会福祉、社会保障及び公衆衛生の向上及び増進に努めなければならない」と規定している。憲法25条の規定を踏まえ、社会保障を定義するならば、失業しても、高齢や病気になっても、障害を負っていても、どのような状態にあっても、すべての国民に、国や自治体が「健康で文化的な最低限度の生活」を権利として保障する制度ということができる。そして、保障されるべき生活水準は、生存ぎりぎりの「最低限度の生活」（ヒトとしての生命体を維持できるぎりぎりの生活）ではなく、「健康で文化的な」ものでなければならないと解される。

　しかし、日本はこうした社会保障が脆弱で十分機能していない。生活保護世帯は過去最高を更新し、貧困率は国際的にみても高い水準にあり（国民の6人にひとりが貧困線以下の生活）、ひとり親世帯の貧困率は先進諸国で最悪水準、背景には生活困難や貧困がある子どもの虐待件数も過去最多を更新し続け、虐待で亡くなる子どもも年間50人を超えている（毎週1人の割合で亡くなっている）。高齢者の孤立死・孤独死も増大、家族の介護疲れによる介護心中事件、親亡き後の将来を悲観した障害者の心中事件も後を絶たない。過労死・過労自殺の労災認定の申請も増加し、2017年度は、長時間労働など仕事が原因でうつ病などの精神疾患を発症して労災認定を受けた人は506人で（98人が自殺・自殺未遂）、過去最多になっている（厚生労働省発表）。貧困にあえぐ母子世帯や年金生活者などの生

活実態は、とても「健康で文化的な最低限度の生活」とはいいがたいだろう。

2 社会保障要求の封じ込め─財政危機論と強権政治

こうした生活困難が拡大する中、社会保障を充実してほしいという国民の要求はかつてないほど高まっている。しかし、安倍政権のもとでは、そうした要求を封じ込めるための巧妙な政治手法がとられている。

まず、国の財政が苦しいという財政危機論が持ち出される（これは、安倍政権に限らず、民主党政権も含めて歴代の政権がそうであったが）。少子高齢化、さらには人口減少社会の進展で、税や保険料を納める社会保障の「支え手」が減るため、現在の社会保障制度は持続できなくなる。「持続可能」な制度（年金制度改革の場合には、これに「世代間の公平の確保」が加わる）にするための改革、すなわち増え続ける社会保障費を削減・抑制する改革が必要とし、社会保障の充実を求める声を封じ込める。同時に、社会保障の充実のためには、消費税の増税しかないと半ば脅しともいえる宣伝を行う。少子高齢化の進展と人口減少社会の到来→社会保障の支え手の不足→社会保障の持続可能性確保のための歳出削減と消費税の増税というお決まりの図式である。

また、これは安倍政権に顕著な特徴だが、生活保護バッシングのように、生活保障を求めようとする人を「怠け者」や「不正受給者」のごとく攻撃し、助けを求めさせない、声を上げさせない社会的雰囲気が作りだされている（助けを求めたら、バッシングされる！）。社会保障を公的責任による保障の仕組みとしてではなく、家族や地域住民の「助け合い」（共助）の仕組みと歪曲し、できるだけ公に頼らず、自助や家族で何とかすべきだという自己責任論が強調される。実際、学校教育を通じて「自立しなさい」といった自己責任論がすりこまれる。自民党の「日本国憲法改正草案」（2012年4月27日決定）の24条は、新たに1項を設け、「家族は、互いに助け合わなければならない」と規定している。そのこと自体が、戦前の家制度など古い価値観の復活を思わせるが、社会保障との関係では、自助や共助の基本的単位として、家族内での助け合いや扶養が強要されるおそれがある。そこでは、家族の扶養や助け合いで何とかならないからこそ、社会保障が生まれて発展してきたという歴史的事実が全く看過されている。

3 それでも、声をあげはじめた人々

こうした状況下でも、社会保障削減と相次ぐ給付引き下げに対して、当事者が声をあげはじめている。もともと、日本の人権をめぐる訴訟の中で、さまざまな困難をかかえつつも、生活保護基準の違憲性を争った朝日訴訟など、固有の人名を付した裁判として、活発に提訴されてきたのが、憲法25条の生存権をめぐる裁判であった。

2013年からの生活保護基準の引き下げについては、3万件近い審査請求がなされ、同基準の引き下げを違憲・違法とする行政訴訟（「いのちのとりで裁判」といわれる）が、全国29都道府県で提訴され、原告は1000人を超えている。年金給付の引き下げについても、全日本年金者組合の組合員を中心に、12万人を超す集団審査請求の運動が展開され、それを受けて、全国44都道府県で5000人を超える原告が、39地方裁判所に年金減額の取消訴訟を提起している（筆者も、原告側の共通意見書を東京地裁などに提出している）。

2016年2月には、保育園の入所選考に子どもが落とされた母親が政治への怒りをつづった「保育園落ちた日本死ね!!!」と題するブログが国会質問で取り上げられ、これを契機に、「待機児童ゼロの実現」などを掲げなが

ら、待機児童問題に真剣に向き合おうとも解決もしようとしない安倍政権に対する怒りの声が急速に拡大、同じように保育園の選考にもれた親たちが「保育園落ちたのは私だ！」とのプラカードを手に、国会前で抗議活動に立ち上がった。マスコミにも大きく取り上げられ、待機児童問題が大きな政治問題に浮上し、安倍政権は、待機児童解消を（表面的にでも）重要政策に掲げざるを得なくなった。社会保障の問題を政治問題化し、選挙の争点としていくことができれば、政治を変え、社会保障を充実させていくことができるという展望が見出せる出来事だったといえよう。

4　選択肢を示す政策提言運動と全国クレサラ・生活再建問題対策協議会の役割

⑴　財政危機論への反論

　それでも、国の借金は1000兆円を超えており、財政再建が必要だ。増え続ける社会保障費は抑制しなくてはならない、と考える人は多いのではないか。実際、政府がそのような宣伝を繰り返している。高齢者人口（65歳以上の人口）を生産年齢人口（20歳から64歳までの人口）で除した数値をもとに、およそ半世紀前（1965年）には、65歳以上の高齢者1人をおよそ9人の現役世代で支える「胴上げ型社会」だったが、近年（2014年）には、高齢者1人を3人の現役世代で支える「騎馬戦型社会」になり、2050年には、1人の高齢者を現役世代1人で支えなくてはならない「肩車型社会」になるという「肩車型社会」論（財務省のホームページにも掲載されている）が典型である。

　しかし、少し考えてみればわかるが、こうした財政危機論は事実の誇張であり、「肩車社会」論は明らかに誤りである。まず、国の借金だが、2014年末の統計（国民所得統計）でみると、日本政府（国と自治体をあわせた政府部門全体）の債務残高は1212兆円であ

り、国民総生産（GDP）の2.4倍に及ぶ。しかし、一方で、政府部門の資産残高は1199兆円（金融資産598兆円、非金融資産601兆円）もある。すなわち、日本政府は巨額の債務を抱えてはいるが、ほぼそれに見合うだけの巨額の資産を保有していることになる（山家悠紀夫「社会保障の財源を考える・下－社会保障の支出を賄う財源は十分に生み出せる」保育情報475号12頁参照）。そもそも、国の借金は家計の借金と同列に扱うべき性格のものではない。

　つぎに「肩車型社会」論であるが、生産年齢人口のすべての人が働いて税・保険料を納めているわけではないし、高齢者でも働いて税・保険料を納めている人は多数いる。正確には、総人口を労働力人口（15歳以上の人口のうち休業者を含む就業者と失業者の合計）で除し、労働力人口1人当たりが何人を扶養することになるか（労働人口扶養比率）をみるべきなのである。これで計算すると、2010年で労働力人口扶養比率1.88に対して、2050年のそれは2.05と、労働力人口一人当たりの社会的扶養の負担は、1.1倍程度の増加にとどまるとの推計がある（醍醐聰『消費税増税の大罪』柏書房、145頁）。女性や高齢者の労働市場への進出率が高まると見込まれ、高齢者も含め総人口が減少していくからである。

　正規雇用を増やして、賃金を上げていけば、社会保障の「支え手」は増えるし、人手不足は解消されるはずだ。そして、社会保障の充実は、経済成長と雇用の創出に寄与する（このことは『厚生労働白書』でも言及されている）。とくに介護職の待遇改善を実現すれば、高齢化と過疎に悩む地域社会でも、若い人が戻って地域の活性化につながる。

　そもそも、本当に社会保障の財源がないのか。社会保障は国民の生活保障のために必要な仕組みであるのだから、所得税や法人税などあらゆる税収を（防衛費などではなく）社

会保障の充実のために優先配分するのが、憲法25条に基づいた予算配分のあり方であろう。「不公平な税制をただす会」の試算によれば、所得税の累進性の強化、大企業への課税強化など現在の不公平税制の是正を行えば、2017年度の増収試算額は、国税27兆3343億円、地方税10兆6967億円、合計38兆310億円にのぼる（不公平な税制をただす会編『消費税を上げずに社会保障財源38兆円を生む税制』大月書店、100-103頁）。

(2) 選択肢を示す政策提言運動の中核に！

　問題は、不正確な財政危機論や「社会保障財源＝消費税しかない」といった宣伝がマスコミ等において流布され、十分な検証も反論もなされず、国民に選択肢が示されていないことにある。社会保障の法制度は複雑なうえに、その範囲が、年金・医療から子育て支援などに至るまで多岐にわたるため、一般の国民には理解が難しい。毎年のように法改正が行われ、頻繁に制度が変わる。多くの国民は、それらの内容を知らないまま、法律が施行されて、はじめて保険料や自己負担が増えていることに気づき驚く。

　国政選挙でも、年金、介護、子育て支援などの社会保障政策は景気対策と並んで、有権者が投票の際に重視する項目では、常に1位か2位にランクインされるのだが、与野党とも、選挙になると（表面的とはいえ）社会保障充実を公約に掲げるため、違いがわからず争点になりにくい。年金が削減され生活が苦しいとぼやく高齢者が、なぜか選挙になると、年金を削減する法案を通した政権与党に投票する。前述のように、安倍政権も、社会保障削減の実態を国民に知らせない、政治問題化させない、選挙の争点とさせない、争点化しそうな場合には、待機児童対策のような小出しの改善案を打ち出し、矛盾を覆い隠すといった巧妙な政治手法をとっている。

　若い学生たちと接していてわかるのだが、

社会保障の正確な仕組みを知らずに、財政危機だから社会保障削減も仕方がない、年金なんてもらえないと諦めている若い人が多い。そうした学生でも、年金制度の正確な仕組みと150兆円を超す積立金があること、それを取り崩していけば（現実には、積立金はハイリスクな国内株式など市場運用されているのだが、それをやめ）、最低保障年金の確立も可能なことを話すと、そんな方法があるのかと驚く。自己責任論にとらわれ（生活が苦しいのは自分が悪い！）、貧困を当然視する「精神の貧困」（柴田武男、本誌10頁）に陥っている人々、政治・社会は変えられないと諦めている人々に、明確な選択肢を示せば、展望を見出し、投票行動につなげることができるかもしれない。社会保障問題を政治的争点化し、政治や社会を変える可能性がそこに生まれる。

　いま、多くの国民は、生活不安・将来不安（とくに老後の不安）を抱え、子育てや医療・介護・年金など社会保障の充実を望んでいる。そして、消費税が増税されても、社会保障は充実しないこと、消費税を社会保障の主要財源とすること（社会保障の充実と消費税増税とをリンクさせること）には無理があるのではないかと気づきはじめている。社会保障と税制の正確な現状を知らせつつ、市民運動として、野党に働きかけ、消費税増税の中止と医療・介護・年金の充実案、そのための財源は所得税と法人税の累進性の強化によって十分賄えることなどの対案（選択肢）を提示し、野党全体の共通政策化していく政策提言型の運動が今こそ求められている。

　全国クレサラ・生活再建問題対策協議会（クレサラ対協）は、多重債務者の問題の根底には、生活問題や社会保障問題があるとの認識のもと、生活に困窮している人が、社会保障制度が貧弱なため（もしくは生活保護のように、給付を受けると差別やバッシングを

149

受けるため)、高利のお金を借りないと生きていけない社会そのものを問いなおし、そうした社会の変革をめざす運動を展開しつつある。かつて、法改正を実現した実践やノウハウの蓄積がある。クレサラ対協こそ、他の社会運動と連携し、選択肢を示す政策提言型の社会保障運動の中核を担っていただきたいし、そうした運動団体になりうると確信している。

日弁連の活動とクレサラ対協

弁護士 辻　泰弘

日弁連内の組織の変遷

日弁連は2006年の人権擁護大会において生活保護の問題を取り上げたのを契機に、人権擁護委員会の中で生活保護問題を取り扱う弁護士と、消費者問題対策委員会の中で多重債務問題を取り扱う弁護士などによって構成される「生活保護問題緊急対策委員会」を設置した。

さらに、2008年の人権擁護大会において、ワーキングプアの問題を取り上げたことを契機に、「生活保護問題緊急対策委員会」を発展的に改組し、労働問題を取り扱う弁護士などにも加わってもらい、「貧困と人権に関する委員会」を設置した。

そして、2010年、この「貧困と人権に関する委員会」をさらに発展的改組し、全国の弁護士会会長らが集まる「理事会」でも討議を行う「貧困問題対策本部」を設置するに至っている。

なお、自殺対策に関しては、2009年8月にワーキンググループ（WG）を設置して取り組んでいたところ、2011年5月には「貧困問題対策本部」がその取組を担当することとなった。

他方、改正貸金業法の完全施行に向けた取組については、消費者問題対策委員会において行われていたが、完全施行後の業界の動きに対応することも念頭に、2012年7月に「多重債務問題検討WG」を設置した。

そして、カジノ問題が大きな社会問題化し

たことを受けて、2017年7月には、このWGを「カジノ・ギャンブル問題検討WG」に改組している。

改正貸金業法完全施行とその後の多重債務問題への取組

日弁連では、改正貸金業法の成立後も、消費者問題対策委員会において、完全施行の実現に向けた取組を行っていたところ、その完全施行を見据え、2009年6月18日、「改正貸金業法の早期完全施行に向けたセーフティネット貸付制度の充実を求める意見書」を公表し、生活福祉資金貸付制度等の拡充などを提言した。

さらに、2011年2月17日には「セーフティネット貸付制度のさらなる充実を求める意見書」を公表し、生活福祉資金貸付制度に保証人を不要とすることなどを提言した。

また、業界等からの巻き返しの動きもあったことから、「多重債務問題検討WG」を設置して対応するとともに、銀行のカードローン問題等にも取り組み、相談会の結果等を受けて2016年9月16日に「銀行等による過剰貸付の防止を求める意見書」を公表した。

これらの取組においては、被連協や高金利引き下げ連絡会等を中心としたクレサラ対協との連携は極めて重要であり、その連携により大きな成果を得てきたことは詳述する必要がない。

カジノ問題への取組

いわゆるカジノ設置の動きが本格化したことを受けて、日弁連では「カジノ・ギャンブル問題検討WG」を設置して取り組んでいる。

2017年8月23日には、いわゆるカジノ推進法案に反対する意見書を公表し、その後も会長声明、シンポジウム、院内集会などの取組を行っているが、依存症問題対策全国会議や全国カジノ賭博場設置反対連絡協議会などを中心とした、クレサラ対協の協力を得て取組を進めている。

生活保護問題への対応

2006年12月、貸金業法等の抜本改正が、国会で全会一致で成立した。

この法改正のために日弁連も取り組んでいた2006年10月、日弁連は釧路市で開催した人権擁護大会において、初めて生活保護を正面から取り上げたシンポジウムを開催し、「貧困の連鎖を断ち切り、すべての人の尊厳に値する生存を実現することを求める決議」を採択した。

総量規制を含む貸金業法の抜本改正がなされることを見越し、低所得者が生活費のために借金をしないで済む社会を目指し、セーフティネットとなるべき生活保護の問題を、人権擁護委員会と消費者問題対策委員会とが共同して取り上げたものであるが、この決議において、

・生活保護基準の引き下げをやめること
・基礎年金額の引き上げ等の社会保障の充実
・いわゆる「水際作戦」の是正
・保有資産要件の緩和や貧困率の調査義務付けなどを含む生活保護法改正

などを提言した。

この人権擁護大会をきっかけに、日弁連において、クレサラ問題に取り組む弁護士と、生活保護に取り組む弁護士との協力関係が構築され、生活保護の問題に対する取組が大きく前進することとなった。

まず、2008年11月18日には、①水際作戦を不可能にする制度的保障、②保護基準の決定に対する民主的コントロール、③権利性の明確化、④ワーキングプアに対する積極的な支援を柱とする「生活保護改正要綱案」を公表した。

また、2009年6月18日には「『代理人による生活保護申請はなじまない』とする厚生労働省の新設問答の削除を求める意見書」を公表し、生活保護申請における代理人排除の考え方を否定した。

2010年5月6日には「生活保護における生活用品としての自動車保有に関する意見書」を公表し、自動車保有要件の大幅緩和を求めている。

その後も意見書、会長声明、シンポジウム、院内集会などの取組を進めていたが、2017年10月18日には生活保護世帯からの大学進学を認めるべきだとする意見書を公表し、2019年2月14日には、生活保護法の改正要綱案の改訂を行っている。

他方、毎年12月10日の世界人権デーに絡め、全国一斉での相談会も行うようにしている。

これら生活保護に関する活動は、生活保護問題全国会議を中心としたクレサラ対協との連携により大きな成果をあげており、今後も連携による取組の大きな前進が期待される。

労働問題への対応

2008年10月、日弁連は富山市で開催した人権擁護大会において、労働者の権利を初めて正面から取り上げたシンポジウムを開催し、「貧困の連鎖を断ち切り、すべての人が人間らしく働き生活する権利の確立を求める決議」も採択した。

この決議においては、

・日雇派遣の禁止や派遣料金のマージン率の

上限規制

・均等待遇の立法化

・最低賃金の大幅引き上げ

・使用者の違法行為に対する監督機能の強化

などを提言したが、折しも、派遣切りの問題が大きな社会問題となって、2008年の年末には「年越し派遣村」が開催されるなどしていたところであり、極めて時宜にかなった提言となった。

　その後も、2008年12月19日には、人権擁護大会決議を具体化した形の「労働者派遣法の抜本改正を求める意見書」を公表したが労働者派遣法に関しては、2010年２月19日にも「労働者派遣法の今国会での抜本改正を求める意見書」を公表するなど継続した取組を行ってきた。

　また、2011年４月14日には、「公契約法・公契約条例の制定を求める意見書」を公表し、ワーキングプア解消の一つの方法として、行政発注事業について一定以上の賃金確保を内容とする法、条例の制定を求めた。

　その他、有期労働契約などに関しても、政府の動きに応じて意見書や会長声明などを公表し、警鐘を鳴らす一方、2011年６月16日には「最低賃金制度の運用に関する意見書」を公表し、生活保護との逆転現象の解消などを求めるとともに、その後は毎年のように最低賃金の大幅な引き上げを求める会長声明を出し、その取組を全国の弁護士会に拡大させるよう取り組んでいる。

　また、2016年11月24日には「あるべき労働時間法制についての意見書」を公表し、インターバル規制も含めた労働時間規制のあるべき法制の提言を行うとともに、近年は６月10日を「ろうどうの日」として、全国一斉の相談会を開催している。

　労働問題については、クレサラ対協でも非正規労働者の権利実現全国会議を結成するなどして取り組みが進められているが、今後より一層の連携が期待される。

子どもの貧困問題への取組

　2010年10月、盛岡市において開催した人権擁護大会において、子どもの貧困を取り上げ、「貧困の連鎖を断ち切り、すべての子どもの生きる権利、成長し発達する権利の実現を求める決議」も採択した。

　この決議においては、

・子どもの貧困の実態調査と継続的、総合的支援体制の確立

・保育施設の拡充

・高校の学費無償化

・児童扶養手当等を含めたひとり親家庭への支援の拡充

などを提言した。

　また、2011年１月21日には「子ども・子育て新システムに関する意見書」を、2012年４月12日には「子ども・子育て新システムの関連法案に関する意見書」をそれぞれ公表するなど、貧困の予防や保育に関する提言などを行った。

　他方、奨学金問題に関しては、2013年６月20日に「奨学金制度の充実を求める意見書」を公表し、給付型奨学金制度の導入や、個人保証の廃止などの提言を行うとともに、その後も利用者の立場に立った提言を繰り返す一方、相談会の開催なども行っている。

　さらに、近時は学童保育についても提言をするなど、子どもの貧困問題についての取組を続けている。

　なお、奨学金問題全国会議が結成されたこともあり、奨学金問題に関してはクレサラ対協の果たした役割は極めて大きい。

　今後は奨学金問題以外においても本格的な連携の構築が期待される。

女性の貧困問題への取組

　2015年10月に千葉市で開催した人権擁護大

会においては、女性の労働をテーマにシンポジウムを行い、「全ての女性が貧困から解放され、性別により不利益を受けることなく働き生活できる労働条件、労働環境の整備を求める決議」も採択した。

この決議では、
・賃金格差の是正
・長時間労働の是正
・性別役割分担解消のためのジェンダー教育の支援
などを提言した。

そして、その後も、ひとり親世帯への支援という観点で、児童扶養手当や養育費等に関する相談会を開催するなどしている。

男女格差の問題に関しては、日弁連ではこれまでも「両性の平等に関する委員会」などから提言がなされていたが、貧困問題の視点での本格的な提言は初めてと思われ、今後の取組が期待される。

そして、これからの取組においては、市民団体との連携は不可欠であり、この問題においてもクレサラ対協への期待は大きい。

社会保障の拡充に向けた取組

2011年10月、高松市において開催した人権擁護大会では、社会保障の問題を取り上げたシンポジウムを開催し、「希望社会の実現のため、社会保障のグランドデザイン策定を求める決議」も採択した。

この決議においては、
・失業時の十分な所得保障や最低保障年金等による漏れのない所得保障
・住宅保障としての家賃補助や公的保証制度の創設
・税や社会保険料に関する応能負担の原則と、所得再分配機能の強化
などを提言し、社会保障のグランドデザインの策定を訴えた。

そして、2013年に広島市で開催した人権擁護大会では、シンポジウムにおいて、社会保障に必要な財政についても議論をし、「貧困と格差が拡大する不平等社会の克服を目指す決議」も採択した。

この決議においては、
・社会保険主義からの転換
・応能負担原則に基づく担税力に応じた税制の再構築
・各種政策形成における当事者参加
などを提言した。

さらに、2018年10月、青森市で開催した人権擁護大会では、シンポジウムにおいて若者の視点での社会保障で議論をし、「若者が未来に希望を抱くことができる社会の実現を求める決議」も採択した。

この決議においては、
・高等教育までの無償化
・同一価値労働同一賃金の実現
・窓口負担ない税方式による医療、福祉
・大企業等に適用される優遇税制の見直し
・いわゆるタックスヘイブン対策
などを提言している。

その後も日弁連としては、社会保障充実のためのシンポジウムなどの開催や、政府の政策への意見表明などを繰り返しているが、問題の大きさもあり、今後の取組には各種団体との連携は不可欠である。

その意味で、社会保障問題研究会や公正な税制を求める市民連絡会を含め、クレサラ対協とのより大きな連携が必要と感じている。

自殺対策への取組

2012年10月に佐賀市で開催した人権擁護大会のシンポジウムでは、日弁連として初めて自殺対策を議論し、「強いられた死のない社会をめざし、実効性のある自殺防止対策を求める決議」も採択した。

この決議では、
・自殺の背景にある社会的要因の分析

・自殺対策のネットワークの構築と法律家の積極的関与
・自死遺族に対する支援体制の確立
・労働環境及び労働者の健康管理体制の改善
等を提言した。

　当時は前年まで年間の自殺者数が15年連続で３万人を超えていた時期であり、きわめて時宜にかなった提言となり、その後は自殺者数の減少傾向が続いている。

　その後の継続した日弁連の取組としては、自殺対策強化月間の３月と自殺予防週間のある９月に、全国弁護士会に対して開催を呼びかけている「暮らしとこころの相談会」がある。

　自死・自殺問題の取組推進においては、被連協や多重債務による自死をなくす会を中心としたクレサラ対協が果たした役割は大きいが、自死・自殺に追い込む社会的要因の除去や、対策として必要とされる連携の構築においては、より大きな連携が必要となる。

　クレサラ対協については、今後もこの問題に関しても中心的な役割を担うことが期待される。

多重債務者救済から生活困窮者支援へ
―野洲市の取組について―

野洲市市民部市民生活相談課課長　生 水 裕 美

1　野洲市の相談体制

　野洲市は滋賀県南部に位置する人口5万人のまちです。当市では、市民生活にかかわる総合相談窓口として市民生活相談課が位置づけられており、平成30年度は正規職員5名、嘱託職員3名、臨時職員1名の合計9名の職員で対応しています。正規職員のうち1名は、野洲市社会福祉協議会からの研修派遣職員です。消費生活相談、法律相談（弁護士・司法書士）、税務相談、行政相談と各種専門相談を集約している一方、「どこの窓口に相談していいかわからない」という市民からの苦情や問い合わせについても、第一相談窓口として、ワンストップで対応できるように努めています。この総合相談窓口のいいところは、相談情報が集約され、複雑な相談を包括的に受けとめやすく、早期発見と解決に向けての素早い対応がしやすいというメリットがあります。（図1）

2　生活困窮者支援の経緯

　平成11年に消費生活相談の窓口が新設されましたが、当時は多重債務の問題が社会問題

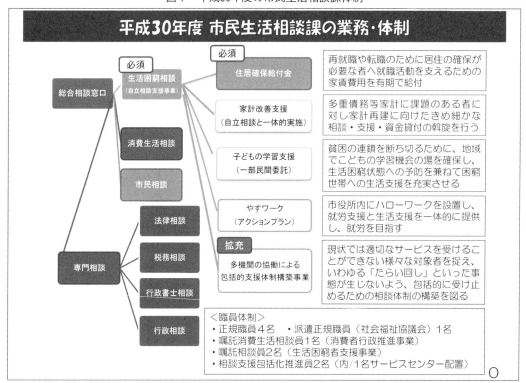

図1　平成30年度の市民生活相談課体制

化していました。ヤミ金が非常にひどい状態で自殺の増加などが社会問題化するなか、平成19年改正貸金業法が改正され、金融庁からの市町村の相談窓口の設置要請も伴って、当市としても多重債務問題により積極的に対応していくために、平成21年「多重債務者包括的支援プロジェクト」（図2）を立ち上げたのが、庁内連携の一つの契機になりました。このプロジェクトは、市民生活相談課と納税推進課、住宅課、上下水道課、学校教育課、こども課、保険年金課、高齢福祉課の税金や使用料を取り扱う8課をチームとし、税金等を滞納している市民に対し「借金はありませんか？」と丁寧に聞き取って借金が判明すれば市民生活相談課につなぎ、法律家を紹介して債務整理につなげる仕組みです。このプロジェクトによって、平成21年〜23年度の3年間で、相談件数398件、利息制限法の引き直し計算によってサラ金に債務を減額させた金額は1億9000万円、サラ金から回収した過払い金は1億7000万、そのうち滞納している税金等に一括返済で充当された金額は1500万円でした。

しかし多くの方は、借金だけでなく、失業や心の病、家庭問題など様々な問題を抱えているため、多重債務だけ解決しても生活再建になりません。そこで、多様な問題を一緒に解決できる方法を検討し、平成23年、内閣府の「パーソナル・サポート・サービスモデル事業」を実施しました。その内閣府のモデル事業を2年間行った後、平成25年、26年と「生活困窮者自立促進支援モデル事業」を実施し、現在は27年4月に施行された生活困窮者自立支援法を活用し事業に取り組んでいます。多重債務問題に取り組んだことにより、庁内連携の整備ができていたことは、生活困窮者支援を効果的に実施するうえで大いに役立っています。

事例：①「病院に行きたいが保険証がない」

図2　多重債務者包括的プロジェクト

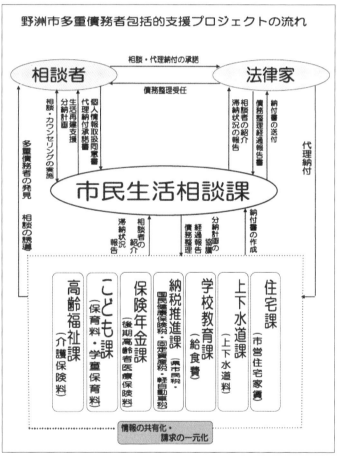

年度	件数	公租公課充当額	約定残債務	利息制限法引直残債務	過払い金回収額
21	191	7,591,092	134,901,583	45,801,639	76,045,808
22	119	4,096,188	146,428,503	83,664,639	51,459,492
23	88	3,568,511	139,015,952	96,635,558	44,306,865

と納税推進課に来られた30歳代男性（派遣）は、腹痛を訴えて辛い様子だった。国民健康保険税の支払いができず滞納したため、資格証明書になっていた。職員の聞き取りから借金が判明し、市民生活相談課に連携。保険年金課が短期健康保険証を交付すると同時に、債務整理を促して弁護士に繋いだところ、借金は利息制限法の引き直し計算をすることで借金は全て消滅し、取り戻した過払い金で税金を完納された。男性は、「何度も自殺を思い立ったが相談して良かった」と感謝下さった。

3　生活困窮者支援の取り組みについて

生活困窮者自立支援事業（図3）については、市民部である当課が担当しており、自立相談支援事業、住居確保給付金事業、家計改善支援事業を直営で行っています。市役所機能をフル活用することで、市役所ならではの効果的なアウトリーチと包括的支援ができるのが、直営ならではの良さだと実感しています。

学習支援事業については、弁護士、司法書士を中心とする専門家で構成されている、NPO法人反貧困ネットワーク滋賀・びわ湖あおぞら会に委託していますが、生徒の募集受付、学習会参加状況等の個人情報の管理や、教育委員会・市役所関係課との連携等の事務局機能については当課が担うなど、委託といっても丸投げではなく、役割分担をしながら一体的に行っています。当課が要保護児童対策協議会の構成員になっていることで、個人情報取り扱いの整備が出来ています。平成30年度は中学生32人の登録がありますが、全員ひとり親家庭です。これは生徒の募集において、子育て家庭支援課の協力を得て、児童扶養手当受給世帯に対し、募集案内のDMを送付してもらったことで、生徒を集める手段が効果的に行えたことによります。また、教育委員会の予算でスクールソーシャルワーカーの派遣を受け、課題のある子どもの対応と中学校とのパイプ役をお願いしています。

図3　平成30年度自立支援相談事業

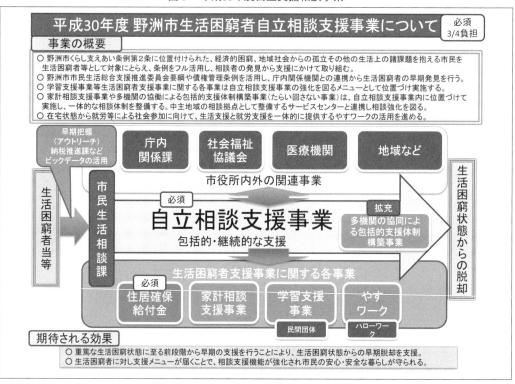

勉強が始まる前には、野洲市社会福祉協議会の協力を得て、地域のボランティアによる「おにぎり隊」が、市内農家から寄付されたお米で、毎回約60個のおにぎりや味噌汁を作ってくださるなど、地域の皆さんも事業を支えてくれています。

就労支援事業については、内閣府のアクションプラン事業を活用し、市役所内にハローワーク機能を有する「やすワーク」を常設し、ハローワークとの連携により就職ナビゲーターを派遣してもらい、就職情報の提供や紹介状の発行などの就労支援と市役所の生活支援を一体的に実施しています。普通のハローワークと違うところは、個室で完全予約制の1枠45分とたっぷり時間を取っていることと、就職ナビゲーターだけでなく、市民生活相談課の相談員や、各支援担当者も同席し、一人ひとりの家庭状況や適性、希望に合った働き方を探りながら、就労を阻害する要因の解消も視野に入れて、求人情報を一緒に探しています。履歴書作成や面接練習を行ったり、またスーツの貸し出しやメイクアップ道具も用意して、相談者が前向きな気持ちで就職活動ができるようにお手伝いしています。就職が決まってもそこで終わりではなく、定期的に電話をかけて様子を聞いたり、企業見学を兼ねて職場に会いに行ったりしています。

4　生活再建視点の納付相談 ─ 生活再建型債権管理条例

先ほどのプロジェクト同様、税金や使用料などの滞納の発生には様々な要因があります。リストラ等を受けたために無・低所得となり、生活困窮状態に陥ったことで滞納をしているケースに対して、差し押さえ等の通常と同様の回収方法では滞納状況の一時的な解消にしかなりません。滞納の再発や生活状況の更なる悪化を招く恐れがあるため、債権回収を的確に行うにはまず、滞納者を生活困窮状態から脱出させる、生活再建の視点が重要です。

また、重複滞納をしていることも多く、それぞれの課が個別に滞納者と納付相談をしていても非効率で、世帯全体の滞納状況を把握しなければ生活再建はできません。

これらに対応するため、野洲市債権管理条例を制定し（平成27年4月1日施行／総務部納税推進課所管）、生活再建をベースに滞納処理に当たっています。この条例の特徴として、第6条に「生活困窮状態による徴収停止」や、第7条に「生活困窮状態かつ資力の回復が見込めない時には債権放棄ができる」など規定しています。さらには、担当課での納付相談が連絡不能等で不調に終わった場合、債権を納税推進課に移管して一元管理を行う体制を構築し、その世帯全体を把握することができるようにしました。適切な条例運用をする際のアドバイザーとして、多重債務問題に取り組まれている弁護士と顧問契約を結ぶ法的サポート体制も整備しています。相談については、担当課や一元管理後の納税推進課が納付相談において困窮状態を把握すれば、個人情報取扱の同意を取ったうえで市民生活相談課につなぎ支援を行うなど、まさに生活困窮者自立支援法の概念を落とし込んだ条例となっています。

当市の山仲市長は「ようこそ滞納いただきました」「生活困窮者は社会災害の被害者。自然災害の被害者同様に支援すべきだ」とメッセージを伝えています。

事例②：高齢の母親の介護が原因で仕事に就けない息子

納税推進課から、「生活に困っている世帯がある」と市民生活相談課に相談があった。息子へ連絡すると、「母親の介護が理由で仕事を辞めた、しばらく介護をしていたが住宅ローンの返済や税金滞納があり、母親の年金だけでは生活が苦しい。仕事に就こうと思っ

たが母親の介護で疲れてしまい精神的に活動できる状態でない」と訴えられた。詳しく話を聞くと、父親が数年前に亡くなったが、何も相続手続きができていないこともわかった。母親の介護状況については、週1回のデイサービスとヘルパーのみを利用しているが、夜間の失禁等の処理があるため、息子は十分な睡眠がとれず体調不良の状態であった。まずは介護負担の軽減を図るため、母親のケアマネージャーに連絡し一緒に介護ケアプランを見直してショートステイの利用となった。併せて、親子が実際に必要な生活費を把握するため家計相談を行った。住宅ローンや相続手続きについては司法書士相談を紹介。住宅ローンは金融機関へ申し出て支払猶予をしてもらうよう助言をもらい、相続手続きについては、司法書士が受任し実家を守るため親族全員が住宅ローン返済の協力をする約束を含めた遺産分割協議書を作成して相続登記を行った。心配事が解決したことにより息子の体調が改善されたため、やすワークを活用して家計相談で把握した金額が稼げる就職先を紹介したところ、見事就職が決まった。収入を得たことで、税金滞納については分納で支払いができるようになった。息子は現在も元気に働いている。

5　支援調整会議の活用

生活困窮者支援制度では、支援の方向性や活用する支援メニューについてプラン作成します。そして、このプランについては、実施主体である行政と関係機関が集まってプランを決定する支援調整会議の実施が位置付けられていますが、当市では支援プランのチェック機能として毎月1回開催しています。NPO法人反貧困ネットワーク滋賀・びわ湖あおぞら会と委託契約をし法律家の派遣を受け、ハローワーク職員、市民生活相談課担当職員、相談員全員が出席して毎月の新規相談と再プランの全ての報告を行い、さまざまな立場から意見を出し合って全件チェックを行います。他、年4回開催する相談支援包括化会議（多機関協働による相談支援包括化推進事業）にも、当該NPO法人から法律家を派遣してもらい、その都度テーマを決めて、市役所関係課、地域のさまざまな関係機関の方に参加をしてもらい協議をします。これまで、ひきこもり、認知症、障がいや刑余者などのテーマで実施しました。法律の専門家がいることで、離婚、借金、労働問題などさまざまな課題にも、専門的・法律的な視点から具体的な助言を受けることができます。

支援プランの作成については、家計改善支援とか就労支援のように確立された制度だけではなく、相談者へのかかわり方などもプランに記載しています。例えば、ひきこもりなど社会的なかかわりが薄い方には、「相談員が毎日電話をして声かけをする」「挨拶の練習をする」という支援の内容をプランにしています。やれること、かかわりがもてること、すべてをプランに挙げることで、「支援調整会議」のときに具体的な支援方法について共通認識をもつことができます。

支援調整会議のなかで、「一人暮らしの中高年男性たちが毎食コンビニ弁当を食べるなど食生活に問題があり、家計費ももったいない」と、課題が挙げられました。それがきっかけで、対象者に声をかけて集め、コミュニティセンターの調理室を活用して相談支援員が一緒に調理を教える、「おとな食堂」を企画し実施したところ、大好評でした。また、年末年始に孤立しがちな相談者が少しでも気持ちが和んでもらえるようにとの相談員の発案で、単身やひきこもり等の相談者60人に対し、市の予算を使って手書きの年賀状（**写真**）を送りました。受け取った相談者からは、お礼の手紙や「嬉しかった」などの声を頂くなど大変喜んでもらい、再度の相談につなが

るなどの効果がありました。このように現場から見える課題を工夫して役立つ支援メニューを作っています。

6 野洲市くらし支えあい条例について

平成28年6月24日に野洲市くらし支えあい条例（以下「条例」）が公布され、同年10月1日に施行されました。当市では、旧野洲町時代である平成11年に消費生活相談窓口を開設しましたが、その後の過程で積み重ねたひとつひとつの相談事例や、上記で記述した多重債務包括的プロジェクト、生活困窮者支援事業など長年の蓄積をベースに、現場で必要なことを盛り込んだマニュアルとして制定しました。

この条例は、消費者行政と生活困窮者支援の分野を包括して規定しているという特徴を持っています。たとえば、多額の借金を抱えている人は、その背景に失業という課題があり、その失業の原因として心身の病気や介護、離婚等の家庭問題など複合的な課題を抱えている場合があります。また、悪質な訪問販売などによって次々と商品を購入させられてしまう高齢者は、孤立や認知症などの課題を抱えている場合があります。この時に、借金や悪質な訪問販売によるトラブルのような表面的な課題を解決したとしても、その奥にある原因に目を向けて課題解決を図らなければ、借金を繰り返したり、別の消費者被害にあってしまう可能性が高く、その人の課題の解決や生活再建にはなりません。そこで、当市では、「おせっかい」を合言葉に、借金や悪質商法などの個々の課題の解決だけでなく、心身の病気や貧困、孤立など相談者の抱える課題を一体的に解決する重要性を強く認識し、取組を行ってきました。これらの取組をベースにして、条例では消費者被害の解決のみならず、その背景にある課題にも目を向けることで安全・安心で市民がともに支えあうくらしの実現をめざすことを目的に掲げました。条例が消費者行政と生活困窮者支援の二分野を包括している理由はここにあります。

条例の前文には、条例制定について思いが込められていますのでご紹介します。

【前文】

市民共通の願いは、健康、安全、幸せです。その実現のためには、市民それぞれが成長しようとする強い思いと行動、それを支える社会の仕組みが必要です。しかし、地震、水害などの自然災害、また、病気、事故、失業、離婚、さらには日常生活での消費に伴うトラブルなど社会経済的要因によって生活が立ち行かなくなる場合があります。問題解決には専門的な支援が必要ですが、いずれの場合にも多様で複雑な要因が絡み合っているため、専門分野だけの対応では断片的な対処に留まり、根本的な解決につながりません。

野洲市では、生活が立ち行かなくなった市

年賀状

民に対して、生活の困りごとを解決するという大きな括りで捉えて支援を進めてきました。問題に個々に対応するのでなく、相互関係を把握し、一体的な解決を目指して、「おせっかい」を合言葉に、市役所に設置した総合相談窓口を核にして、公共サービス、専門家、地域社会の総合力を効果的に発揮させる仕組みを発展させてきました。

このように市民の生活の困りごとを解決し、自立を促し、生活再建に向けた支援を行うことは、市の重要な役割です。その場合、個々人の状況が異なるため、一人を支援することからを基本に、包括的、継続的に支えあう仕組みが機能することが不可欠です。

また、市民の日常生活の基本である消費においては、事業者と消費者との関係が相反するものでは生産的ではありません。近江商人の教えである「売り手よし、買い手よし、世間よし」の三方よしの精神をもとに、商いが自らの利益のみならず、買い手の利益、さらには地域社会の発展や公共の福祉の増進にも貢献する建設的な関係で進められることが、問題発生を予防するとともに、市民の自立と地域社会の健全な発展を促進します。

これまでの取組を、生活困窮予防と市民参加促進機能にも着目して発展させることにより、市民一人ひとりがともに支えあい伸びやかに安心してくらせるまちの実現を目指すことを決意し、この条例を制定します。

7　さいごに

私は、1999年4月、新設された野洲市の消費生活相談員として勤務しました。新米の相談員で、多重債務問題について知識がないため、相談者に対しどのようにすればいいのか分からず不安ばかりの日々でした。その年の9月に先輩の相談員に誘われて、大阪で開催された第19回全国クレジット・サラ金被害者交流集会に初めて参加したのが、クレサラ対協との出会いです。その時に、全国から集められた、被害者の会、弁護士、司法書士、相談員の皆さんが、熱い議論を交わされている様子に感銘を受けました。また分科会では木村達也弁護士が、「甘い！まだまだ運動が足りない！」と強く何度も何度も檄を飛ばされ、多重債務問題に全身全霊でぶつかられている姿に「なぜここまで出来るのだろうか？」と、とても驚きました。

「多重債務者は高金利等による被害者である」「被害救済のため運動で法律を変える」。交流集会で得た学びは目からうろこであり、それからの私の多重債務相談における原点となりました。もし、交流集会に参加していなければ、今の私はなかったといっても過言ではありません。その年に頂いた資料は、その魂を忘れないよう今でも宝物として保存しています。

「1人をも救えない制度は制度ではない。まずは1人からしっかりと支援を行い、成功すれば普遍化すればいい」と言うのが、当市の山仲市長の考え方です。これはクレサラ対協の運動と共通するものだと思います。そして大事なのは、市役所にある「命を守るサービス」をどう市民に届けるのか。しかしこれは行政だけではできません。地域の多種多様な職種の方々の協力を得て、一緒に成功体験を積み重ねていく。そしてその体験を広く共有することが、市民に対し相談支援の理解や共感を広げていくことにつながるのだと思います。それでも、事業をやればやるほど課題や悩みは尽きません。これからも私の原点である、全国クレサラ・生活再建問題被害者連絡協議会の活動が益々発展し一人でも多くの方が救済されることを心から期待しています。私も社会保障問題研究会の一員として一生懸命努めたいと思いますので、今後ともどうぞ宜しくお願いします。

数字を使った分析にも力を入れよう

フリーライター 白 井 康 彦

クレサラ運動40周年おめでとうございます。「しっかりした市民運動は、社会をよくしていくために極めて重要」。私は長い記者生活の途中で、こう悟りました。クレサラ運動が、取材記者としての私を育ててくれた面もあります。そのため、クレサラ運動の一層の発展を切に願うものです。しかし、クレサラ運動は現実には停滞気味。私が「こうしたらいい」と思う点を挙げます。一番強くお願いしたいのは、「数字を使った分析にも力を入れよう」です。クレサラの運動家には、数字を使った分析に冷淡な人の割合が高すぎます。これまでの経緯から説明しましょう。私の略歴は次の通りです。

1958年生まれ。名古屋市中川区出身。一橋大学商学部を卒業して1984年に中日新聞社に入社。昨年6月末で定年退職。今は自称「フリーライター兼社会活動家」。

中日新聞社では生活部に属している期間が最長でしたが、若い頃は経済部記者。証券業界や金融業界を担当していたこともあります。地方行政や地方政治の担当だった時期もあります。生活部では、家計に関する記事や消費者問題の記事を主に書いてきました。

多重債務問題の記事を最初に書いたのは1992年でした。大阪で木村達也先生にも取材し、「クレサラ運動10年誌」のような題名の単行本をいただいた記憶があります。その頃は、たまに多重債務の記事を書くという感じでした。設立された頃の「愛知かきつばたの会」も取材先の一つでした。その後、多重債務問題の記事が書けない部署に数年間いて、多重債務の記事が書ける生活部に戻ったのは2001年でした。

その当時は、サラ金全盛時代。私は「深刻極まる状況」と感じました。多重債務者はどんどん増える。それなのに、サラ金各社のテレビCMや新聞広告が氾濫し、多重債務に関する記事は「マスコミのタブー」の雰囲気でした。新聞社やテレビ局の記者で多重債務の記事を書こうとする記者は皆無に近い。そこで、多重債務問題に関する徹底的な調査を開始しました。本腰を入れて多重債務問題の記事を書き続けるには、本腰を入れた調査が不可欠です。調べ方も自分自身で考える暗中模索の調査報道です。他のテーマで生活面の記事を書きながら、多重債務問題の調査を続ける。こうした半年以上の準備期間を経て、2002年6月から半年間、生活面にシリーズ記事「どうする多重債務者列島」を21回載せました。読者からの反響は凄かった。「自分も助かる道があるのでしょうか」。といった電話が殺到しました。

多重債務の調査で一番効果的だったのは、「相談に乗る」行為でした。どうしたら新聞記者が相談員になれるのか。私が協力をお願いしたのは、「道場」の名称で多重債務相談に応じていた民主商工会です。民商は、グループミーティングの形式で、相談を受けていました。大きなテーブルを囲み、多重債務を克服した人が多重債務者にアドバイス。自分もアドバイスする側にしていただいたわけで

す。

　週3回のペースで数年間、名古屋市やその近郊の民商を回りました。多重債務者の悩み、不安、多重債務に陥った原因、その対処法、家族関係の壊れ方……。さまざまなことをしっかりと学べました。このときの蓄積が、その後の私の取材活動の支えになりました。

　その後も生活部で、多重債務問題の記事をたびたび執筆。定年退職のしばらく前に新聞記事データベースで、「白井康彦」「多重債務」のキーワードで検索したら、200本くらいの記事が出てきました。

　2003年には、ヤミ金融や武富士の問題がかなり多く報道されました。しかし、サラ金＝多重債務者製造マシーン、という根本の問題点については、新聞社やテレビ局の記者はほとんど書かなかったのです。新聞社やテレビ局の記者らは、2006年に国会で貸金業制度の抜本改正が審議され始めた時点から一斉に多重債務問題を報道し始めた感じでした。

　「なぜ、世間の人たちは、多重債務問題を重大問題として考えてくれないのだろう」。クレサラ運動の皆様と一緒です。私も悩み、重大問題と考えてもらうための作戦をいつも考えていました。私が有効だと考えていたのに、クレサラ運動の皆様の関心が集まらなかったのは「数字を使った分析」です。問題の本質を表す確かな数字が示せると、説得はかなり容易になります。しかし、クレサラの世界では「運動家の大半を占める法律家の大半が数字を使った分析に無関心」だったのです。

　2006年前半、国会議員らがサラ金業界に大打撃となる法改正に向けて始動。その頃に公表された重要な数字がありました。「5社以上の貸金業者から借りている多重債務者は約229万人」というものでした。個人信用情報機関のデータが元になっているので、信頼性が高い。国会議員らも「法律家らが言う通りに多重債務問題は深刻だ」と考えたわけで

す。政府や国会が大きな制度改正を行うときには、制度改正の必要性を示すデータが必要です。世の中の仕組みを変えようとする市民運動側でも、そういったデータを集める努力は怠ってはならないと考えます。「構造的な問題点を示す数字のデータ」を使って説得すると、納得する人が多いのです。

　私が当時、多重債務の実態を示すデータとして重視していたのが、多重債務者と貸金業者との取引履歴です。借りた、返したの全過程が確実に分かります。取引履歴を数多く集めて分析すると、多重債務問題のいろいろな側面が分かるのです。「債務整理にだけ使うのではもったいない宝の資料」だと思います。

　新聞記者の世界でも、多重債務者について「借りまくって返さない悪い奴」と単純に思い込んでいる人がほとんどでした。自分は取引履歴を見せながら、「毎月ちゃんと返済しながら追加借り入れするので、多重債務者になっていく」と周りの記者らに説明しました。心理的な効果が大きかったのは、多重債務者の借入総額、返済総額、返済総額のうちの元金分と利息分の金額を示すことでした。自分が平均像として示していたモデルは、次の通りです。「貸金業者6社からの借入総額＝700万円、返済総額＝700万円、うち元金分＝350万円、うち利息分＝350万円」。金利がゼロなら完済できています。返済金の中の利息充当分が多いので、「借金残高350万円の多重債務者」になっているのです。こうした数字の示し方をすれば、「返さない悪い奴」というイメージは変わります。

　このモデルでもう一つ大事だと思うのは「借入総額＝返済総額」であることです。取引期間をトータルしてみれば、借金していなかったのと同じです。借金しなくてもやりくりできた理屈です。ところが、現実は自転車操業。自殺が頭をよぎったりする切羽詰まった状態です。最初の一歩を間違えなければど

うだったか。借金を始める前に節約してサラ金を利用しなければ、平穏な生活を送ることができたのです。「サラ金に手を出すことは非常に危険」と説明するときにも使えるモデルです。

取引履歴をもとにした分析で「サラ金各社が多重債務者をどんどん生み出しながら大儲けする」構図も分かります。多重債務者の取引履歴を借入先の会社ごとに集計します。すると、その多重債務者との取引期間が長い会社の場合は、破産によって未返済残高の50万円が回収不能になったしても、大儲けしていることが多かったのです。それまでに充分な返済金を得ているので、そうした計算になります。多重債務で長い期間悩み苦しんでいる人が、サラ金各社には上得意なわけです。

多重債務者のほとんどは、非常に愚かしい行動パターンにはまっていました。今もそうです。私は「限度額張り付き現象」ととらえています。借入残高が利用限度額に近づいてからは、借入残高は利用限度額に近い数字でずっと推移することが多いのです。話を分かりやすくするため、丸い数字になるモデルで説明します。1カ月間が毎月30日だと仮定。金利は、日利0.08%とします。月利では2.4%です。利用限度額は50万円、毎月の約定返済額は2万円とします。

借入残高が50万円のとき、2万円返済したとします。このうちの1万2000円が利息充当分です。「50万×0.024＝1万2000」という計算。2万円の返済金のうち1万2000円が利息なので、元金充当分は8000円です。借入残高は49万2000円になります。限度額まで8000円追加融資が受けられる状態です。この状態のとき、追加融資を目一杯してしまう人が多いです。すると、借入残高は再び50万円になります。次の約定返済日に2万円返済して、また8000円借りると、借入残高はいつまでたっても50万円のままです。

この状態は、考えてみると実に愚かしい。借金残高を50万円に据え置いたまま、サラ金に毎月1万2000円の利息を払っているのと実質同じです。利用限度額50万円の人がサラ金会社に一番多く利益を得てもらおうと行動すると、このパターンになります。毎月、やっとの思いで返済を続けている人が、無意識にこうしたパターンにはまってサラ金会社を喜ばせているのです。今は、多くの銀行がカードローン利用者をこうしたパターンにはめ込んで、しっかり儲けています。

クレサラ運動の人たちにお願いしたい二番目は「他分野の人たちとも深く交流しよう」です。特にマスコミの人たちとの交流は大事です。私は、新聞の生活面に家計に関する記事を書き続けてきたので、ファイナンシャルプランナー（ＦＰ）との交流が深いです。金融取引に関しては、法律家の見方とＦＰの見方が大きくずれていることがよくあります。ＦＰ的な見方もしっかりと勉強した方が賢明です。

私がクレサラ運動と長くつきあっていて不思議でならないのは、サラ金や銀行のカードローンという商品の仕組みについて、議論が盛り上がらないことです。ＦＰは、さまざまな金融商品やローンについて、商品の仕組みから説き起こして賢明な利用法をアドバイスします。そうしたＦＰ的な感覚では、一般消費者に「カードローンという商品は極めて危険だから一切手を出すな」とアドバイスしたいです。借金中毒に陥りやすい商品特性があります。金利が低くてもカードローンは危ない。私が親しくしていた高収入の男性は、年利8％台のカードローンを利用しているうちに残高が利用限度額の300万円まで膨らみ、返済に四苦八苦していました。

消費者になじみが深いのは、住宅ローン。住宅ローンとカードローンが大きく違うのは、金利水準だけではありません。カードロ

ーンは、追加融資が受けられるという点でも決定的に違います。しかも、カードローンは機械にカードを入れる操作で簡単に追加融資が受けられます。多くの多重債務者が、預金をATMで降ろすのと似たような感覚で、追加融資を受けていました。カードを使ってATMから金を引き出すという操作がそっくりなので、こういう現象が起きます。

このあたりは今もまったく変わりません。カードローンのキャッチコピーでは「ご利用は計画的に」が有名です。これが現実離れしています。現実には、追加融資を頻繁に繰り返す人が多い。計画的とは対極の世界です。固定金利型の住宅ローンだと、30年先の返済予定額も分かります。それと比べて考えてみると、カードローンを「計画的に利用する」という言葉の虚しさが理解できるはずです。

追加融資が受けられないローンだと、借金残高はどんどん減ります。カードローンだと、追加融資を受ける人が多いので、借金残高は減りにくく、貸す側の利益は膨らみやすい。個人的には「カードローンについては上限金利を他のローンより大幅に下げる制度にする」といった法改正を提案したいです。

私がＦＰ的な感覚でカードローンの危険性を訴えるときは、「家族に内緒の借金は厳禁」という話もします。現実には内緒の借金が多いです。カードローン利用者の７割ぐらいが「家族に内緒」のような気がします。家族の立場では、「内緒の借金」は容認できません。ある日突然、多重債務者だと打ち明けられる。貸金業者の取り立てが来る。節約に努めねばならないし、いろいろ不安。「全部、あなたのせいよ」と怒りをぶつけます。内緒の借金は「家庭不和製造マシーン」です。だから、絶対厳禁です。クレサラ運動では、多重債務者を被害者ととらえています。それには異論ありませんが、家族に内緒で借金した多重債務者は、家族にとっては紛れもなく加害者。その点はしっかり意識しておくべきだと思います。

私は昔は経済部記者だったので、エコノミストらが統計数字を散りばめて執筆する論文を読むことがまったく苦になりません。実際、必要に応じてよく読んでいます。だから、エコノミスト的な感覚が私にも少しはあります。その私にとって、2013年以降の６年間は、「クレサラの運動家らの頭の構造はエコノミストと違いすぎる」と、内心嘆く日々なのです。エコノミスト的な感覚をもっと学んでいただきたいです。

私もクレサラ運動の人たちと同様、多重債務問題から貧困問題へと視野が広がっていきました。2012年からは、貧困問題の中でも特に生活保護問題に力を入れてきました。私にとっての重大事件が2013年１月に起きました。生活保護制度の日常生活費である生活扶助の基準が大幅に切り下げられたのです。厚生労働省が主な理由として挙げたのが、「物価下落との連動」。厚労省は「生活扶助相当CPI」という独自の物価指数を設定し、それが2008年～2011年に4.78％下落したと説明しました。

この4.78％という数字を見て、エコノミスト的感覚の私は驚きました。３年間で５％近くも物価が下落するのは、かなり強烈なデフレです。そんな状況であったとは到底思えません。すぐに、総務省統計局の消費者物価指数（CPI）統計を見てみました。計算対象の全品目で計算するCPI総合指数の2008年～2011年の下落率は2.35％に過ぎません。何かカラクリがある、と思いました。

それ以来、カラクリの研究を地道に続けました。今は、カラクリが完全に解明できたと思っています。2014年には単行本「生活保護削減のための物価偽装を糾す！」（あけび書房）を出版。さらに今年１月、「生活保護費大幅削減のための物価偽装を暴く」というタイトルのホームページを自前で作って公開し

ました。マスコミ・国会工作も行っています。

　この生活扶助基準切り下げについては、行政処分取り消しを求めた訴訟が全国29カ所で提起され、長い裁判闘争が続いています。物価指数は主要論点になっています。それなのに、物価偽装のカラクリを探究しようとする弁護士は少数派なのです。多くの弁護士は「数字の話は苦手だ」と言います。

　2019年の通常国会は2月上旬段階では、勤労統計不正など統計に関する問題がクローズアップされています。今が絶好のチャンス。物価偽装問題を何が何でも大きな問題にせねばなりません。そのため、クレサラの運動家の人たちには、強くお願いしたいのです。「単なる法律家なら『数字は苦手』と言い訳しがち。しかし、運動家でもあるなら、いろいろな分野の人と交流し、さまざまな物の見方を学び、柔軟に行動すべきではないでしょうか」。

クレサラ運動が鍛えたジャーナリスト
―ヤミ金、武富士、大東建託―

ジャーナリスト 三 宅 勝 久

近著に『大東建託の内幕――"アパート経営"ビジネスの闇を追う』（同時代社）

ジャーナリストにとって、取材テーマは偶然の出会いのようなところがある。とある縁から私はクレサラ運動と出会い、それにかかわる人たちと今日まで取材や交流を続けてきた。早いものでもう20年になる。齢も50歳半ばに差し掛かり、人生の締め切りをいやでも意識しないわけにはいかなくなった。このあたりでいったん振り返ることにも意味があるだろう。

半プロカメラマン

私は岡山県に生まれ、18歳で大阪の国立大学に進学した。スペイン語（より正確にはカスティージャ語）の専攻だったが、勉強にあまり興味が持てず、稼ぎのいい土木作業のアルバイトと剣道、写真、友人らとの遊興に没頭した。留年と休学を繰り返し、スペインやメキシコなど中米を延べ2年間にわたって放浪した。かろうじて卒業したのは入学9年目の1993年で、年齢は27だった。学費は年間25万円ほどで、いまよりもはるかに安かった。

卒業後は企業への就職はせず、フリーで報道写真を撮る仕事を志した。といっても、学生時代と変わらぬ暮らしぶりで、家賃が月1万5000円ほどの学生下宿に住み、ふだんは土木作業のアルバイトをしていた。そうやって資金を貯めては外国へ3カ月～半年といった長期の取材に出かけ、帰国すると雑誌や通信社に売り込んで記事や写真を発表し、またアルバイトに精を出した。

そんな生活を4年ほどやった。南アフリカ、モザンビーク、アンゴラ、ニカラグア、エルサルバドル、メキシコ・チアパス州、東チモール、ハイチ、キューバといった国の紛争地帯や貧困地帯を訪れた。フィルム代と旅費で50万～60万円を使い、原稿料はせいぜい10万～20万円といったやり方で、プロといっていいのか、アマチュアといいのかわからなかった。とはいえ、そんな半プロ暮らしが苦痛だと思ったことはなく、原稿料が安くても記事が世に出ると単純に喜んでいた。

やがて景気が下降しはじめ、土木作業のアルバイトも暇になりがちとなった。経済基盤が揺らぐと写真活動も続けられない。多少不安を感じ始めたある日、「新聞記者を募集している」と友人が教えてくれた。山陽新聞という岡山の新聞社だった。岡山で育ったのでよく知っている。「大卒、30歳以下」というのが応募資格だった。私はすでに31歳だったが、応募し、採用された。

新聞社は暗かった

新聞社は自分の紙面を持っている。好きなことをいくらでも書けるぞ、と私は意気込んでいた。経済的な不安もない。しかしその明るい気持ちは数カ月で消滅する。風通しが悪く、旧態然とした上下関係があり、パワハラが横行する陰気な場所だと知ったのだ。

本社の社会部というところに配属された。警察の庁舎内にある「記者クラブ」に取材拠点を構え、もっぱら警察官から得た情報を記事にする部署である。警察署内からほとんど

外に出してもらえず、幹部警察官の間をいったりきたりしながら「ネタ」をもらうのが、先輩から教育された「取材」だった。ものの1カ月でうんざりして逃げ出したくなった。

数日おきの泊まり勤務をやりながら、午前7時から午後11時まで、毎日15時間を超えるような長時間労働だった。休日もろくにとれず、岡山県外に旅行にいくことすらなかなかできなかった。見聞を広げるどころではない。疲労とストレスで脳内が煮詰まってくる。アイデアがわいてこない。記事も書かせてもらえない。こんな毎日では記者としての実力などつきようがなかった。興味のアンテナを張り、取材して書き、読者の批判を仰ぐ——という私のもっていた新聞記者のイメージとは似ても似つかぬ姿だった。

「顔色が悪いね」と久しぶりに会った高校の同級生に言われた。いつ辞めようかと毎日のように考えていたころ、四国・高松への転勤を命じられた。

本社のある岡山と異なり、高松の支局は記者が7～8人の小さな所帯だった。それで香川県版という面を毎日作り、必要に応じて本社にも記事を送る。人がいないので、上司や先輩に一人一人の行動を見張って小言をいう余裕はとてもなかった。その分自由に好きなことをする余地があった。しかし黙っていれば無限に仕事は降ってくる。役所や企業、警察の発表ものが山のようにある。きりがない。休日でも暇そうだとみられると雑用を押しつけられる。そこで、私は町を歩き回り自分のペースでできる独自のテーマを探すことにした。少しでも自由になり、興味のわくことをやりたいという一心だった。

クレサラ運動との出会い

クレサラ運動と出会ったのは高松時代の1998年ごろだと記憶している。高松で私が住んでいたアパートの近所に高松あすなろ会の事務局があることを知り、出入りするようになった。

仕事に一段落つけて夜に帰宅すると、しばしば私は高松あすなろの会の事務所に自転車で向かい、事務局長の鍋谷健一さんやスタッフと話し込んだ。ときに酒も飲んだ。私にとっての高松あすなろの会は、取材先であると同時に、劣悪な新聞労働現場からの避難所でもあった。私はヤミ金や商工ローンの激しい取り立ての音声を聞き、利息制限法の仕組みを教わった。多重債務の被害者にも会い、話を聞かせてもらった。記者の好奇心をおおいに刺激された。

そのころ、商工ローンの「日栄」「商工ファンド」の略奪的な営業と暴力的な回収が大きな問題を引き起こしていた。日栄高松支店は山陽新聞と同じビルにあった。日栄に家宅捜索が入ったこともあり一時はニュースになった。しかし、中日・東京新聞のようなごく一部の例外を除いて、サラ金問題の本質に一般の新聞が切り込むことはなかった。新聞でサラ金批判はタブーだった。タブー以前に、問題だという意識そのものが希薄だった。ヤミ金であろうが「借りたものは返すのが当然」という風潮が山陽新聞社内にもあった。

私は高松あすなろの会での「学習」を通じて、その考えが大きな誤りであることを知った。そこで、当時は放置状態にあった「ヤミ金」を告発する連載企画を自分でたて、5回分の原稿をつくった。紙面に載るかどうかは決まっていなかったが、先に原稿をつくって上司を説得しようと思ったのだ。

「これは本版（ほんぱん）向きだな」と高松支社のデスクは渋々言って、岡山本社のデスクに原稿を送った。本版に原稿をとられると、支社の仕事が増え、県内版のネタもなくなるという二重苦になる。人不足なので頭が痛いというわけだ。しかし書いた本人にしてみれば、読者の数が圧倒的に多い本版に載せ

たいのは当然だった。

　作戦は成功したはずだったが、本社のデスクは「危ない」というよくわからない理由で本版掲載を断った。結局香川版の掲載となった。影響力を恐れたらしい。この新聞社に私は限界を感じ始めた。

武富士問題に鍛えれられた

　2002年に私は山陽新聞を辞め、東京に出てきてフリージャーナリスト業をはじめた。新聞社勤めに疲れていたし、タブーなくもっと自由に書きたいとおもった。

　手始めにやってみたのが、高松簡裁での誤った特定調停をめぐる国家賠償請求裁判だった。高松あすなろの会からの情報が端緒だった。『週刊金曜日』に売り込み、誌面をもらったのだが、この取材の過程で別の「事件」がおきる。話を聞こうと名古屋の水谷英二司法書士を訪ねたまさにその日、ヤミ金の債権回収屋を名乗る謎の男から電話で執拗な脅迫を受けるという事件に水谷さんが巻き込まれたのだ。予定外だったが、そちらも取材することになる。

　回収屋の事件は後に「債権回収屋G——野放しの闇金融」と題するルポルタージュに仕上げ、『週刊金曜日』の賞に応募、賞金30万円を獲得した。テレビ番組の放送も行い、大きな反響があった。番組がきっかけで脅迫した犯人が見つかり、実刑判決がくだされた。サラ金で借金を抱えた多重債務者だった。

　やがて、ヤミ金が社会問題として認知されはじめ、脅迫的な取り立ての様子がテレビでも取り上げられるようになった。しかし、ヤミ金の背景にあるサラ金問題は、依然としてマスコミのタブーだった。テレビ局にサラ金問題を売り込んでみたが、まるで相手にされなかった。

　クレサラ被連協の事務局に出入りするようになり、事務局長の本多良男さんと知り合った。

　「マスコミはヤミ金ばかりをやっていてはだめだ。サラ金問題やってください。特に武富士がひどい。あなたたち武富士問題をやりなさい」

　ある日、本多さんがいつになく厳しい口調で私に言った。そのとおりだった。新聞やテレビは大手サラ金会社の広告とCM漬けになっていた。

　サラ金問題をやりましょう——私は『週刊金曜日』に提案した。企画は採用され、本格的な取材に着手した。

　武富士問題対策会議ができたのも同時期である。今瞭美弁護士や新里宏二弁護士、宇都宮健児弁護士ら武富士問題に精通した法律家や相談員、被害者の人たちから繰り返し時間をかけて話を聞き、被害の深刻さを理解していった。

　2003年2月から3月にかけて、「武富士残酷物語」「武富士社員残酷物語」と題する記事を2回にわたって『週刊金曜日』に掲載した。武富士はすぐに訴えてくるという評判だったので注意したつもりだったが、やはり訴状は届いた。『週刊金曜日』と連帯して5500万円払えという。連載を続けると訴額は1億1000万円に膨らんだ。中村雅人・吉川久治弁護士を筆頭に、クレサラ運動にかかわる多くの弁護士に加勢してもらい、徹底的に戦った。多くの被害者や武富士社員の人たちの支援もあった。全国各地の被害者の会に足を運んだ。その甲斐あって完全に勝訴し、不当提訴による損害賠償も勝ち取った。

　クレサラ運動という地道な市民運動、消費者運動の勝利でもあった。100％消費者の目線に立ったタブーなき力強い運動体の存在により、武富士の容赦ない弾圧をはねのけることができた。そして私自身、ジャーナリストとして鍛えられた。

170

クレサラ的な市民運動を

　現在私は「大東建託株式会社」というアパート経営を商品とする大企業の問題を追及している。社員を酷使するブラック企業であり、マスコミがタブー視するという点で、武富士問題に通じるものがある。月に軽く100時間を越す残業、GPS機能付携帯電話による24時間の行動監視、30キロの道のりを徒歩で帰社させる、殴る、罵声を浴びせる——といった社員虐待が横行している。自殺が多発しているほか、客の金を盗んだり、客と家族に瀕死の重傷を負わせるといった凶悪犯罪もおきている。顧客のほうも、家賃の下落などでアパート経営に行き詰まり、銀行返済に窮する例が増えている。

　将来金利が上昇すれば、返済できなくなる顧客がさらに続出し、銀行が巨額の損失を出して日本経済を動揺させる恐れがある。

　深刻な社会問題であるはずだが、大量の広告やＣＭを新聞テレビに出稿しており、批判的な報道はめったなことでは出ない。往年のサラ金問題とよく似た光景である。

　大東建託についても、もしクレサラ運動のような全国的な消費者運動があったとすれば、もっと早く警鐘を鳴らせただろう。各地から情報が集まり、世に問題提起がなされ、解決策の研究も進んでいたに違いない。

　複雑に絡み合った社会の矛盾がさまざまな現象として表れ、「クレサラ」だけを見ていたのでは理解できなくなったいま、あらゆる分野で「クレサラ運動」的な市民運動が現れることへの期待はかつてなく大きい。

　マスコミの劣化ということがしばしば言われるが、消費者運動のような市井の運動が活発になれば、それに刺激されてジャーナリズムも変わるはずだ。弱い立場におかれた者の姿や声に触れる経験は、記者を育てる力を持っている。耳障りのいい宣伝にだまされなくなる。私は自分の経験からそうおもう。

特別報告

優生保護法による強制不妊手術・謝罪と補償を
―被害者が声を上げることが社会を変える力―

弁護士　新　里　宏　二

クレサラ対協の40周年記念誌に「優生保護法問題への取り組み」について、原稿依頼を受けた。皆さんのなかで、「優生保護法違憲訴訟」を中核とする被害回復運動に「クレサラ的なにおい」を感じていて、私への原稿依頼に繋がったように思う。

優生保護法による人権侵害に対する被害救済運動は、「被害を知った者の責任」の実現、被害者を前面に押し出す闘い、メディア及び国会議員対策など、我々が貸金業法の大改正やその他の制度改正で行ってきた手法そのものである。クレサラ運動の新展開として、我々がこれまで取り組んでこなかった分野への挑戦の在り方を、「優生保護法問題への取り組み」が少し示せているとするとこんな幸せなことはない。

1　国家賠償訴訟の提起

2018年1月30日、15歳の時に旧優生保護法による強制不妊手術を受けた宮城県内在住の60代の女性・佐藤さん（仮名）が、国家賠償法1条1項に基づき、国に対して3300万円の損害賠償を求める訴えを仙台地方裁判所に提起した。この訴訟は、1996年に旧優生保護法が改正され優生手術が廃止されたにもかかわらず、その後も何らの被害救済の措置もとられていないことが、国（行政・立法）の不作為であって違法であること等を理由とするものである。筆者は原告代理人弁護団の団長を務めている。さらに、同年5月27日結成された全国弁護団の共同代表も務めている。

筆者が優生手術被害に向き合うようになったのは、2013年8月、震災後「なんでも相談」を行っていたみやぎ青葉の会での相談であった。16歳で強制不妊手術を受けさせられた宮城県在住の当時60代の飯塚淳子（仮名）と出会ってからである。そして、2015年6月、飯塚さんの日弁連への人権救済の申立を契機として、2017年2月、日弁連が優生思想による強制不妊手術、人工妊娠中絶手術が人権侵害にあたるとの意見書を公表する、その報道に接した、佐藤さんの義理の姉が筆者に連絡してきて、全国初の提訴に繋がった。まずは、根本の旧優生保護法とその問題点から述べていくことにする。

2　旧優生保護法改正による優生手術の廃止

⑴　優生保護法について

旧優生保護法は、1948年に、戦後の人口増加により食糧が不足する状況のなか、「先天性の遺傳病者の出生を抑制することが、國民の急速なる増加を防ぐ上からも、亦民族の逆淘汰を防止する点からいっても、極めて必要である」（同年6月19日第2回通常国会参議院厚生委員会会議録第13号）との理由により制定された法律である。ドイツの断種法にその源流があり、戦前の国民優生法の延長線上で、戦後、同法が作られることになる。

同法第1条は、「この法律は、優生上の見地から不良なる子孫の出生を防止するとともに、母性の生命健康を保護することを目的と

する。」と規定し、優生上の見地による人口政策を目的の一つとして明確に掲げていた。

現に、同法には、具体的な手術として優生手術（生殖腺を除去することなしに生殖を不能にする手術）及び人工妊娠中絶に関する規定があり、その双方について、それぞれ不良な子孫の出生防止を目的とする規定と母体保護を目的とする規定が定められていた。

いわゆる「優生思想」とは、身体的・精神的に秀でた能力を有する者の遺伝子を保護し、逆にこれらの能力の劣っている遺伝子を排除して優秀な人類を後世に残そうとする思想と言われている。

⑵ 優生手術（優生上の理由による不妊手術・人工妊娠中絶）について

優生上の理由による不妊手術は、大別すると、本人の同意（並びに配偶者があるときはその同意）を得て行うもの（同法第3条）と、本人の同意を要せず、精神病等一定の要件がある場合に都道府県優生保護審査会による審査を経て行うもの（同法第4条、12条）がある。第4条は、「遺伝性精神病」、「遺伝性精神薄弱」、「顕著な遺伝性身体疾患」等に罹っていることを要件とし、第12条は、非遺伝性の「精神病又は精神薄弱」に罹っていること及び保護者の同意を要件として、優生保護審査会に優生手術を行うことの適否に関する審査を申請することができると定め、同審査会で優生手術が適当と認められた場合に手術が実施される。第3条、第4条及び第12条に基づく優生手術が本稿で言う、強制不妊手術である。

また、優生上の理由による人工妊娠中絶とは、本人、配偶者又は近親者が「（遺伝性）精神病」、「（遺伝性）精神薄弱」、「遺伝性身体疾患」等を有していることを理由とする中絶と、本人又は配偶者がハンセン病を理由とする中絶」である。

これらの実施件数は以下のとおりであり（「衛生年報」及び「優生保護統計報告」）、本

件国賠訴訟原告と同様に本人の同意によらない不妊手術（下記⑴②の合計）は、全国で1万6475件、同意によるものは8516件、合計2万4991件に及ぶ。

⑴ 不妊手術

① 本人の同意による優生手術
・同意のある遺伝性疾患を理由とするもの
合計6965件
・ハンセン病を理由とするもの
合計1551件

② 本人の同意を要せず、審査を要件とするもの
・遺伝性疾患を理由とするもの
合計1万4566件
・非遺伝性疾患を理由とするもの
合計1909件

⑵ 人工妊娠中絶
・遺伝性疾患を理由とするもの
合計5万1276件
・ハンセン病を理由とするもの
合計7696件
計8万3963件

⑶ 旧優生保護法の母体保護法への改正

1994年、リプロダクティブ・ヘルス／ライツ（性と生殖に関する健康／権利）に関するカイロ国際人口会議が開催され、その会議の一つのNPOフォーラムでの日本人の問題提起により優生保護法の差別性が問題となった。それを契機として1996年7月、優生保護法は「母体保護法」に改正され優生条項が削除された。「障害者差別に当たる」優生条項が削除されたのは遅きに失したものと言うべきであり、さらに、極めて大きな人権侵害であることは明らかなのであるから、同時に被害者に対する補償策が検討されるべきことも当然のことであった。しかるに、母体保護法への改正時以降も補償等の制度は全く検討されてこなかった。

2016年7月に知的障害者施設相模原津久井

やまゆり園で、元施設員によって引き起こされた、入所者17名を殺害し、入所者及び職員計26名に重軽傷を負わせた事件にあらわれているように、優生思想は厳然と日本の中に生き残っている。優生条項の廃止時に、調査委員会による検証を行っていたなら日本の優生思想も大きく変わっていた可能性が高いであろうに、日本においては長く何らの取り組みも行われてこなかったのである。

3　本件訴訟提起の経緯

⑴　優生手術被害者飯塚さんとの出会い

　飯塚さんとの出会いは、たまたま地元の多重債務問題に取り組む「みやぎ青葉の会」が東日本大震災後始めた「なんでも相談」であった。筆者は長年多重債務問題に取り組み、みやぎ青葉の会の初代事務局長も務めている。我々多重債務問題を取り組んでいるものは、よく、「知ったものの責任」という考えによって運動を続けてきた。そこに被害・人権侵害があるときその問題を放置できないとして活動してきた。

　飯塚さんは筆者に「若いときに知的障害を理由に不妊手術を知らないままに受けさせられた」と懸命に訴え続けた。筆者は最初、優生手術のことは何もわからなかったことからインターネットを検索し、「優生手術に対する謝罪を求める会」（以下「謝罪を求める会」という）にたどり着く。そこで漸く、1997年9月同会が結成され、国に対し優生手術被害者への謝罪と補償及び実態調査などを求めていったことがわかってきた。

　その数日後、同会の東京大学教授の市野川容孝先生から突然筆者の事務所に電話があった。市野川先生にこれまでの取り組みを聞き、1997年の段階で大きな運動ができて、謝罪を求める会もできたこと、しかし、厚生労働省は法律に基づいて合法的になされた手術であり、謝罪、補償は必要ないと主張し、救済が

進んでいないことを知った。飯塚さんは、1997年11月に同会が実施したホットラインに相談を寄せ、それ以降20年の長きにわたり謝罪と補償を求め続けて訴え続けていたことを知った。

　筆者は、その時点で国家賠償訴訟を考えたが、それには難点が2つあった。一つは、優生手術や法改正から長い時間がたっていたことからする時効・除斥期間の壁、もう一つは、飯塚さんの手術に関する記録が失われていたことである。彼女が手術を受けたのは1963年1、2月頃であり、1962年度の記録に記載されているのであるが、その年度の記録が宮城県に保管されていない。1961年度、1963年度以降の記録はあるのに、1962年度分が存在しない。飯塚さんは宮城県に個人情報の開示を求め、1963年1月、宮城県精神薄弱者更生相談所での診断結果が「優生手術必要」と記載されている資料は入手できたが、優生手術の直接の証拠である、宮城県優生保護審査会の記録、優生手術台帳などは遂に出てこなかった。

⑵　日本弁護士連合会への人権申立

　飯塚さんが国家賠償法により国を訴えることはあまりにもリスクが多すぎる状況はどなたでも理解できよう。「証拠の不存在と除斥期間」という超えられそうにない壁があった。

　実は、2010年、筆者は仙台弁護士会の会長を務めていたが、仙台弁護士会に「戦後のレッドパージという共産党員の公職追放が人権侵害である」との申立がなされ、仙台弁護士会として人権侵害であるとの勧告を行った。相談当初から、「弁護士会の人権救済申立によって局面が打開できないだろうか」、勧告には強制力はないものの、メディアを動かし次に繋がるのではないのかと考えた。

　2015年6月23日、筆者が代理人となり、飯塚さんが日弁連に人権救済の申立を行った。申立の理由は以下のようなものであった。

飯塚さんは、若い16歳で何も知らないうちに、人としていちばん大事な自己決定権、子どもを産んだり、産まなかったりする、その自己決定権を奪われなければならないのか、それっておかしいじゃないか。

そもそも、子どもを産むか産まないかは人としての生き方の根幹に関わることであり、子どもを産み育てるかを自らの意思によって決定することは、幸福追求権としての自己決定権（憲法13条）として保障されている。「優生」を理由とした不妊手術は、個人の極めて重要な子どもを産み育てるか否かの自己決定権を法律によって奪い取るものであり、憲法13条によって保障された基本的人権を踏みにじるものである。

⑶ 原告佐藤路子（仮名）さんとの出会い

日弁連は人権救済の申立を受けて、2017年2月16日、「旧優生保護法下において実施された優生思想に基づく優生手術及び人工妊娠中絶に対する補償等の適切な措置を求める意見書」を公表した。この意見書はテレビ、新聞などで大きく取り上げられた。

この報道を見た佐藤さんの義理の姉から、筆者の事務所に相談の電話が寄せられる。宮城県内に住む60代の妹（夫の妹）が、10代で優生手術を強制された。亡くなった義理の母からそのことを聞かされていて、理不尽な手術に対し許せないとの思いをずっと持ち続けていた、飯塚さんの人権救済の申立のニュースをインターネットで知り、意見書公表の報道に勇気を出して電話をかけたとのことであった。

佐藤さんはご本人で宮城県に情報公開請求し、同年6月、1972年12月に、15歳の時に、「遺伝性精神薄弱」であるとして旧優生保護法4条による強制不妊手術を受けさせられた事実が明らかになった。佐藤さんには知能発達の遅れがあったが、1歳の時に受けた手術の麻酔が効き過ぎたことが原因と考えられており、

後に交付を受けた療育手帳でも遺伝性でないとされているのに、「遺伝性精神薄弱」とされている。優生保護審査会での審査がずさんであったことは明らかである。

⑷ 被害に向き合わない国

2016年3月7日、国連女性差別撤廃委員会は、「主要な関心事項及び勧告」の第25項で、旧優生保護法に基づく優生手術に関し、「委員会は、締約国が優生保護法に基づき行った女性の強制的な優生手術という形態の過去の侵害の規模について調査を行った上で、加害者を訴追し、有罪の場合は適切な処罰を行うことを勧告する。委員会は、さらに、締約国が強制的な優生手術を受けた全ての被害者に支援の手を差し伸べ、被害者が法的救済を受け、補償とリハビリテーションの措置の提供を受けられるようにするため、具体的な取組を行うことを勧告する」と述べた。

この勧告に次いで日弁連の意見公表、さらに新しい被害者佐藤さんが声を上げたことから、筆者も被害者らも、政府・厚生労働省及び国会の中で謝罪と補償の検討に向けた動きがあることを期待した。しかし、厚生労働省は新しい被害者の声を聞くことには応ずるというのみで、それ以上は動こうとしなかった。今度こそと思った被害者らの期待はもろくも打ち砕かれた。

最後の手段として国家賠償請求訴訟の提起しか残っていなかった。

4 国に対する請求の理由

⑴ 提訴の準備段階での論点整理

地元仙台弁護士会では2017年6月22日、「旧優生保護法下において実施された優生手術及び人工中絶の被害者に対する謝罪及び補償等の適切な措置を求める声明」が出されていた。声明には仙台弁護士会両性の平等委員会が中心となって取り組み、国賠訴訟弁護団も同委員会のメンバー中心で進んだ。

弁護団はどのような理由で訴訟を起こすか悩みに悩んだ。優生手術から50年、60年経過し、優生保護法改正後20以上経過している時点における提訴には、時効・除斥期間の壁があまりにも厚く高かったためである。

しかし、弁護団はここで発想を転換した。判例は、立法の作為あるいは不作為も一定の要件の下に国家賠償法上違法になることを認めている。例えば、「在外邦人選挙権訴訟」大法廷判決（最大判平成17年9月14日）では国会議員の立法行為（立法不作為を含む）が、国賠法1条1項の適用上、違法となる場合について、「立法の内容又は立法不作為が国民に憲法上保障されている権利を違法に侵害するものであることが明白な場合や、国民に憲法上保障されている権利行使の機会を確保するために所要の立法措置を執ることが必要不可欠であり、それが明白であるにもかかわらず、国会が正当な理由なく長期にわたってこれを怠る場合などには、例外的に、国会議員の立法行為又は立法不作為は、国家賠償法1条1項の規定の適用上、違法の評価を受ける。」旨判示している。ハンセン病患者の隔離政策が人権侵害であると争われた熊本地裁平成13年5月11日判決も、「人権被害の重大性、及び司法救済の必要性を考慮要素としてその程度が著しい場合は違法との評価を受けると解するべきである」と判示している。弁護団は、これらの裁判例を研究し、厚生労働大臣の政策遂行上の不作為及び国会の立法不作為を理由として国家賠償請求訴訟を起こすことを決断したのである。

⑵　請求の理由～国家賠償法上の国の不作為の違法～

訴状の請求の原因には以下のように記載した。

そもそも、国会が母体保護法への改正時に、「障害者差別に当たると」して法改正を行っていたことからすれば、優生手術の人権侵害

性は廃止時点でも明らかであった。1998年、国連人権規約委員会から日本政府に対して強制不妊手術について補償を受ける権利を法律に規定することを求められた。また、1976年に優生手術を廃止したスウェーデンにおいて1999年に補償制度が運用された。

そして、2001年5月のハンセン病に対する国家賠償を求めた熊本地裁判決の中でも優生手術の違法が指摘され、2004年3月、国会での質問で坂口厚労大臣が優生手術被害者への補償に関し「今後私たちも考えていきたいと思います」と答えていた。

これらの事情からすれば、強制不妊手術被害の重大性及び被害救済立法の必要性は、そのころには国会の中でも明確となった。

その後も、2014年1月、国会は障がい者権利条約を批准し、23条で「障がい者の生殖能力を保持すること」が明記された。前述の通り、2016年3月には、国連女性差別撤廃委員会が日本政府に対し優生保護法による強制不妊手術について調査研究、加害者の処罰及び被害者の救済を強く勧告しそのことが国会の中でも指摘されていた。それにもかかわらず、国会は現在に至るまで、漫然と立法の不作為を放置している。この立法の不作為は、国家賠償法上違法である。

5　被害者我声を上げ、社会を動かす

真の課題は、訴訟を追行しながら、優生手術被害者への国の謝罪と補償をいかに早期に実現するかにある。勝訴判決はその通過点に過ぎない。

⑴　提訴前後の事情　続々寄せられる被害者の声

2017年12月3日、毎日新聞第一面トップで、旧優生手術被害者が国家賠償法による損害賠償請求訴訟提起予定する予告記事が掲載された。そこから、報道機関による続報が続いた。同日は日曜日であったが、筆者の携帯が朝8

時前から鳴りっぱなしの状況となった。メディアからの取材の電話であった。その報道を受け、被害者から少しずつであるが、声があがるようになってきた。

また、提訴後の同年2月2日、「優生手術被害ホットライン」を、全国5カ所（仙台・札幌・東京・大阪・福岡）で実施した。仙台7件、札幌1件、東京2件の相談が寄せられた。その中の一人、昭和32年頃、仙台市内で手術を受けさせられた74歳の男性（北さん・仮名）は、特段の障害を有しておらず、どのような経緯で手術が行われたのかわからないという。

同年5月17日、飯塚さん、同ホットラインに相談をした札幌の小島さんおよび東京の北さんが2次提訴した。その後、2019年2月末時点で全国の原告は20名（札幌3名、仙台5名、東京1名、静岡1名、大阪3名、兵庫5名、熊本2名）、うち手術被害原告は16名、その配偶者4名が家族形成権を侵害されたとして提訴している。なお、飯塚さんについては、第1次提訴後、宮城県知事が記者会見で、宮城県が認める基準としての4要件（当時宮城県に在住、関連記録がある、手術痕があることおよび証言が一貫して信用できる）に合致するとして手術を受けたことを認めるとする。運動が宮城県知事も動かした。

(2) 被害者が声を上げることで、世論が動き、裁判所・国も動く

原告ら被害者は、国家賠償請求という訴訟によって、優生手術を廃止した1996年以降、除斥期間（被害の時点から20年を経過した時点で請求ができなくなる制度）の定めのない「国家賠償法の特別法」を作ってこなかった国の立法不作為が違法であるとし、その責任を明らかにしようとしている。被害者が声を上げ、メディアがその問題性を大きく継続的に報道を続けている。

佐藤さん、飯塚さんの事件が継続している

仙台地裁の中島基至裁判長は、2018年6月13日の口頭弁論において、「本件において、旧優生保護法に係る規定の憲法適合性に関する判断は、国家賠償法にいう違法性の判断に先行するところ、本件における憲法問題の重要性、社会的影響等を踏まえると……裁判所は、その必要性に鑑み、本件において憲法判断を回避する予定はない。」との態度を示す等、被害救済に向け大きく前進している。

国は「優生保護法の違憲性」について認否の必要性はないとして、「国賠法で国に対し損害賠償の訴訟を提起することは出来たのであって、補償立法の義務はなく、補償立法の不作為に違法性はない。」と主張している。我々は除斥期間の厚い壁によって、被害者が国賠訴訟を提起できないから、憲法17条により国家賠償法の特別立法が必要不可欠であったのに、立法を怠ったと主張している。裁判の帰趨は一定明らかと言うべきであろう。

2019年2月8日、佐藤さんの義理の姉及び飯塚さんの本人尋問が予定されている。さらに、同年3月20日口頭弁論が終結し、判決の言渡期日が5月28日と指定された。

(3) 国会内での動き

国家賠償法での提訴が大きく報道される中、2018年3月5日「優生保護法下における強制不妊手術について考える議員連盟（会長元厚労大臣尾辻秀久参議院議員）」が結成され、さらに、同月27日には与党のWT（座長元厚労大臣田村憲久衆議院議員）も活動を開始し、補償制度の立法化の動きも加速している。全国弁護団も同年10月25日与党WT、同年12月4日議連からのヒアリングを受けている。

同年12月10日、超党派の議連および与党WTでは2019年の通常国会での救済策の制度化を目指すとされ、基本骨子案が作られ法案の検討が急ピッチで進んでいる。

6　我々が求めるもの

　超党派議連や、与党のＷＴに立法化に向けた動きについては歓迎するものであるが、以下述べるように多くの課題が残されている。

① 　我々は優生保護法が違憲であることを認め「国の謝罪と補償」を求めているのに対し、「我々がお詫びする」とされている。

② 　被害者については、記録のない人、法定外の手術対象者も補償対象とすることは評価できるものの、被害を長期間放置しながら既に亡くなった人は対象に含めず、現実に訴訟を提起している配偶者なども対象とされていない。補償対象が狭すぎる。

③ 　プライバシー保護を楯に、各種の広報をはかるとするものの被害者への通知など多くの被害の救済を図る仕組みを避けているといえる。

　　強制不妊手術被害者は2万5000人に対し、記録が見つかった人は自治体及び医療機関にあるものの合計は約5400件、その被害者にはプライバシーを守りながら、国が謝罪をし、確実に救済すべきである。さらに記録のない人への救済を医療機関、障害者施設及び障害者団体と協力して掘り起こしをはかるべきである。

④ 　補償の申出先は厚労省とされる。被害を放置してきた厚労省になっていることには納得できず、申出機関は準司法的な第三者機関であるべきである。

⑤ 　補償金額も海外の法制度を参考にするとされ320万円とされていて、訴訟での請求には遠く及ばない。

残念ながら、被害者を納得させるものとなっていない。

7　真の救済を実現できるか

　本稿が世に出る時点で補償法が成立しているかはわからない。さらに言えば被害者が求める制度となっているのかもわからない。筆者は現状を貸金業の大改正の運動を重ね合わせている。2006年の貸金業法改正の際、同年1月の最高裁判決、同年4月の金融庁多重債務に関する懇談会での中間報告の取りまとめ、同年7月の自民党の取りまとめ等順調に改正の議論が進んでいった。ところが、同年9月、金融庁から自民党への報告には「特例高金利」、「利息制限法の金額刻みの変更」を含むものであり、我々が求めるものからすると大きくぶれていた。その際、我々は、被害者を前面に出し、2000名の国会デモ等被害者の動きが我々の求める法改正を実現させた。

　現状は、この「9月の時点」に似ている。優生保護法弁護団は違憲判決を勝ち取ること、さらに全国で提訴原告を増やすことが出来るのか。

　2月28日には全国の障害者団体と一緒に院内集会を開き提訴原告が多く参加し国会議員、政党に被害の実情、被害者の思いを伝えた。被害者・被害者の運動が自ら求める補償制度を切り開いて行けることを確信している。

　（脱稿後の4月24日、「旧優生保護法に基づく優生手術などを受けた者に対する一時金の支給等に関する法律」が成立、同日施行された）

第5章

国際交流とクレサラ対協

韓国会議（2018年10月19日）

国際交流14年間を振り返る

金城学院大学 大 山 小 夜

国際交流部会とは

　国際交流部会は、2005年1月、クレサラ対協の内部組織として発足した。その目的は「諸外国の多重債務被害救済のための運動の支援、協力を行い、また、各国との交流・情報交換を促進して、日本を含む各国の多重債務被害・貧困問題の根絶に向けて、連携、協働すること」である。発足の背景について、部会長の木村達也弁護士は「今、資本の国際化の中で、消費者信用は国境を越えて発展し、その被害も国境を越えて拡大しつつあります。私たちは、互いの国の被害実情や対策について情報交換を行うと共に、互いに連携協力し合って、この問題の解決に取り組んでいくことが大切と考えています」（2011年7月「部会長挨拶」国際交流部会ホームページ）と説明している。このように、国際交流部会は、親睦よりも、情報交換や連携協力を通じた「問題解決」を重視する。その根底には、「資本の国際化」によって「日本と同じ経験を他国もしている」という「同志」の意識がある。きっかけは一本のビデオテープであった。

発足の経緯

　韓国テレビ局SBSの社会派番組「それが知りたい」は、2003年秋、「死より怖い借金」を放送した。韓国では、1997年通貨危機後のIMF介入によってクレジットカードの利用促進や利子制限法の撤廃が行われ、超高金利の私金融が急増、その暴力的取立等による債務

者の自殺・夜逃げなどが社会問題になった。02年には上限金利を66％とする金利規制が復活するものの、債務者の厳しい状況は続いていた。番組に取材協力した宇都宮健児弁護士の元に番組のビデオテープが届けられた。これをジャーナリストの横田一氏が04年に訳し、日本の各所で紹介した。

　この番組では、日本の貸金業者（以下、日系貸金業者）が韓国に相次いで進出し、年間1000億ウォン（02年、約100億円）の利子収入を稼いでいると紹介された。日本では、出資法改正（2000年施行）で上限金利が40.004％から29.2％に引き下げられた。厳しい経営環境に置かれた日本の貸金業者は、活路を国外に求める。韓国に進出した日系貸金業者は、日本で培ったノウハウと豊富な資金で韓国系貸金業者を圧倒した。韓国の債務被害はそのなかで起きていた。クレサラ対協は「知ったからには動かなくてはならない」と、国際交流部会を立ち上げたのである。

欧米との交流

　欧州を中心に債務問題に取り組む国際組織ECRC（責任あるクレジットを求める欧州連盟、European Coalition for Responsible Credit, 2006年設立）との交流は、英語圏の事情に詳しい江野栄弁護士や和田聖仁弁護士を通じて始まった。ECRCは、ＥＵ並びに各国政府に対し、有効な過剰債務対策（主に法規制）を求めるための情報交換と連携の場を提供するネットワーク型組織である。参加するのは、

英国やドイツなどのＥＵ加盟国、米国やブラジルなど各国の非営利団体である。国際交流部会のメンバーは、ECRCが年１回開催する国際会議に参加し、07年にはアジア参加国として初めて日本の取組みを報告した。日本の2006年改正貸金業法成立にはきわめて高い関心が寄せられ、以後、「法規制による多重債務の予防効果」「規制強化がもたらす副作用の有無と関連諸策」等について、たびたび情報提供を求められた。近年では、英国の債務問題に取り組む非営利組織CfRC（責任あるクレジットを求めるセンター、Center for Responsible Credit）の所長で、ECRC共同創設者のD・ギボンズ氏が、2012年にクレサラ対協、日弁連、金融庁等を訪問し調査した。その１か月後、ギボンズ氏は日本の貸金業法制とその影響等を英国事情に即して分析、検証した報告書[1]を完成。報告書は、すぐさま、金融当局に金利規制権限を付与する法案を審議していた英国下院で取り上げられた。法案が合意に達した日、ギボンズ氏からは「13年間の取組みが結実した」との喜びのメールが部会のメンバーに届いた。

国際交流部会のメンバーは、ECRCを通じてドイツのiff（金融サービス研究所、institut für finanzdienstleistungen）や米国のNCRC（全米地域再投資連盟、National Community Reinvestment Coalition）とも交流した。しかし、欧米との交流は、費用の問題もあり、単発的なものにとどまっている。渡航や現地調査（通訳を含む）などの費用は、他のクレサラ対協加盟団体と同様、自己負担である。

日台韓による「東アジア金融被害者交流集会」

2010年から年１回、国際交流部会が日本側窓口を務めて「東アジア金融被害者交流集会」（以下、集会）が開かれている。集会では、主に日本・台湾・韓国の債務者・法律家・相談員等が集まり、各国の被害実態と法律実務、さらに貧困・雇用・生活保障問題を報告し議論する（詳細は表１）。いわば東アジア版の「全国クレサラ被害者交流集会」である。集会は、被害者の会の全国組織がある日本・台湾・韓国が持ち回りで開催する。集会の始まった2010年に、日本の被連協に相当する「台湾卡債受害人自救会」（卡はカードの意）が林永頌弁護士らの支援を受けて設立され、同じく被連協にあたる「韓国金融被害者協会」（03年設立）が金寛起弁護士らの支援を受けて活動を本格化していた。被害者の会は運動において重要な役割を果たす。債務者は、自らの体験を話すことで現場の課題を直感的に伝え、問題解決に向けて社会の機運を高めるからである。

韓国との交流は、日弁連消費者問題対策委員会が2005年に韓国金利調査団を派遣した頃に始まる。上記の韓国金融被害者協会設立準備会に国際交流部会が参加したことなどを経て、現在は、韓国金融被害者協会のほか、韓国破産回生弁護士会（回生は再生の意）やソウル地方弁護士会との交流が中心である。

台湾との交流のはじまりは、2006年に日本の消費経済新聞社による招聘で、台湾から中華民国消費者文教基金会が来日したことである。台湾は1980年代の政治・経済自由化後、銀行の過剰新設とカード会社の競争激化が生じ、法規制で直接には現地で事業ができない日本の貸金業者は、「現地銀行との業務提携」「技術やノウハウの輸出」などを通じて間接的だが大規模に台湾の消費者金融市場の形成に影響を与えた。2006年に政府が公表した多重債務者（クレジットカードないしキャッシュカードの３カ月以上延滞者）は労働人口の５％にも及び、07年には破産と個人再生の手続を定めた消費者債務清理条例（条例は法の意、以下、条例）が成立する。条例の法制化運動を主導したのは、債務者支援を行ってい

181

た台湾法律扶助基金会（2004年設立。日本の法テラスに相当。以下、法扶会）である。国際交流部会は、法扶会から、法制化が議論されていた台湾にたびたび招かれ、法律実務家・国会議員・高裁判事等と意見交換した。09年の法扶会設立5周年記念行事「法律扶助国際フォーラム：世界経済不況化の法律扶助」（17か国が招聘）には、日本からは法テラスとともに国際交流部会も参加し、議題「貧困・債務」について日本の貸金業をめぐる法制化運動の成果を報告した。フォーラムの翌日には他の招聘者と大統領府を訪問し、馬英九総統と会談した。

　日本・台湾・韓国が初めて一堂に会したのは2006年だった。日本の全国被害者交流集会にあわせて鹿児島で国際交流部会が主催した第1回多重債務問題国際会議「高金利からアジアを見つめる」（2006年11月17日鹿児島）がそれである。その後、第2回多重債務問題国際会議「韓国、中華民国、日本の裁判官に聞く〜多重債務者救済手続きの国際比較」（2008年11月8日秋田）、第3回多重債務問題国際会議「韓国・台湾・日本の法律家交流フォーラム」（2009年11月27日小倉）と、法律実務家中心の国際会議が開かれた。

　国際交流部会のメンバーが訪問すると、韓国、台湾の人びととはいつも暖かく迎えてくれる。それは、同じ志をもつ者として、日本のクレサラ対協の40年間の取組みに敬意が払われているからだと思われる。既出の林永頌弁護士（台湾）は、2018年、第9回集会でこう挨拶した。「言葉の壁があるにも関わらず、私たちの気持ちがこんなにも近くに感じられるのは、私たちが同じ価値観を共有し、平等と正義を願い、同じ共通の目的において、疎外されている人々と債務について解決したいという気持ちがあるからだと思います」（「台湾代表挨拶」第9回集会資料163頁）。この間の国際交流部会による活動は、台湾、韓国に

とってまさに時機を得たものであった。それは、当初は皆川容徳司法書士、永田廣次司法書士の、その後は秋田智佳子弁護士、浅田奈津子司法書士、渕田和子司法書士の、そして現在は来山尚子司法書士の献身の上に成り立つものである。

むすびにかえて

　日系貸金業者のアジア進出は、古くは1977年香港（日本信用保証）、83年シンガポール（オリコ）、89年台湾（プロミス、05年撤退）などのNIEs諸国が主であった。だが、日本の消費者ローン市場が成熟する90年代後半以降はアジア全域におよぶ。例えば、大手アコムは、96年にタイでハイヤーパーチェス事業の合弁会社を設立、06年にベトナム及び中国で駐在員事務所を開設、17年にフィリピンで無担保ローン事業の合弁会社を設立する。日本に始まり、台湾、韓国に広がる「東アジア型」のクレサラ運動——「債務者と実務家による連携」——の成果を、他の地域の人たちに伝える必要性が増していると言える。さらに、国を超えた連携協力は、債務だけでなく、貧困・雇用・生活保障問題を取り組む上でも大きな力になると思われる。

　第10回集会は2019年11月9日、国際教養大学SudaHall（秋田市）で開催される。多くの方の参加を期待したい。

1　Gibbons, Damon. 2012. *TAKING ON THE MONEY LENDERS: LESSONS FROM JAPAN,* (https://www.responsible-credit.org.uk/wp-content/uploads/2016/03/Taking-on-the-money-lenders-lessons-from-Japan-final.pdf)

※本稿は科研費（18K02016）の助成を受けたものである。

表1　日・韓・台による東アジア金融被害者交流集会（2010～2019）

	年月日と開催地	主な内容と参加
第1回	2010年11月26日 ［岐阜市］	「日韓台中における多重債務被害の現状と課題」 参加：韓国、台湾、日本
第2回	2011年10月21日・22日 ［台北市］	「個人債務清理に関する法律シンポジウム」「立法府への陳情活動」「被害者の会の交流」 参加：台湾、韓国、日本
第3回	2012年9月14日・15日 ［ソウル市］	路上での抗議集会（ソウル中央地方法院前）、被害者国際交流会（「金融被害の実態」「貧困と消費者金融」「破産裁判所の保守化の流れに対抗するための政策と運動」） 参加：韓国、台湾、中国、日本
第4回	2013年10月19日 ［大阪市］	「各国の到達点と課題」「被害体験報告」「分科会①被害者の会（被害の現状、被害者の会のこれまでの相談活動、全国ネットワーク構築、資格制限・身元保証・信用情報）」「分科会②法律家（清算型の破産制度、再建型の個人再生制度、裁判上あるいは裁判外の交渉による債務調整制度、金融業者の法規制）」「分科会報告」 参加：韓国、台湾、中国、日本
第5回	2014年11月21日・22日 ［台北市］	「基調講演　転落　カード債務者の経済・心身健康分析」「被害者の会運動の現況報告と法律実務」 参加：台湾、韓国、日本
第6回	2015年11月27日・28日 ［ソウル市］	「基調報告　家計負債問題の解決策」「各国の現状報告」「被害体験報告」「高金利・違法取引被害の事例と対策」「地方自治体の役割」「青年負債の現況及び対策」 参加：韓国、台湾、日本
第7回	2016年10月22日 ［大阪市］	「社会保障」「住まい」「被害者の会活動及び被害体験」「多重債務問題」「青年問題」「生活困窮者の司法アクセス」 参加：韓国、台湾、日本
第8回	2017年10月13日・14日 ［台北市］	「基調講演　台湾における貧困現象と貧困層における債務問題」「債務者経験の共有」「債務の拡散効果」「社会資源の統合」「貧困問題の検討」 参加：台湾、韓国、日本
第9回	2018年10月19日 ［ソウル市］	「債務整理制度」「不良債権市場」「青年問題・家計債務（学資ローン、非正規雇用労働等）」 参加：韓国、台湾、日本
第10回	2019年11月9日 ［秋田市］	国際教養大学 SudaHallにて開催予定

国際交流部会の発足の経緯

国際交流部会会員　司法書士　永　田　廣　次

1　はじめに

旧名称の全国クレジット・サラ金問題対策協議会（全国クレ・サラ対協）に国際交流部会が発足したのは、2006年（平成18年）1月7日です。国際交流部会は、クレサラ対協が韓国の韓国民主労働党との意見交換によって韓国の多重債務問題を知ったことにより動機づけられ発足しました。そこには、クレサラ対協会員、被害者の会会員、学者等の熱い思いがあり、両国の法律家や行政の人々そして多重債務被害者等の叫びが後押しして国際交流部会が発足したのです。

国際交流部会は、その後台湾の(財)中華民国消費者文教基金会との交流へと発展し、そして現在の日韓台の3ケ国交流へ続いています。

当時、多重債務者を救済する法制度は各国で相当開きがあり、韓国と台湾にはクレサラ運動に似たような運動も生まれておらず、日本の消費者金融も両国に進出していた等事情がありました。そこで、国際交流部会は、各国の多重債務者被害救済に重点を置き活動を開始しました。

国際交流部会の主な活動は、日韓台の3ケ国交流です。これは、2010年に岐阜において開催された「第1回東アジア金融被害者交流集会」から始まり、今年は、10回目の東アジア金融被害者交流集会（秋田）を開催することになっています。

2　国際交流部会の発足

1　まず、国際交流部会の発足についてです。事務局長日記を辿ってみると、2002年（平成14年）まで遡る必要があるようです。

弁護士の木村達也先生が、全青司の役員4名と共に同年9月、韓国へ消費者信用の現状と法規制の調査に行かれました。当時韓国は、IMFから経済援助を受けるほどの不況に見舞われ、景気回復のために国民にカードを発行し内需を活発化させました。そして、国民は2枚以上のカードを持ち、消費者信用が急拡大し、その結果多数の支払遅滞者を発生させ多重債務問題は大きな社会問題となったのです。ところが、韓国には、多重債務者を救済する法制度はほとんどないに等しく、クレサラ運動に似たような運動は生まれていなかったようです。

2　クレサラ対協が国際問題に対し少しずつ組織的に動き出したのは、2005年（平成17年）からのようです。しかし、当初は、韓国と日本の多重債務対策でした。

(1)　同年4月9日、倉敷市において平成17年度拡大幹事会が開催され、札幌での拡大幹事会と花巻での第25回クレサラ被害者交流集会に韓国民主労働党の多重債務者対策の専門家を招待することに決定しました。

(2)　同年7月8日、札幌において、全国クレジット・サラ金問題対策協議会と韓国民主労働党代表が、今後の継続的経験交流の合意をしました。

⑶　同年11月12日、花巻での第25回クレサラ被害者交流集会に韓国民主労働党の代表3人が参加しました。

3　同年12月25日付、木村達也代表幹事の『事務局長日記2』（249ページ要約）には、以下のような、今後の運動のあり方・意義等重要なことが記載されていました。

「平成17年に、全国クレジット・サラ金問題対策協議会は、韓国民主労働党の代表を日本に2度招待し日韓協力して多重債務者救済協力の第一歩を印した。

その期待される効果は以下のとおりである。

韓国での多重債務問題が、日本のサラ金資本の進出によってもたらされており由々しき国際問題である。クレサラ対協の行動とマスコミの世論形成により外圧効果が期待できる。

両国が多重債務問題の運動上の経験や被害者救済などの情報交換を密にすれば、両国の法規制・実務上の対策等、有力なパートナーシップを発揮し、運動も効果的に展開できる。自分の国のことは内側から見ているだけではわからないからである。

両国の国際連帯のもたらす勢いは将来『アジアの債務奴隷問題』としての人権救済や新しい運動を引き出せる。

そのためにも、『日韓多重債務救済シンポジウム』を開くなどし、政治家やマスコミ、有識者にも多重債務問題の深刻さと政治的取り組みの必要性を訴え、ホームレス問題・貧困問題・人身売買・自殺問題等を論ずる必要がある。」

4　そして、ついに、2006年（平成18年）1月7日、クレサラ対協新年総会において、国際交流部会が発足したのです。

部会長は、皆川容徳司法書士と私でした。しかし、皆川司法書士も私もハングル語は話せません。そうしたところ、旭川弁護士会の近藤伸生弁護士が国際交流部会に参加したいとの情報がありました。皆川司法書士と私

は、2月に札幌に飛び、近藤弁護士と共に、国際交流の目的・趣旨や活動内容を協議しました。近藤弁護士は、元新聞記者で世界各国を旅歩き、外国語が堪能で、強力なメンバーを得ることができたのです。

3　国際交流部会の活動

1　それまで、国際交流部会の活動は日韓の多重債務問題が中心でしたが、それに加えて台湾の多重債務問題も加えようとの動きがあったのは、2006年（平成18年）4月13日です。

消費経済新聞社の招きで、台湾から（財）中華民国消費者文教基金会の方々が来日し、大阪プロボノセンターにおいて、多重債務問題解決に関し日韓台の国際交流を行うことに合意したのです。

2　そして、同年11月17日、はじめての日韓台多重債務対策国際会議が鹿児島市において開催されました。会場は、国際会議らしくテーブルを円模様にセットしました。コーディネーターは近藤弁護士がつとめ、3ヶ国の法律家と被害者も参加しました。

3　2007年5月31日〜6月2日、（財）法律扶助基金会と中華民国消費者文教基金会が準備された、多重債務問題意見交換会が台北で開催され、この会議に国際交流部会のメンバーが参加しました。

台湾では消費者債務清理条例の立法化直前でした。台北立法院で2人の議員（立法委員）と最高法院、鄭傑夫法官から「消費者債務清理条例」の内容についての解説がありました。そこで、伊澤正之弁護士から日本における多重債務問題の現状と多重債務救済の諸制度紹介を行いました。

その後、台北市中山公園から総統府までの約2キロを台湾の多重債務者と一緒にデモ行進しました。

4　2007年9月29日〜30日、大津市で開催された第27回被害者交流集会に台湾の消費者被

害救済に取り組む法律扶助基金会台北分科会の代表が参加されました。

5 2007年10月4日、弁護士会館において、台湾の法律扶助基金会台北北分科会と意見交換会を行いました。又、東京の被害者の会、太陽の会を案内し、実際の相談の仕方や相談体制について紹介しました。

6 2008年（平成20年）11月8日、秋田市で開催された第28回被害者交流集会分科会において、「韓国・中華民国・日本の裁判官に聞く～多重債務者救済手続きの国際比較～」を開催しました。日本からは、滝井繁男前最高裁裁判官が参加されました。

7 2009年9月には、韓国における多重債務者救済状況について調査を行い、10月には台湾法律扶助基金会主催「2009法律扶助国際シンポジウム」に参加しました。また、11月には、韓国・台湾・日本の法律家交流フォーラムを開催しました。

8 2010年には、皆川部会長が大連弁護士協会を訪問し、中国における金融問題を調査しました。

9 韓国ソウル梨花女子大学で開催された韓国の被害者の会設立準備会に日本から約30名（弁護士、司法書士、消費生活相談員、被害者の会、依存症対策会議）が参加しました。

10 2010年（平成22年）11月26日、岐阜市において、第1回東アジア金融被害者交流集会が開催されました。参加者は、韓国15名・台湾6名、中国1名、日本多数でありました。

参加の各国被害者の感想です。

韓国被害者—自腹で来たが感激した。弁護士等が被害者と共同して運動している姿を見て、自分たちにもできると勇気づけられた。

台湾被害者—日弁連会長がカラオケを歌ったのには感激した。日本とメールで情報交換したい。

以上、国際交流部会発足の歩みから第1回東アジア金融被害者交流集会迄の経緯です。

4 最後に

『事務局長日記』には、「地球上の人類が安全・幸福に生活する条件は、エコ問題だけではない。国際協力は政府や産業界、学者、文化人のみに任せば良いというものではない。公正・公平・民主的手続き・人権感覚に優れた法律家による国際交流、国際協力をもっと強化しなければならない。」と記載されています。

まさしく国際交流部会の目標はここにあり、私たち後に続く者はこれからもこれにしたがって歩みを続けます。

韓国でのクレサラ運動、10年を振り返って

弁護士　韓国破産回生弁護士会顧問　金　寛　起

　韓国において個人に対する免責を含む破産法が施行されたのは1962年ではあるが、1997年11月の初免責の決定が出るまでは、数十年間死文化されていた。強制執行において債権者平等主義のため、破産手続き申立自体が殆どなく、負債を免除することは正しくないというモラルが支配する現実では、債務者としても免責を受けるために自ら破産法廷に行くことすらできなかった。個人的な苦難は常に発生していたが、このような状況が続いたのは、強力な金融規制のお陰だった。金融機関は、個人には殆ど信用供与をしなかったし、無免許者の貸付行為は禁止され、利子は年25％に制限された。1997年、東アジア金融危機をきっかけに、被害者達の破産法廷への接近は切実となった。企業は倒産に追い込まれ、労働者は職を失った。消費需要不足を解消するために、政府は個人信用の拡張を奨励し、さらには、利子制限法までも1998年に廃止した。厳しく禁止されていた債権取立て産業を信用情報業者に許容した。その結果400万人あまりが信用不良者となり、債権者である信用カード会社も倒産の危機に追い込まれた。このような状況になると、金融監督機構側は、2002年、信用回復委員会という組織を設立し、債務返済期を調整する個人workout制度を導入、裁判所も少数の人が申請していた個人破産について徐々に反応をみせ始めたが、初期には免責の言い渡しに消極的だった。

　筆者が消費者破産に足を踏み入れたきっか

けは、新聞社の植字工として数十年間働いた人が、2001年の冬、私の事務所を訪ねてきた時からだった。コンピューター組版の普及で職を失い、ある程度安定的な商売だと信じて精肉店をやり始めた。ところが百貨店でバスを運行しながらお客さんを連れて行き、狂牛病、口蹄疫が流行する度にお客が激減した。回復することを期待し、信用カードから借金をしているうちに、夫婦共カードから借りて他のカードの返済に当てる自転車操業をしてしまいそれが手に負えなくなった。その当時、裁判所が消費者破産を受け付けてくれるとのマスコミの報道を信じて、破産申請のためソウル地方裁判所を訪ねたが、自分で書類を用意するのが困難だった。そこで私と共に頑張って申し込んだ結果は、失望そのものだった。審問期日に判事は、返せないことを知りながら自転車操業という方式で新しい信用を起こしたので、これは免責不許可の事由に該当すると言ったので、これに失望した奥さんは、自分の実家から金を借りて自分の借金を返済して離婚した。ご主人は一部免責された。返済できないことを知りながら金を貸したのは債権者なのに、債務者だけ責めるのはどういうことなのか、また、一文無しで失業している人が、一人で生活していくことすら困難で自分の老後を準備するのも大変なのに一部免責とはどういうことなのか。

　裁判慣行を変化させるためには、人々の意識と行動が変わり、それが世論や政治的な圧

力として高まっていかなければならない。筆者は、記者達と親しく過ごしながら被害者達の現実と破産制度に対して報道されるよう努力する一方、2003年に、その当時活発に利用されていた韓国のポータルサイトである「タウム」に"金寛起弁護士の個人破産相談室"をオープンして被害者達の同好会活動を支援し始めた。無料公開相談の形で筆者は被害者達と交流しながら知識を分け合い、苦情について話し合った。被害者達もお互いに交流しながら情報を共有し、仲間意識を高めた。この時先頭に立って活動していた被害者達は、今でも続けて活動していて、この方達こそ韓国クレサラ運動の幹事となった。一方、その頃の個人破産は、申請が爆発的に増加し、その対策として政府は、2004年個人回生制度を導入し、無担保債務を一部でも返済できるようにする方式を、金融機関が運営していたworkoutに追加した。

リアクションは早かった。一部のマスコミは、このような状況についてモラルの欠如なのに裁判所の審査は不十分であると騒ぎ出し、一部の国会議員は国政監査時に裁判所の幹部にこれを指摘しながら追い込んだ。彼らはとても口うるさく、それを後押しする金力も権力ももっていた。それで2007年3月に、ソウル中央地方裁判所は、破産事件について審査基準を強化する"厳しい審理方式"を導入し、債務者の家族の財産のことまで供述させると共に、資料提出を義務化した。それによって事件の申請が著しく減ったにもかかわらず、裁判所の業務負担は増加し事件の滞り

表1　個人破産と個人回生申請件数（2000～2007）

年　度	2000	2001	2002	2003	2004	2005	2006	2007
個人破産	329	672	1,335	3,856	12,317	38,773	123,691	154,039
個人回生					8,692	48,541	56,155	51,416
合　計	329	672	1,335	3,856	21,009	87,314	179,846	205,455

図1　破産保護の増加

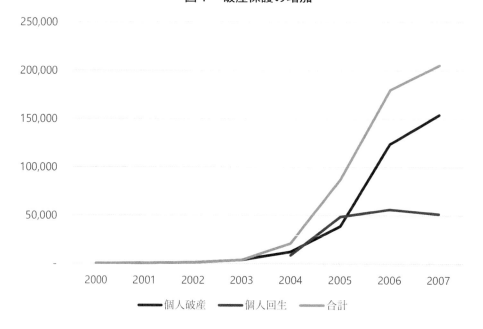

が酷くなり、2011年頃には判事への新事件の引継ぎが1年以上かかる事例まで発生した。そのまま放置できなくなった裁判所は、2012年、原則すべての事件に破産管財人を選任する方向に動いたが、これはハード審理という負担が全体的に拡大したことであり、被害者にはさらに不利なこととなった。

免責率も98%付近から持続的に下がり、現在は87%水準まで落ちている。これが制度利用の心理的障害の原因になりうるのは、破産申請減少が証明している。

こんなことが起きた原因は、被害者達に政治的な影響力を発揮する力がないためだと思う。企業主、中産階級、労働者を問わず、あらゆる階級から落ちこぼれた人といえる被害者は、政治的に組織化しやすい階級的特性を共有するのは難しい。エリザベスウーロン議員が述べたように、彼らの殆どが破産システムに入ってはできるだけすばやく引き潮のように抜け出し、破産手続きの経験を人生で最も暗い秘密にしておきたがる"政治的透明人間"になるしかないその理由は、彼らは集会に参加するため仕事を一日休んだり、旅費を出す余裕も、政治家に嘆願書を書く余裕もないのだ。ここに韓国社会の道徳志向性（小倉紀蔵の『韓国は一個の哲学である』韓国語版第13ページ）も、破産制度がなかなか定着できなかった決定的な要因の一つとして作用したと思われる。

金融被害者運動を韓国でも組織してみようと決心したのは、このような現実に挫折感を

表2　個人破産と個人回生申請件数（2007～2018）

年　度	2007	2008	2009	2010	2011	2012
個人破産	154,039	118,643	110,917	84,725	69,754	61,545
個人回生	51,416	47,874	54,605	46,972	65,171	90,368
合　計	205,455	166,517	165,522	131,697	134,925	151,913
年　度	2013	2014	2015	2016	2017	2018
個人破産	56,983	55,467	53,865	50,288	44,246	43,397
個人回生	105,885	110,707	100,096	90,400	81,592	91,205
合　計	162,868	166,174	153,961	140,688	125,838	134,602

図2　破産保護の減少

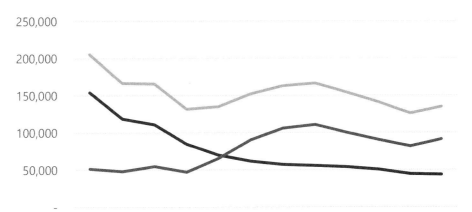

味わっていた中、2009年の秋、北九州で開かれた日本全国クレサラ被害者交流会を参観してからだった。筆者は、ずいぶん昔、大阪地方の弁護士達が破産法の免責規定に消極的な判事に立ち向かって債務者に優しい裁判所の実務に変化させたという伝説は知っていたが、被害者達が一般的に期待する受身から抜け出して、自発的に自分がおかれている状況の改善を要求するために団結することは、実現できるとは思ってもいなかったが、北九州で献身的な専門家達と情熱的な被害者達を目の当たりにして希望を発見したのだ。小さくない日本の全国で、数百人の被害者達が集まり威勢よく金融被害のみならずそれが発生する原因である貧困、ギャンブル、労働のような社会問題にまで議題に挙げる真面目な集会

表3 免責事件受付／処理現況

	受付	処理				
	免責申請	免責決定	棄却決定	その他	処理合計	免責率
2006		66,971	54	1,439	68,464	97.82%
2007		118,184	1,424	2,453	122,061	96.82%
2008		133,995	4,846	3,812	142,653	93.93%
2009	110,890	100,851	3,512	3,586	107,949	93.42%
2010	84,710	81,109	4,804	4,357	90,270	89.85%
2011	69,741	74,257	5,689	3,809	83,755	88.66%
2012	61,508	69,174	5,410	3,429	78,013	88.67%
2013	56,940	56,717	4,763	2,217	63,697	89.04%
2014	55,418	53,593	4,437	2,642	60,672	88.33%
2015	53,825	48,828	3,891	2,783	55,502	87.98%
2016	50,208	48,971	3,408	3,142	55,521	88.20%
2017	43,980	43,861	3,757	2,844	50,462	86.92%
2018	42,641	36,583	2,836	2,318	41,737	87.65%

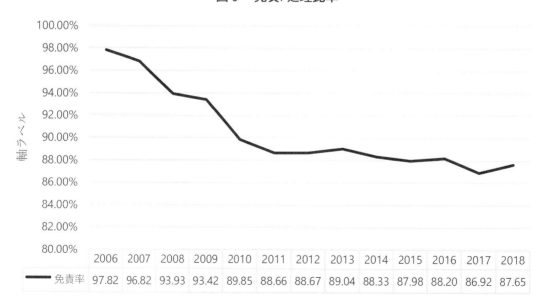

図3 免責/処理比率

は、世界のどの国でもできそうもない奇跡の現場だった。模倣と現地化こそ我々の課題だと結論づけた。2010年、日本の専門家を招請して講演していただいたことを皮切りに、献身的な会員達に被害者協会を運営してほしいと説得し、日本と台湾で開かれる国際交流集会に専門家や被害者が参加できるように計らい、2012年、2015年に韓国で開催した集会までは筆者がリードして組織した。

　7選した国会議員の現与党代表が、一度も同じ政党から総選挙に出たことがないと振り返ったことからわかるように、団体の名が時々変わっても同質性は変わらないことはよくある。筆者は2013年9月に消費者金融問題研究会を創立したことがあり、それを受け継いで2016年に結成された韓国破産回生弁護士会は若手弁護士が軸となり職業的な専門性の養成を主にしながら関連する事案に対する意見を対外に公表する活動をしていたし、2018年には、秋に開かれたソウル集会を成功的に開催した。被害者会は事務局を整え、会員も役割分担をして活動していて持続可能性をみ

せている。

　被害者を最終的に保護してくれるのは破産制度だが、そこまでいかなくても被害者が尊厳をもって平穏な生活をすることができるようにしてくれる他の保護制度にも関心を寄せるのは、今後の課題だといえるだろう。そのためには、ソウル市のような地方自治体、参与連帯、民弁（民主社会のための弁護士の集い）のような主な団体や民生連帯のような市民団体とも交流を続けることも必要だ。韓国は利子の上限を2018年2月から、貸金業者、一般市民を問わず年24%にまで下げて、2011年からは一般人であっても最高利子率を超える利子を受け取る者には、最高1年までの懲役に処することができる処罰条項をおいていて、実際に処罰される事例も報告されている。また、債権の公正な取立てに関する法律が2014年に改正され、狭い範囲ではあるが債務者に代理人が選任される場合は、債権取立て人が債務者に接近できないという規定もできた。このような立法が行われるまでに、上に述べた団体が意見を提言し政治過程に影響を及ぼしたことについて敬意を表する。

台湾カードローン債務者運動10周年の回顧

台北弁護士会消費者債務問題委員会主任委員
民間司法改革基金会会長　カード債務者自救会顧問　林　永　頌

　台湾の個人消費金融は1990年以後に急速に発展した。銀行は信用調査をせず、むやみにカードを発行し、各種の広告を行って、消費を奨励した。2005年にカード債務問題が悪化し、カードローン債務者の一家全員が木炭を燃やして自殺したとか、カードローン債務者が自暴自棄に陥り、危険を顧みないとのニュースをメディアが再三報道し、各界の関心を引いた。

　2006年に立法院は何度も公聴会を開き、このカードローンの問題を取り上げ、行政及び司法機関に対策を打ち出すことを求めた。金融監督管理委員会は立法院の要請のもとに、銀行の貸付額は22カ月分の給料を超えてはならない、不当な取り立てを禁止する、複利を禁止する等、多くの行政命令を下したが、銀行は厳格に遵守しなかった。金融監督管理委員会は銀行に対して、最大の債権を持つ銀行と債務者が協議し、最長10年120回で完済するという一括協議をするよう要請した。当時、52万人のカード債務者の中の22万人が銀行と合意した。これらの数字は銀行の水増し操作のほかに債務者の返済能力を考慮しなかったので、多くのカード債務者は数回返済した後、それ以上の返済ができなくて違約した。

　2004年7月に発足した法律扶助基金会は、2006年にカード債務問題に着手し、銀行が行っている一括協議は債務者の返済能力を考慮に入れず、大変不合理であることを認識した。このため一括協議の修正版を提出し、この協議の仕組みによって債務者が債務問題を

本当に解決することを期待していた。国会演説や社会運動を通し、金融監督管理委員会が銀行に改訂を命令することを求めた。しかし金融監督管理委員会はその後、法律扶助基金会は司法院の補助金による行政側の基金会であると知った。したがって、司法院を通じて法律扶助基金会に圧力を加えた。民間の社会運動サイドの私は現実を見極め、手を引かざるを得なかった。

　2006年の前半に司法院は立法院の要求のもとに債務協議、更生、清算のメカニズムの消費者債務整理法案（消債条例草案）を提出したが、司法院は弱者救済が彼らの責任とは考えず、国会説明に熱心でなかった。2006年の後半に銀行の一括協議のメカニズムが一時的な効果を発揮して、カード債務者の自殺のニュースは大きく減少した。さらに銀行が独自な活動を行い、利益に基づいて立法に反対し、消費者債務整理法案が可決されるかどうか、状況が変化した。私は事態が深刻であると考え、各界の弱小の社会団体に連盟の設立を呼びかけて、できるだけ速やかに消費者債務整理法を可決するよう要求した。記者会見、デモ、国会演説等の努力により、本来銀行に動かされた与党に妨げられて可決できなかった消費者債務整理法（消債条例）はなんと2007年6月8日に可決された。

　消費者債務整理法可決の後、9カ月の準備期間を経て、法律扶助基金会は大量のカード債務案件に対処するために、積極的に各種の制度とコンピューターソフトを作り、弁護士

及び同業者の教育訓練を行った。この間、日本の木村弁護士等の助力を得た。私は、消費者債務整理法には多くのあいまいな法律概念があること、多くの裁判官はカード債務者の境遇を理解できていないことに気づいた。司法院が裁判官を招集して事前討論を行い、共通の認識を形成すれば、裁判の偏りを避け得た上、更正及び清算の許可率を高め、銀行も債務協議の敷居を低くすることができ、大部分の債務者は協議により債務問題を解決し、裁判所の負担は自然に軽減したであろう。

しかし官僚的な司法院は、裁判所とカード債務者の双方にウィンウィンな提案を受け入れず、カード債務者の境遇を理解しない裁判官が消費法を恣意的に曲解し、2008年4月11日の施行開始から2011年に至るまで更正の認可率はおよそ25％、清算の免責率は10％にも至らなかった。カード債務者は大変失望して、裁判所に更正または清算を申請する案件が急速に減少した。カード債務者を援助する法律扶助弁護士は一つ一つのカード債務案件を1～2年引き延ばしたので、過程は非常に複雑で、大部分は敗訴となり、カード債務者にとっては助けにならず、多くの法律扶助弁護士はカード債務という分野から撤退した。

2005年に銀行局が台湾には52万人のカード債務者がいると公表したが、その定義は6カ月間、返済すべき金額の最低額を納めることのできないカード所持者と定義された。しかし社会の貧富の差が広がるに従って、カード債務者は明らかに一層増加した。銀行局は国会からの要請で、いまだに最新のカード債務者の人数の提出を拒んでいる。推計によると、カード債務者は80万から100万人いると思われる。これほど莫大な数のカード債務者が債務問題の解決を必要としているのに、消費者債務整理法はかくも保守的である。一体どう

消費者債務整理法3周年記念会見（2010年）

したら良いのか。

2010年の年初に社会運動家、社会学者及び弁護士がカード債務者に呼びかけ、カード債務被害者自救会がついに設立された。この組織は当然、日本の木村弁護士等の諸先生による30年あまりのご経験から感化と啓発を受けていた。台湾は2005年、カード債務問題が悪化した際に、ある立法会事務所の主任がカード債務者に協会の設立を呼びかけ、正式に登記した。しかし数年を経ずして幹部の意見の対立により活動が停止した。2010年に設立された自救会の三人の顧問が組織の設立を決定したが、登記はせず、幹部が対立して運営できなくなることを避けた。

2010年の年初に自救会が設立された際に、私は自信が持てなかった。木村弁護士等の人士の激励のもとに試みたが、消費者債務整理法がこのように曲解される中で、カード債務者は自身の問題が山積しており、またお互いに顔見知りでもないのに、カード債務問題のために共通の認識を形成し、共に努力することができるのだろうか。カード債務者は債務を背負い、人に会うのを恥じ、身を隠しきれないのに、メディアの前で自らの体験を語ることなどできるだろうか。しかし自救会が設立されて後、少数のカード債務者のたゆまず努力して学ぶ精神は私を感動させた。カード

「市長さん助けて！」（2011年）

債務者は度重なる学習によって、大きく進歩した。大会を催した時にカード債務者はメディアに向かって口にマスクをしてプラカードの後ろに隠れていたが、再度の記者会見をした後にはマスクをしたまま、ようやく自分の状況をメディアに打ち明け、その後はマスクを外し、寸劇を演じたり、率先してスローガンを叫んだりし、さらには指揮車に登ってデモを率いた。

カード債務自救会は毎年300元の会費を強制徴収することなく、各界からの資金援助に頼っており、財力には限りがある。自前の事務所もなく、毎月二回の集会は、民間の司法改革基金会の部屋を借りて今日に至っている。毎月第二水曜の夜及び第四土曜日の午前、私たちはカード債務者に対してカード債務の法律相談を行っている。当初は毎回4、5人の新しい人が来たが、後からは10人、最近は20人にまで増加した。新しいカード債務者は、法律扶助基金会からの紹介によるもの以外、主として自救会幹部の運用するブログ、フェイスブック及びユーチューブに出した弁護士相談の映像を見て来たものである。また、ある幹部は自救会の共用スマホを使って対外的な連絡や説明を行っている。

2010年にカード債務者自救会が設立された時、更正の認可及び清算の免責の比率は甚だ低かった。2011年自救会が台北の弁護士会と連携して法律改正を働きかけたが、主管する司法院は熱心でなかった。自救会が再三にわたり記者会見を催し、カード債務者が自身のありのままの状況を語った。しかし裁判所は却下して機会を与えてくれなかった。寸劇、44時間ハンストの抗議行動、デモ、公聴会等の活動を通して司法院に少なからざる圧力をかけた。司法院は最終的には法律の改正案を提出し、立法院で自救会の代表及び顧問と協議し、2011年の年末についに法律改正がなされ、2012年以降、更正の認可率は25％から65％に上昇した。清算免責の比率は9％から50％あまりに上昇した。この結果は自救会の幹部を大いに奮いたたせた。

2012年銀行は大規模に、債務者が配偶者に残した財産に対する請求権を代位し、債務者の配偶者のわずかに残された居住用住宅も差し押え、多くの夫婦に不安をもたらした。当時、裁判所で係争中の案件は数千件に達し、多くの裁判官は不合理と考え、法律の改正を望んだ。自救会は多くの債務者の支援依頼を受けた。自救会と台北の弁護士会が法律改正のために再度連携した。立法委員（国会議員に相当）は各地の活動拠点で多くのこのような案件の陳情を受けたため、二大政党の立法委員は争って法律改正に協力し、その年の年末に法律が改正された。債権者は、債務者が配偶者に残した財産の分配請求権を代位できなくなった。それまで裁判所で争われていた数千件の案件は終結し、銀行はその後の何万件もの案件を裁判所に訴えなかったと聞き及んでいる。自救会は法改正により多くの家庭を救うことができ、大変良かったと思っている。

2010年、台北に自救会が設立されたが、台湾の各地にはまだ多くのカード債務者がいたので、数年後、私は熱心な高雄と台中の弁護

士を招いて、高雄と台中に自救会を設立し、その地のカード債務者を援助した。高雄と台中のカード債務者は重要な法律改正の活動の際には、北上し応援してくれた。

2012年以後、台湾の更正認可率及び清算免責率は大幅に上昇した。一方、日本の再生認可率は85％から92％で、破産免責率は94％から97％であるから、台湾とはいまだに大きな差がある。その原因は、多くのカード債務者が無料で法律扶助による弁護士を頼めることを知らないことと、主として裁判官の一定割合は依然としてカード債務者の境遇及び更正、清算の精神を理解しておらず、消費者債務整理法を悪意に解釈し、債務者が跨ぐ敷居を高くしているからである。

2016年、自救会は台北弁護士会と再度協力し、消費者債務整理法の修正案を提出した。裁判官が更正または免責を却下する際の裁量範囲を狭め、債務者が更正するための支出額等を増やすためである。司法院は当初、修正案を無視したが、後から少しだけ改正した修正案を提出してきた。自救会はあきらめることなく再三、記者会見を催し、司法院の前で寸劇を演じ、司法院の弱者無視に抗議した。最後に立法委員（国会議員に相当）の努力により、司法院は終に比較的に効果のある修正案を提出して、自救会の代表及び顧問と協議を行い、2018年11月30日に可決された。

我々は2019年以後、新しい消費者債務整理法が適用され、更正の認可率及び清算の免責率が上昇するものと確信している。

消費者債務整理法は2018年の年末に改正案が通過した後、更正及び清算の案件は少し増加したようである。しかし80万人以上のカード債務者の大部分はいまだに更正及び清算の仕組みを知らない。自救会と法律扶助基金会が力を合わせ、各種のルートを通じて消費者債務整理法の宣伝に強化し、また各地で債務者説明会を催し、債務者が勇気を持って債務と向き合い、申請を行うよう激励している。

また法律扶助基金会と弁護士会、自救会は協力して、各地で弁護士の教育訓練を行うことにより、扶助弁護士が法律改正の重点及び精神を理解し、消費者債務整理法案件を担当する扶助弁護士が増加することを期している。

自救会の未来の任務は、毎月2回新しいカード債務者の法律相談を行う以外に、積極的に消費者債務整理法を宣伝し、改正された消費者債務整理法が各案件で確実に執行されているか監督し、より多くの債務者が更正、あるいは清算よって債務問題を解決し、新しい人生を歩むことを望むものである。

司法院への抗議行動（2015年）

結び　40周年記念誌「まとめ」にかえて
―民主的勢力のためのインフラ整備と名称について―

社会活動家　編集長　柴　田　武　男

クレサラ対協は1978年11月全国サラ金問題対策協議会として発足し、貸金業規制法が成立した後の1985年4月全国クレジット・サラ金問題対策協議会と改称しました。そして2006年12月改正貸金業法の成立、2010年6月の完全施行を経て、ようやくクレジット・サラ金による多重債務者の発生は減少して、多重債務者問題は軽減してきました。問題の軽減は、被害者を減少させると同時に相談者も激減して、相談会自体が成立しがたくなり、各地の多重債務者救済のための被害者の会は休会、あるいは閉会を余儀なくされています。金融被害という問題が軽減して、被害者が減り、それに連れて相談者も減り、多重債務者を救済する会が休会、あるいは閉会すること自体歓迎すべきですが、金融被害の問題は根本的に減少したわけではなく、さらに深刻な社会問題として形を変えて噴出してきています。

金融被害が減少した反面、今度は貧困問題が正面に出てきたのです。私たちも、金融被害の深層に貧困問題があると受け止めてきました。多重債務の背景にある貧困問題に立ち向かうのが、私たちの大きな課題となってきました。この問題を正面から受け止め、全国クレサラ・生活再建問題対策協議会（略称クレサラ対協）として運動を社会的状況の変化に対応すべく、従来のクレサラ問題だけでなく貧困を生み出す偏見、差別意識の払拭、生活保護、更には教育、雇用、医療、年金、介護などの生活保障、貧困者を食いものにする

貧困ビジネス、生活再建の社会システムの構築などに取り組む運動団体へと大きく舵を切りました。

時代の変化は激しさを増し、私たちの運動のあり方自体にも変化を迫ってます。一つには、クレサラ問題が表面的には下火となり、反貧困という大きな問題に取り組むなど、向き合う社会的問題が広範囲かつ多様なものとなってきます。その結果、私たちの運動の力が分散し、課題が明確に出来ないというもどかしさが表面化してきました。弁護士、司法書士という法律家を中心にした私たちの組織体制は、運動に参加する本人だけでなく、所属する事務所にも大きな負担をかけて成立しています。加えて、多くの市民の献身的なボランティア活動があります。日本社会の貧困化現象は、こうした組織体制自体にも深刻に影響して、各法律事務所に経済的、事務的負担をかけて、それに大きく依存する体制は限界に来てます。また、同じく、クレサラ問題が下火になるにつれて相談件数も会員も減少する中で、各地の救済団体も活動が低迷して、会費収入が急減するなかで経済的にも疲弊する状況となってます。問題はなくなったわけではなく、貧困問題と社会の劣化は深刻化する一方で、新たな課題が噴出しています。私たちは再びこれらの社会状況に対応を迫られてます。その一つの選択が、全国クレサラ・生活再建問題対策協議会は使命を終えて解散するという選択肢です。

この40周年記念誌の編集に関わって、多く

の論考を読み通すと問題点が明らかになってきます。私たちの運動が成功して、法律改正を導き、それによって金融被害を減少させたことは大きく評価できます。それには過払い請求という闘いのイノベーションがありました。グレーゾーン金利という人々を苦しめてきた高金利問題への対処から、利息制限法の規制金利を超える利息は無効という判決を最高裁で勝ち取り、過払い請求が広範囲にほぼ無条件でできることになりました。この過払い請求に関する実務的取り扱いを知るために多くの弁護士・司法書士・相談員たちが全国クレジット・サラ金問題対策協議会が中心として行われたシンポジウム、研究集会に人々は殺到しました。

過払い金返還の実務的手法が確立して、高金利被害の多くの方々が過払い金の返還を受けて、それを業務として行う弁護士・司法書士にも多額の収入をもたらしました。過払いバブルという活況が起きたのです。そこには、運動の成果と経済的収入という理想的な組み合わせがあったのです。高金利被害者を救済することで、多額の収入が得られたのです。膨大なサラ金被害者でしたが、それでも無尽蔵と言うことはあり得ず、過払い請求の市場規模は縮小していきます。過払い請求は私たちの運動で切り開き、勝訴判決を勝ち取ってきたものですが、それを独占できるものではありません。単にビジネスとして参加してきた弁護上、司法書士の事務所・法人も多くありました。彼らは今でもマスコミにＣＭを大量に流して過払い金返還ビジネスを行ってます。いかに、過払い金返還ビジネスが儲かるかです。労力のかかる、それ自体はあまり収入にはならない裁判で勝訴判決を勝ち取ってきた仲間の弁護士からは当然苦々しい気持ちとなったのでしょうが、こうしたフリーライダーは排除できません。それにしても、過払いビジネスは消滅時効の問題もあって消

え去っていくでしょう。

大量のＣＭで被害者を集めるというビジネスとは無縁の運動側の弁護士、司法書士はとうに過払い返還業務は終焉していました。高金利被害者救済運動の中で業務としても多額の収益を上げていくという構造は消滅したのです。同時に弁護士が増大して弁護士収入も競争激化で低迷していきます。登記業務で安定した収入を得ていた司法書士も土地売買の低迷で収入は厳しい状況となってきました。過払い返還請求業務として被害者救済を図りながら、弁護士・司法書士として収入を確保して運動を支えていくという構造が崩壊していったのです。それは全国クレサラ・生活再建問題対策協議会としての運動も弱体化させていきました。

私たちにはすでに複数の運動体が組織されています。課題はそれらの活動の活性化です。我々が抱えている問題は、会員募集も口コミに頼る、会費請求、会報の発送などの事務作業が困難になっている、シンポなどの場所が見つからない、会議場の確保も大変という事務局作業をいかに円滑に行うかです。解決の一案は、事務局体制を強化させ、多くの方々から少しずつ寄付金を募った上、専従の事務局員体制構築を志向して、この事務局体制の中で組織の会計、資料の印刷、会議室の確保、日程調整、会費徴収、名簿管理、補助金申請、ニュース・機関誌の発行などを効率的に行うということです。多くの運動体は個別にこの事務作業を行ってますから、全体から見ると重複していて非効率です。

全国クレサラ・生活再建問題対策協議会に関わる運動体を全体的に面倒をみる事務局機能があれば活動がかなりしやすくなります。各個別の運動体としても、それぞれシンポ、会議、問題点の分析、運動方針の確立など本来の業務に集中できて運動としての効率が高

まります。そのように全国クレサラ・生活再建問題対策協議会の運営が大きく変化するとしたら、そして、その組織体に見合った名称変更もまた必要とされるかもしれません。新しい酒は新しい革袋にと言われます。一案として「クレサラ生活連帯全国会議」があります。拙案です。新しい革袋ですが、クレサラ問題は我々のルーツであり、金融被害は減少したとは言え無くなったわけではありません。また、クレサラ運動で培った、多重債務者問題は自己責任では解決できない、多重債務者は借りて返さない加害者ではなく、借りずには生活できない社会の仕組みの中で、返せない借金に追い込む高利社会の被害者なのであるという論理の展開こそ、我々の財産です。個人の責任ではなく、社会の責任こそ問われるべきだという視点こそ、クレサラ問題から学んだことです。そういう趣旨で、クレサラという名称を捨て去るのは慎重にすべきですが、新しい組織として生まれ変わるにはそこまでしなければならないという意見もあります。議論しましょう。

ここでは、生活再建は単に生活としました。再建だけでなく、現状の生活を何とか維持することも、これ以上劣化させないことも大切なので、生活再建ではなく生活としました。また、生活連帯としたのは、我々は生活の問題を連帯して解決していくという意思表明です。全国会議はこの運動体の主要内容は理論的に問題に取り組み、そこから活動方針を立てていく取り組むという今までの流れを組んでます。それが表の理由で、裏の理由はあまりに運動体的な名称だと、なかなか敷居が高くなると言うことです。運動の現場、特に労働組合の現場に関わると、運動への恐怖感、抵抗感を強く感じます。例えば、組合と言うだけで怖い、という感覚をよく持たれます。できるだけ柔らかい名称で、怖くないというイメージを醸すことで参加への敷居を低

く出来ます。最後に全国会議という名称ですが、そうすると、滞納処分対策全国会議などと被るのではないかという懸念があります。それは連帯という言葉で補えるのではないかと考えています。各個別の全国会議には連帯の言葉がありません。私たちは多くの全国会議、対策会議をまとめて連帯する組織として新生「クレサラ生活連帯全国会議」をイメージしています。

クレサラ運動をルーツにして、生活の問題を連帯しながら全国で運動を組織して、支援する運動体という趣旨での名称です。拙案はクレサラ生活連帯全国会議ですが、略称はクレサラ連帯です。ご検討ください。専従者を擁する効率的な事務局機能を有するクレサラ生活連帯全国会議は、市民運動の社会的インフラとして機能します。それによって、各運動体が事務負担を大きく軽減して、強く運動を展開、支援していく、それを願ってます。

補論「韓国参与連帯のこと」

専従の事務的機能を持った中心的組織として「クレサラ生活連帯全国会議」を構想したのは、お手本として韓国の参与連帯がイメージとしてあったことです。参与連帯は以下のような組織です。

① 会員が毎月、1000〜2000円の会費を払って組織と専従スタッフを支えています。会費収入だけで月に1500〜2000万円以上の資金が確保されてます。年間2億円以上の運営経費を賄ってます。これを常にホームページ（http://www.peoplepower21.org/）上で公開しています。現在の公開されている会員数参与連帯の会員1万4262人です。また、毎月の経費費も報告されています。常に強調されているのが政府支援金0％です。2019年3月では、「支出の詳細内訳」として2億1632万5423ウォン、内訳として

定期会費78.50％、後援金9.5％、事業収入5.7％、カフェ事業収入3.2％、その他3.1％です。カフェ事業収入というのは、参与連帯は5階建てのビルを所有していてその一階で喫茶店を経営しているからです。また、3月の収入は日本円にして2104万3596円になります。一ヶ月で2100万円の収入です。支出は2億420万8126ウォンで人件費69.2％、事業費12.9％、運営費11.6％、支払い手数料4.5％、その他1.8％です。毎月神経質に経費をホームページで公表しているのは、攻撃もすさまじいからです。

「参加連帯が企業を圧迫して、『美しい財団』に寄付するようにし、その企業が『美しい財団』に寄付するとその企業への攻撃を中断した」という根拠のない攻撃があります。「参与連帯は財閥家族中心の異常支配構造を改善するために財閥改革運動を展開し、会社の違法、脱法行為を監視する活動をしてきました。これらの財閥や企業の監視活動は、これらの企業の『美しい財団』への寄付の行為とは何の関係もなく、どこから『美しい財団』に寄付があるのか関知してません。また、参与連帯活動は、これらの企業の寄付するかどうかにかかわらず、中断されたことはありません」と反論しています。社会活動団体に、不明朗な疑われるような資金があれば致命的です。だから、常に会員数、収入と支出の明細がホームページで報告されて、運動の透明性を確保しています。

②　12のセンター（または委員会）に分かれて活動しています。毎月、約2000万円、年間2億4000万円というと大変な金額ですが、それで社会をこれほど大きく動かせるのでしたら高いコストではありません。また、この12のセンターもよく考えられています。私たちの日本の社会運動もこの程度の資金と規模は持ちたいものです。最初か

ら、この規模の運動ではないのは当然で、どうしてここまでの力量を持ったかです。

「⑧1998年金大中政府が成立するや、参与連帯は新政府に入閣してはいけない腐敗人士104人のリストを発表して、この過程で確保した資料を基礎に2000年総選挙では腐敗政治人落選運動を提案、この歴史的運動から主導的役割を遂行した。2000年4月の総選挙では参与連帯をはじめ、1000余個の団体が連帯した2000年総選挙市民連帯は102人の落選対象政治人を発表し、そのうち67人を落選させた。」http://www.geocities.co.jp/Playtown-King/2385/rentai.htmという落選運動の成果はターニングポイントかと思ってます。まず、社会に参与連帯の存在を認めさせる、ということです。

「③参与連帯の攻撃目標は、市民達が新しい参与と変化の可能性を経験できるようにするため、意識的に設定された。」http://www.geocities.co.jp/Playtown-King/2385/rentai.htmという点は注目すべきです。戦略的な攻撃目標の設定で、その成果を社会に認めさせるという作業です。これによって、下記の12のセンターへと結実していくわけです。では、この12の戦略的攻撃目標はどのように設定するのかが問われます。それには、最適な材料があります。クレサラ運動の全国交流集会です。毎年一度、数百名が集う交流集会では、大会宣言としてその一年間の活動の総括と状況分析、それを受けての決議文が作成されます。大変な作業で労作ですが、正直作られてお仕舞いです。なかなか、それを活かせません。

まずは、この交流集会での10年間の蓄積を振り返り、それから課題を抽出していく作業を通して、戦略的な攻撃目標が見えてくるのではと期待しています。参与連帯の強みは、多くの市民運動を結集できたことです。それは、「参与連帯は権力濫用を監

視している市民団体」という定義が貫徹していて、多くの人が理念を共有できたことにあります。

　運動方針を長期的に立てるという作業が不可欠です。30周年記念誌は特徴的です。改正貸金業法の勝ち取りの記録です。今後の運動の見通しは、「編集後記」に「ヤミ金の撲滅等、今後解決すべき問題も残っている。」「大量の消費者被害を発生させるクレジットに関する問題等」が指摘されているだけで、本文中にはありません。改正貸金業法を勝ち取り、完全実施された後のクレサラ運動の課題という論点はありません。記念誌は運動の記録だけでなくそれを通して、クレサラ運動の今後の課題を示すべきものですが、改正貸金業法というあまりに大きな成果を勝ち取って、その後の課題の確認が不十分でした。そこに、我々のクレサラ運動の停滞の萌芽があります。もちろん、各論考のむすびにいくつか課題が提示されている場合もありますが、本論とはなり得ません。社会運動には先見性に満ちた長期的な運動方針が必要です。記念誌は過去10年間の記録と同時に、これからの10年間の指針となるべきものです。少なくとも私たちはそれを意識して目指して編集してきたつもりです。そのお手本が韓国の参与連帯です。

資料　年表

年表（2008～2019）

	2008年	
	12	新年総会・拡大幹事会（大阪）
	12	調停対策会議・高金利引下げ全国会議・行政対策会議（大阪）
1月	13	被連協代表者会議（大阪）
	14	ホームレス法的支援者交流会設立集会（大阪）
	19	愛知県弁護士会集会＋東海生活保護支援ネットワーク設立
	22	一斉議員要請
	2	多重債務対策支援講座（福井）
	6	院内集会（実現会議）
	9	生活保護問題対策全国会議集会（仙台）
	10	大阪いちょうの会第17回定期総会
	13	行政処分申立て（東京都）（全国ヤミ金融対策会議）
2月	17	夜明けの会定期総会
	23	ヤミ金シンポ（山梨）
	24	京都平安の会市民公開講座＆相談会
	24	浜松女性放置死問題追及集会（浜松）
	26	ヤミ金融業者口座凍結申入れ（全国ヤミ金融対策会議）
	1	利限法充実会議・行政対策会議シンポ（宮崎）
	2	奈良若草の会第2回定期総会
	2	呉つくしの会第25回定期総会
	6	院内集会（実現会議）
	7	五菱会ヤミ金融事件判決報告集会（東京）
	8	調停対策会議・行政対策会議シンポ（山口）
3月	15	北陸クレサラ対協5周年記念集会
	23	中国ブロック・ソフトバレー大会in三次
	25	消費者主役の新行政組織実現全国会議設立総会
	25	福山つくしの会第25回定期総会
	29	高松あすなろの会第25回定期総会
	29	反貧困フェスタ（東京）
	29	多重債務問題を考える集い（高松）
	5	第2回拡大幹事会（秋田）
	5	多重債務対策協議会のあり方を考えるシンポ（秋田）
	6	被連協代表者会議（秋田）
	12	日栄・商工ファンド・43条対策会議
	12	クレジット過剰与信対策会議シンポ（奈良）
4月	12	はまなすの会20年度定期総会
	15	大牟田しらぬひの会第20回総会
	26	多重債務対策支援講座（宇都宮）
	27	広島つくしの会第28回定期総会
	27	尼崎あすひらく会定期総会

	10	滋賀クレサラ被害をなくす会定期総会
	13	第6回過払金返還請求全国一斉提訴
	17	太陽の会定期総会
	18	三次つくしの会第4回定期総会
	18	陽は昇る会第24回定期総会
5月	24・25	中国ブロック交流集会（山口）
	25	桐生ひまわりの会第27回定期総会
	25	ホームレス法的支援者交流会（札幌）
	29～31	ヤミ金融被害110番（全国）
	30	ひこばえの会25周年記念総会
	5	あざみの会第25回定期総会
	7	調停対策会議・行政対策会議シンポ（山形）
	7	生活保護問題対策会議集会（札幌）
	14	近畿生活保護支援法律家ネットワーク実務研修会（大阪）
6月	14・15	九州クレサラ交流集会（宮崎）
	21・22	近畿ブロック交流集会
	25	第11回ヤミ金融全国一斉集団告発
	28・29	東海ブロック交流集会（静岡）
	4	依存症対策全国会議結成総会＋講演会（東京）
	5	第3回拡大幹事会（東京）
	6	被連協代表者会議（東京）
	6	セーフティネット貸付実現全国会議創立総会・シンポジウム（東京）
	12	反貧困キャラバン西ルート出発集会（北九州）
	12	多重債務対策支援講座（広島）
	13	反貧困キャラバン東ルート出発集会（埼玉）
	13	反貧困キャラバン熊本集会（熊本）
	19	反貧困キャラバン栃木集会（栃木、首都圏ネット実務研と共催）
7月	20	被連協第27回総会（神戸）
	21	第16回実務研究会（神戸）
	26	調停対策会議・行政対策会議シンポ（甲府）
	26	山梨被害者の会結成（予定）
	26	反貧困キャラバン茨城集会（茨城）
	27	反貧困キャラバン佐賀集会（佐賀）
	29	（仮称）クレジット被害・地方消費者相談員充実会議（東京）
	31	反貧困キャラバン宮城集会（宮城）
	2	反貧困キャラバン鹿児島集会（鹿児島）
	16	反貧困キャラバン大分集会（大分）
	19	反貧困キャラバン愛媛集会（愛媛）
8月	24	平安の会10周年記念集会
	30	反貧困キャラバン広島集会（広島、日弁連プレシンポ）
	30	多重債務対策支援講座（徳島）

201

9月	6	利限引下げ会議シンポ（三鷹）
	7	反貧困キャラバン石川集会（石川）
	20	関東ブロック交流集会（茨城・古河）
	27	第1回岩手県被害者交流集会（岩手）
	29	反貧困キャラバン京都集会（京都）
10月	5	反貧困キャラバン滋賀集会（滋賀、反貧困滋賀ネット設立集会）
	5	被連協代表者会議（未定）
	11	第4回拡大幹事会（北九州）
	14	倉敷つくしの会第23回定期総会
	18	多重債務対策支援講座（米子）
	18	反貧困キャラバン大阪集会（大阪）
	19	世界貧困撲滅デー・反貧困キャラバン終着（東京）
11月	8・9	第28回被害者交流集会（秋田）
	13	第7回過払金返還請求全国一斉提訴
	15	利限引下げ会議シンポ（島根）
12月	6	多重債務対策支援講座＋総会（大阪）
	16	尾道つくしの会第20回定期総会
	19	第12回ヤミ金融全国一斉集団告発
	23	常任幹事会（大阪）

2009年

1月	10	新年総会（大阪）
	10	調停ミニシンポin大阪（大阪）
	11	被連協代表者会議（大阪）
	26	山梨ほうとうの会結成総会
2月	7	行政対策充実会議・多重債務対策支援講座in静岡（静岡）
	14	日栄・商工ファンド弁護団研究会（川崎）
	21	クレちほ松山シンポ（松山）
	22	派遣切り反対集会（名古屋）
	28	セイフティネット貸付実現広島集会（広島）
3月	1	呉つくしの会第26回総会
	7	改正貸金業法完全実施を求める集会
	7	自死をなくす会2周年シンポ
	7	生活保護問題対策全国会議・北九州集会（北九州）
	8	福山つくしの会第26回総会
	14	クレ・サラ高松シンポ
	15	愛知かきつばたの会第16回総会
	20	利息制限法金利引下実現全国会議総会＆シンポ（京都）
4月	11	拡大幹事会（福岡）
	11	調停ミニシンポ（拡大幹事会と同じ会場）
	12	被連協代表者会議
	18	行政対策充実会議・多重債務対策支援講座in福島（福島）
	18	はまなすの会定期総会
	18	山形さくらんぼの会第2回総会
	19	静岡ふじみの会第3回定期総会
	25	クレちほ宮崎シンポ（宮崎）
	26	広島つくしの会第29回総会

5月	15	第8回全国一斉過払い金返還請求訴訟・提訴（任意請求含む）
	17	三次つくしの会第7回総会
	23	金沢あすなろの会10周年
	23・24	四国ブロック被害者交流集会（愛媛）
	30・31	中国ブロック被害者交流集会（福山）
6月	4	あざみの会第26回総会
	6	九州ブロック被害者交流集会（長崎）
	13	太陽の会総会
	20	クレちほ山形シンポ（山形）
	27	陽は昇る会25周年記念総会
	28	第28回被連協総会
7月	7	全国ヤミ金融対策会議：携帯電話会社へ要請行動
	11	拡大幹事会（青森）
	12	被連協代表者会議
	16	全国ヤミ金融対策会議：銀行へ要請行動
	18	生活保護対策会議2周年記念集会（東京）
	19	近畿ブロック被害者交流集会（大阪）
	25	行政対策充実会議・多重債務対策支援講座in和歌山（和歌山）
	25	利息制限法金利引下実現全国会議シンポ（札幌）
	31	反貧困キャンペーン出初め式集会（東京）
8月	29・30	東海4県クレ・サラ問題対策交流集会in恵那
9月	5	行政対策充実会議・多重債務対策支援講座in青森（青森）
	12	利息制限法金利引下実現全国会議シンポ（徳島）
	12	クレちほ静岡シンポ（静岡）
10月	3	沖縄被害者交流集会（行政対策充実会議参加）
	3	生活保護問題対策全国会議大阪集会（大阪）
	10	依存症対策会議1周年記念集会（東京）
	10	調停ミニシンポ（東京）
	10	改正貸金業法完全施行を求める東京大集会
	11	拡大幹事会（東京）
	11	被連協代表者会議
	17	反貧困撲滅デー集会（東京）
	24	日栄・商工ファンド対策会議（岡山）
	31	セーフティネット貸付実現仙台集会
11月	7	利息制限法金利引下実現全国会議大集会（川崎）
	9	山口県多重債務者問題対策研修（県・行政対策充実会議共催）
	13	第9回全国一斉過払い金返還請求訴訟・提訴（任意請求含む）
	14	クレちほ米子シンポ（鳥取）
	14	システム金融被害対策全国会議結成総会（大阪）
	23	青森被害者の会結成総会
	28・29	第29回被害者交流集会（北九州）
	20	多重債務対策を考えるシンポジウム（盛岡市・行政対策充実会議主催）

資料　年表

| 12月 | 12 | クレちほ東京シンポ（東京） |
| | 23 | 常任幹事会 |

2010年

1月	12	貸金業法の完全施行を求める集会（日弁連＋高金利引下げ連絡会）
	16	新年総会（大阪）
	16	行政対策充実会議・総会（大阪）
	16	調停対策会議（大阪）
	17	被連協代表者会議
	29	派遣法抜本改正を求める大集会（大阪）（生活保護問題対策会議）
	30	アイフル・ライフ・シティズ利用者相談会
	30	非正規労働者権利実現会議集会（神戸）
2月	7	大阪いちょうの会総会
	10	貸金業法完全施行を求める院内集会（東京）
	11	追い出し屋対策会議集会・被害者の会結成総会（大阪）
	13	行政対策充実会議・多重債務対策支援講座in大分
3月	6	クレちほシンポ@沖縄
	6	日栄・商工ファンド対策弁護団研究会（東京）
	7	43条対策会議研究集会
	13	高松あすなろの会総会・自殺対策シンポ
	13	利限法会議＋依存症対策会議シンポ（熊本）
	13	自死をなくす会・官民合同研修会（兵庫県・神戸市）
	27	ＣＦＪ対策会議結成総会（大阪）
	27・28	自死をなくす会・自殺防止・自死遺族110番（神戸）
4月	4	尼崎あすひらく会総会
	10	拡大幹事会（宮崎）
	10	調停対策会議（宮崎）
	13	大阪市生活保護有期化反対集会（大阪）
	17	クレちほ相談員シンポ（東京）
	17	行政対策充実会議・多重債務対策支援講座in津
	17・18	自死をなくす会・自殺防止・自死遺族110番（神戸）
	24	クレちほシンポ@高知
5月	13	全国一斉過払金返還請求
	22・23	自死をなくす会・自殺防止・自死遺族110番（神戸）
	29	自死をなくす会NPO法人第1回通常総会（神戸）
	29・30	中国ブロック被害者交流集会
6月	4	岸和田生活保護事件を考える集会（大阪）
	5	実務研究会（神戸）
	6	被連協第29回総会
	10	ヤミ金融全国一斉集団告発
	13	非正規労働者権利実現会議シンポ（福岡）
	19	近畿ブロック被害者交流集会（和歌山）
	19	日栄・商工ファンド対策弁護団解散祝賀会（京都）
	20	43条対策会議研究集会
	20	CFJ対策会議市民集会（京都）
	27	システム金融対策会議シンポ（福岡）

7月	10	拡大幹事会（岐阜）
	10	調停対策会議（岐阜）
	11	被連協代表者会議
	24	クレちほシンポ@札幌
	24	利限法引下全国会議　福井シンポ
	31	行政対策充実会議・多重債務対策支援講座in松本
8月	20・21	生活保護問題議員研修会（横浜）（生活保護問題対策会議）
9月	4・5	九州ブロック被害者交流集会（沖縄）
	11	クレちほシンポ@青森
	11・12	東海四県クレ・サラ問題対策交流集会（三重）
	12	非正規労働者権利実現会議集会（仙台）
	18	行政対策充実会議・多重債務対策支援講座in尼崎
	18	生活保護問題対策会議総会・集会
10月	9	拡大幹事会（福島）
	9	調停対策会議（福島）
	10	被連協代表者会議
	23	利限法引下全国会議　和歌山シンポ
	24	自殺対策うつ病研修会（神戸）
	30	行政対策充実会議・多重債務対策支援講座in高崎
11月	13	全国一斉過払金返還請求
	27・28	全国交流集会（岐阜）
12月	11	非正規労働者権利実現会議集会（広島）
	23	常任幹事会

2011年

1月	15	新年総会（大阪）
	15	行政対策充実会議（大阪）
	15	調停対策会議（大阪）
	15	依存症対策会議（大阪）
	16	被連協代表者会議（大阪）
2月	5	武富士責任追及会議集会（東京）
	11	クレちほシンポ（福井）
	12	大阪いちょうの会総会
	15	ＣＷ増員・生活保護費全額国庫負担を求める院内集会（生活保護対策会議）
	19	行政対策充実会議・多重債務対策支援講座in松山
	19	追い出し屋対策会議シンポ（東京）
3月	5	非正規労働者権利実現会議研究会（名古屋）
	5	利限法引下全国会議　大阪大会
	6	依存症対策会議集会（大阪）
	13	反貧困集会in愛知（名古屋）
	19	高松あすなろの会総会・武富士問題を考える集い
	26	非正規労働者権利実現会議集会（東京）
	26	43条対策会議研究集会（広島）
	26	CFJ対策会議集会（広島）

4月	9	拡大幹事会（松山）
	9	調停対策会議（松山）
	10	被連協代表者会議（松山）
	16	行政対策充実会議・多重債務対策支援講座in鹿児島
	23	クレちほシンポ（長崎）
5月	14	武富士責任追及会議集会（東京）
	15	尼崎あすひらく会総会
	28・29	中国ブロック被害者交流集会（倉敷）
6月	4	非正規労働者権利実現会議集会（名古屋）
	10	全国ヤミ金一斉告発
	11	九州ブロック被害者交流集会（大分）
	25	実務研究会（京都）
	26	被連協総会（京都）
7月	2	利限法引下全国会議シンポ（奄美）
	9	拡大幹事会（札幌）
	9	調停対策会議（札幌）
	10	被連協代表者会議（札幌）
	24	保証被害対策全国会議集会（大阪）
	30	行政対策充実会議・多重債務対策支援講座in岡山
	30	近畿ブロック被害者交流集会（京都）
	30・31	東海ブロック被害者交流集会（愛知）
	31	依存症対策会議集会（大阪・パチンコ問題）
8月	26・27	生活保護問題議員研修会（京都）（生活保護対策会議）
9月	3	行政対策充実会議・多重債務対策支援講座in釧路
	17	非正規労働者権利実現会議集会（札幌）
10月	8	拡大幹事会（千葉）
	8	調停対策会議（千葉）
	9	被連協代表者会議（千葉）
	15	クレちほシンポ（秋田）
	21・22	国際交流部会集会（台湾）
	22	利限法引下全国会議シンポ（秋田）
	22	行政対策充実会議・多重債務対策支援講座in新潟
11月	26・27	全国交流集会（松山）
12月	16	全国ヤミ金一斉告発
	23	常任幹事会（大阪）

2012年

1月	14	新年総会（大阪）
	14	調停対策会議総会
	14	行政対策充実会議総会
	15	被連協代表者会議（大阪）
	22	非正規労働者権利実現会議集会（大阪）
2月	11	大阪いちょうの会総会
	11	非正規労働者権利実現会議研究会（名古屋）
	25	43条対策会議研究集会（福岡）

3月	3	行政対策充実会議・多重債務対策支援講座in函館
	10	自死遺族が直面する諸問題を考える研修会（神戸）
	24	利限法会議・保証対策会議合同シンポ（神戸）
	25	尼崎あすひらく会総会
4月	7	クレちほ熊本シンポ
	14	拡大幹事会（広島）
	15	被連協代表者会議（広島）
5月	12	実務研究会（京都）
	13	被連協総会（京都）
	26・27	中国ブロック交流集会
6月	16・17	九州ブロック交流集会
7月	1	近畿被害者交流集会（奈良）
	7	拡大幹事会（仙台）
	8	被連協代表者会議（仙台）
	中旬	反貧困全国キャラバン2012実施（～10月中旬）
	21	利限法会議シンポ（高知）
	21	非正規労働者権利実現会議集会（東京）
	28	クレちほ長野シンポ
	28・29	東海ブロック交流集会
	29	保証被害対策会議シンポ（名古屋）
8月	4	行政対策充実会議多重債務対策支援講座（神戸）
	24・25	生活保護問題議員研修会（さいたま）
9月	8	拡大幹事会（新潟）
	9	被連協代表者会議（新潟）
	14～16	国際交流集会（ソウル）
10月	13	利限法シンポ（岩手）
	27・28	全国交流集会（札幌）
11月	10	クレちほ広島シンポ
	17	非正規労働者権利実現会議集会（福井）
	17	大阪いちょうの会20周年集会
12月	1	大分まなびの会20周年集会
	8	行政対策充実会議多重債務対策支援講座（東京）全国ヤミ金一斉告発
	22	常任幹事会（大阪）

2013年

1月	5・14	三宮駅前相談会（自死をなくす会）
	12	新年総会（大阪）
	12・22	宝塚市自死遺族相談会(自死をなくす会)
	13	被連協代表者会議兼臨時総会（大阪）
	26	非正規労働者会議　総会＆集会（山口）
2月	6・16	宝塚市自死遺族相談会(自死をなくす会)
	9	大阪いちょうの会総会・20周年集会
	9・17・23	三宮駅前相談（自死をなくす会）
	23	43条対策会議研究集会（宮崎）

資料　年表

月	日	内容
3月	2	賃貸住宅を考える集い（東京）（追い出し屋対策会議）
	2	セーフティネット貸付対策会議・行政対策充実会議合同シンポ（東京）
	2・9	西宮市自死遺族相談会(自死をなくす会)
	13・23	宝塚市自死遺族相談会(自死をなくす会)
	20・31	三宮駅前相談会（自死をなくす会）
	23	クレちほ大分シンポ
	30	自死をなくす会・自死遺族への法的支援研修会（神戸）
	30	利限法対策会議総会・シンポ（名古屋）
	31	奨学金問題対策会議創立総会（東京）
	31	常任幹事会（東京）
4月	20	拡大幹事会（熊本）
	21	被連協代表者会議
	27	非正規労働者会議研究会（横浜）
	28	非正規労働者会議集会（横浜）
5月	11	保証被害対策会議シンポ（東京）
6月	1・2	九州ブロック交流集会（久留米）
	1・2	中国ブロック交流集会(広島・帝釈峡)
	5	厚労省請願アクション（生活保護問題対策会議）
	9	依存症対策会議・カジノを考えるシンポ（大阪）
	9	奨学金問題対策会議集会（名古屋）
	15	実務研究会（静岡）
	16	被連協総会（静岡）
	22	行政対策充実会議シンポ（京都）
	29	利限法対策会議シンポ（沖縄）
	29	クレちほ栃木シンポ
7月	6	近畿ブロック交流集会（滋賀）
	13	拡大幹事会（福島）
	27	生活保護問題対策全国会議総会・記念集会（東京）
	27	非正規労働者権利実現会議集会（熊本）
8月	23・24	生活保護問題議員研修会（名古屋）
9月	7	拡大幹事会（尼崎）
	14	43条対策会議研究会（大阪）
	28・29	東海ブロック交流集会（岐阜）
10月	19	国際交流集会（大阪）
	26・27	全国交流集会（仙台）
11月	16	クレちほ新潟シンポ
	23	非正規労働者会議集会
	30	利限法対策会議シンポ（東京）
12月	23	常任幹事会（大阪）

2014年

月	日	内容
1月	11	新年総会（大阪）
	12	被連協代表者会議
	18	非正規労働者会議　総会＆集会（埼玉）
	31	ヤミ金対策会議・高金利引下げ連絡会　総会
2月	1	行政対策充実会議シンポ（福岡）
	15	43条対策会議研究集会（広島）
3月	15	高松あすなろの会研修会（クレプトマニア）
	22	利限法引下げ会議総会・シンポ（静岡）
4月	12	拡大幹事会（東京）
	12	カジノ賭博場設置反対連絡協議会結成総会（東京）
	13	奨学金問題対策会議設立1周年集会（東京）
	20	クレちほシンポ（埼玉）
5月	10	保証被害対策全国会議シンポ（東京）
6月	7	九州ブロック交流集会（熊本）
	14・15	中国ブロック交流集会（尾道）
	21	実務研（静岡）
	22	被連協総会（静岡）
	28	行政対策充実会議シンポ（高松）
	29	東海ブロック交流集会（名古屋）
7月	5	利限法引下げ会議シンポ（釧路）
	12	拡大幹事会（福岡）
	19	クレちほシンポ（山口）
	20	生活保護問題対策会議総会（東京）
	27	近畿ブロック交流集会（兵庫・宝塚）
8月	1	非正規労働者権利実現会議集会（東京）
	22・23	生活保護問題議員研修会（金沢）
9月	13	43条対策会議（名古屋）
	27	拡大幹事会（福井）
10月	11	札幌陽は昇る会30周年記念集会
	11	クレちほシンポ（三重・四日市）
	12	反貧困フェスタ（大阪）
11月	1・2	全国交流集会（広島）
	2	社会保障問題学習会（広島）
	21・22	国際交流集会（台湾）
12月	6	利限法引下げシンポ（大分）
	23	常任幹事会（大阪）

2015年

月	日	内容
1月	10	新年総会（大阪）
	11	被連協代表者会議
	17	非正規労働者権利実現全国会議総会（広島）
2月	15	公正な税制を求めるシンポ（東京）
3月	7	利限法引下全国会議総会・シンポ（千葉）
	14	クレちほシンポ（茨城）
	21	カジノ反対集会（大阪）

4月	11　拡大幹事会（前橋） 11　生活弱者の住み続ける権利対策会議結成総会（前橋） 18・19　奨学金問題対策全国会議シンポ・集会
5月	9　カジノ反対連絡会集会 16　公正な税制を求める市民連絡会結成総会・記念シンポ
6月	5　非正規労働者権利実現全国会議・均等待遇研究会（大阪） 6　実務研（静岡） 7　被連協総会（静岡） 13・14　中国ブロック交流集会（福山） 27　クレちほシンポ（福島）
7月	4　生活保護問題対策会議総会・集会 11　拡大幹事会（高松） 11　非正規労働者権利実現全国会議集会（高松） 18　九州ブロック交流集会（佐賀） 19　利限法引下会議シンポ（山形）
8月	21・22　生活保護問題議員研修会（神戸） 24　非正規労働者権利実現全国会議・均等待遇研究会（大阪） 29・30　東海ブロック被害者交流集会（三重・四日市）
9月	5　クレちほシンポ（鹿児島） 12　拡大幹事会（金沢） 26　43条対策会議（姫路）
10月	24・25　全国交流集会（高崎）
11月	15　ブラック家主110番 27・28　国際交流集会（韓国） 29　利限法引下会議シンポ（山口）
12月	19　常任幹事会（大阪）
2016年	
1月	16　新年総会（大阪） 17　被連協代表者会議 23　非正規労働者権利実現会議総会・研究会 30　公正な税制を考えるシンポ（大阪）
2月	1　ヤミ金融・悪質金融対策会議総会 6　高松あすなろ会シンポ 13　43条対策会議（福岡）
3月	5　社会保障問題研究会（京都） 11　均等待遇研究会（非正規労働者権利実現会議） 26　利息制限法引下会議シンポ（福岡）
4月	2　奨学金問題対策会議3周年集会 9　拡大幹事会（宮崎） 9　生活弱者の住み続ける権利実現会議集会（宮崎） 9　CFJ対策会議集会（宮崎） 23　クレちほ佐賀シンポ 23　カジノ反対連絡会2周年集会（大阪）

5月	14・15　社会保障問題研究会合宿（長野） 22　公正な税制を求める連絡会集会（東京）
6月	4・5　中国ブロック交流集会（呉） 11　実務研（名古屋） 12　被連協総会（名古屋）
7月	2　クレちほ和歌山シンポ 16　拡大幹事会（山形） 17　被連協代表者会議（山形） 23　東海ブロック交流集会（岐阜） 23　利息制限法引下会議シンポ（金沢） 30　しが生活支援者ネットシンポ（住宅問題） 30　公正な税制を求める連絡会集会（長野）
8月	26・27　生活保護問題議員研修会（富山）
9月	3　社会保障問題研究会（京都） 10　公正な税制を求める連絡会集会（福岡） 24　43条対策会議（仙台）
10月	1　拡大幹事会（横浜） 22　国際交流集会（大阪） 29　公正な税制を求める連絡会集会（東京）
11月	5・6　全国交流集会（宮崎） 26　利限法引下会議シンポ（仙台） 29　均等待遇研究会（大阪）
12月	3　障害年金ホットライン 11　貸金業法改正10周年記念集会（東京） 23　社会保証問題研究会（大阪）
2017年	
1月	14　新年総会（大阪） 15　被連協代表者会議 23　ヤミ金・悪質金融対策会議総会（東京） 24　被連協自殺対策研修（福岡）
2月	1　均等待遇研究会（非正規労働者会議） 4　被連協自殺対策研修（大阪） 4　43条対策会議（東京） 18　クレちほ富山シンポ 26　社会保障フォーラム（大津）
3月	4　被連協自殺対策研修（高知） 11　非正規労働研究会（非正規労働者会議） 18　被連協自殺対策研修（群馬） 19　非正規労働者会議総会（東京） 20　利限法引下会議総会・シンポ（埼玉） 25　カジノ反対集会（大阪）
4月	8　拡大幹事会（上田） 8　公的債権差押対策会議（仮称）結成総会 9　被連協代表者会議（上田） 22　奨学金問題対策会議シンポ
5月	28　公正な税制を求める連絡会2周年記念集会

6月	1	カジノ反対シンポ
	10	実務研（名古屋）
	10	クレちほ奈良シンポ
	11	被連協総会（名古屋）
	16	均等待遇研究会（大阪）
	24	生活保護問題対策会議総会（京都）
7月	1	九州ブロック交流集会（長崎）
	8	拡大幹事会（青森）
	9	被連協代表者会議（青森）
	22	利限法引下会議シンポ（愛媛）
	29	東海ブロック交流集会（愛知）
8月	25・26	生活保護問題議員研修会（長野）
	27	滞納処分問題対策会議シンポ（前橋）
9月	2	カジノ反対シンポ
	23	クレちほ香川シンポ
	23	43条対策会議（大阪）
	30	拡大幹事会（東京）
10月	13	国際交流集会（台湾）
	22	被連協自殺対策市民公開講座（高知）
11月	4・5	全国交流集会（長野・上田）
12月	3	利限法引下会議シンポ（山梨）
	3	障がい年金ホットライン
	16	常任幹事会（大阪）
2018年		
1月	13	新年総会（大阪）
	14	被連協代表者会議
	27	滞納税金ホットライン
2月	11	公正な税制を求める全国集会（徳島）
	17	クレちほ山梨シンポ
3月	3	非正規労働者権利実現会議総会・集会（仙台）
	18	利限法引下会議総会・シンポ（福島）
4月	14	拡大幹事会（高知）
	14	滞納処分問題対策会議総会（高知）
	15	被連協代表者会議（高知）
	21	奨学金問題対策会議集会（東京）
5月		
6月	9	実務研（名古屋）
	10	被連協総会（名古屋）
	23・24	中国ブロック交流集会（広島）
	30	九州ブロック交流集会（沖縄）
7月	7	カードローンホットライン
	14	拡大幹事会（静岡）
	14	生活保護問題対策会議総会・シンポ（東京）
	15	被連協代表者会議（静岡）
	18	利限法引下会議シンポ（香川）
8月	24・25	生活保護問題議員研修会（鹿児島）

9月	15	拡大幹事会（さいたま）
10月	13・14	全国交流集会（高知）
	19	国際交流集会（韓国）
11月	18	利限法引下会議シンポ（長崎）
12月	15	常任幹事会（大阪）
2019年		
1月	12	新年総会（大阪）
	13	被連協代表者会議

武富士

武富士の創業者遺族を提訴
府内借り手12人 賠償求める

消費者金融会社の武富士（会社更生手続き中）の経営破綻で払い過ぎた利息を返してもらえなくなったとして、府内の借り手12人が14日、創業者の遺族3人に約2900万円の損害賠償を求める集団訴訟を大阪地裁に起こした。

訴状によると、創業者の武井保雄元会長（故人）や取締役だった遺族らは、利息制限法の上限を超える利息を受け取る違法な経営を放置し、高額の配当を受けるなどして会社を破綻させたとしている。1人あたり最大約770万円の支払いを求めている。

原告弁護団によると、同様の集団訴訟は11月末までに全国16地裁・支部で起こされ、追加提訴も予定されている。問い合わせは武富士の責任を追及する全国会議（047・360・2123）へ。

（岡本玄）

朝日新聞2011年12月15日

武富士、社員の8割退職
想定上回る1300人

昨秋に経営破綻した消費者金融の武富士で、今年3月末に在籍していた社員の8割に当たる約1300人が退職することが30日、分かった。大半の社員が同日付で退職した。同社の事業を引き継ぐ韓国同業大手は人員削減の規模を約1000人と想定していた。4月に同社のスポンサーに決まった韓国A&Pファイナンシャルは人員や店舗数の削減によってコストを抑えて事業を引き継ぐ考えだった。

武富士は10月末に更生計画の認可を得た。A&Pが武富士を買収し、会社を新旧2社に分割。A&P傘下の「新会社」が武富士ブランドで融資事業を再開し、「旧会社」が債権者への支払業務にあたる予定だった。

武富士の社員数は更生手続きを開始した昨年10月末時点で約1800人おり、今年3月末には約1600人にまで減っていた。

また武富士は30日、12月1日に予定していた会社分割を12月31日までの間に延期すると発表。具体的な実施日は今後詰める。スポンサーのA&

朝日新聞2011年1月22日

武富士、事業再開に暗雲
支援の韓国大手 資金繰りに懸念
退職者も相次ぐ

昨秋に経営破綻した消費者金融の武富士の事業再開に暗雲が垂れこめてきた。10月に更生計画案の認可を取りつけ、1日に新会社の営業を開始する予定だったが、スポンサーである韓国消費者金融大手の資金繰り懸念が浮上。必要な従業員も確保できず、事業再開のメドは立っていない。

武富士のスポンサーは「A&Pファイナンシャル」。韓国で約60の営業店をもつ大手で、直近の貸付残高は約1600億円に上る。約20社が名乗りを上げた武富士のスポンサー選定では、最終的に280億円超の金額を示し権利を手に入れた。ただ、280億円の大半は未払い。A&Pは全額を払い込まない限り、武富士ブランドで貸付事業を開始できない。

A&Pは金利が低く、為替変動リスクのない日本円で資金調達する計画だったが、思うように手当てできなかった。今秋に韓国で法定金利を超える金利で貸し付けていたとの指摘を当局に受けたことが資金繰りに影響するとの観測もある。

さらに、従業員も11月時点で事業再開に必要な人数の半分しか確保できていない。会社の先行きに不透明感が強いことから希望退職者が相次ぎ、A&Pのもくろみが狂った格好だ。A&Pは年内に資金調達にメドを付ける方針だが、武富士の事業再開に向けた計画は大幅な修正を迫られる可能性もある。

日本経済新聞2011年12月2日

カードローン

日本経済新聞　2011年（

カードローン新規銀行が急伸
6月残高3割増2000億円

新規参入銀行のカードローンが急速に拡大している。主要7行の6月末の残高は前年同月末に比べて3割増え、2000億円を突破した。改正貸金業法が昨年6月に完全施行され、消費者金融会社から借りにくくなった個人の需要が高まっているようだ。住宅ローン以外の運用先に悩む銀行側の売り込みも奏功している。

主要7行はソニー銀行、住信SBIネット銀行、楽天銀行、ジャパンネット銀行、じぶん銀行、イオン銀行、セブン銀行。6月末のカードローン残高は合計2012億円となり、前年同月末比29%増加した。400億円程度にとどまっていた2009年3月末のほぼ5倍に膨らんでいる。

日銀によると、国内銀

新規参入銀行のカードローン残高（2000／1500／1000／500／0 億円）

消費者金融会社の個人向け無担保ローン残高（15／10／5／0 兆円）

2008/3月末　09/3　10/3　11/3　11/6

(注)消費者金融会社の残高は日本貸金業協会調べ

消費者金融から顧客流入

行全体の6月末のカードローン残高は3兆200億円で、前年同月末比1%減少した。業歴が浅い新規参入銀行の残高は1割に満たないが、金利の引き下げやローンの上限拡大といった積極策が顧客を引き寄せている。

セブン銀行は6月、借り入れの上限額を従来の10万円から、30万円または50万円に引き上げた。女性を狙った販促を展開、残高を前期末の5億円から1年間で約4・5倍に増やす計画だ。ソニー銀行も今年度中に新商品を投入する。

ンペーン開始後には、1日当たりの申込件数が3割増えたという。

インターネットで申し込める点なども、顧客の心理的な抵抗を和らげているようだ。銀行側も住宅ローンや国債に頼りがちな運用先を多様化するため、カードローンに力を入れている。

新規参入銀行の動きをみて、カードローンをてこ入れする大手銀行も出てきた。新生銀行は今秋から、傘下の消費者金融「レイク」のブランドを譲り受け、銀行本体で借りられる無担保ローン新規の貸し出しを始め

▼改正貸金業法　2007年から段階的に施行され、10年6月に完全施行された。借金を繰り返し、返済に行き詰まる多重債務者問題の解消を目指す。①個人が貸金業者から借りられる総額を年収の3分の1までに制限する「総量規制」の導入②上限金利の引き下げ—などが主な変更点。銀行の借り入れは総量規制の対象にならない。住宅ローンや自動車ローンなどは、借入総額が年収の3分の1を超えていても利用できる。

楽天銀行は10月末までの新規申し込みに限り、借入金利を通常の半分の年2・45〜7・25%に引き下げた。大手消費者金融会社の6〜18%程度、3メガ銀行の5〜14%程度を大幅に下回る。キャ

背景にあるのは改正貸金業法の完全施行だ。個人は消費者金融会社から借りられる無担保ローン

の総額を年収の3分の1までに制限され、平均で顧客の4割程度が規制に抵触した人に貸すことも検討したい」という。

日本貸金業協会によれば、消費者金融会社の6月末の無担保ローン残高は6兆円で、1年前より約2兆円減っている。銀行からの借り入れには規制がなく、顧客の一部が銀行に流れたとみられる。

一方、3メガ銀行のカードローン残高はほぼ横ばいで推移している。傘下の消費者金融が過去に取りすぎた利息（過払い金）を返還するための損失処理に追われ、業容拡大のシナリオを描き切れていないのが実情だ。

る。40代以下の銀行口座保有者に照準を定める規制に抵触した人に貸す「業界平均で顧客の4割程度が、「返済能力があれば、一度規制に抵触した人に貸すことも検討したい」

日本経済新聞2011年8月25日

カジノ

日本のどこにもカジノ置かせぬ
反対連絡協議会が発足

全国カジノ・賭博場設置反対連絡協議会設立記念集会＝12日、東京都内

 カジノを合法化する法案を民・維新などが国会に提出しようと議入りがねらわれるなか、これに反対する「全国カジノ・賭博場設置反対連絡協議会」の設立総会が12日、東京都内で開かれました。150人の参加者は「日本中のどこにもカジノ賭博場を設置させないための全国的取り組みを行う」という宣言を採択しました。

 代表幹事に選出された宮城県の新里宏二弁護士は「日本のギャンブル依存症は560万人と世界でもっとも多い。それでもカジノを解禁するのか。これをみてもおかしい」「日本はカジノがなくても経済が発展するいう三流国になる」と訴えました。

 ギャンブル依存症当事者の体験、大阪など各地のたたかいの経験が報告されました。

 鳥畑与一静岡大学教授が「カジノは経済的繁栄をもたらすのか」と題して基調講演しました。

 集会では、カジノ合法化法案にかかる衆参の内閣委員らへの要請や各地の反対組織の確立などの運動方針を確認しました。

 日本共産党の大門実紀史参院議員が「衆院内閣委員会で審議入りをさせないたたかいが大切です。どんどんかけた賭博法案をなんとしてもつぶすため力を合わせましょう」とあいさつ。市田忠義副委員長、吉良よし子参院議員がメッセージを寄せました。社民党の福島瑞穂子参院議員、無所属の糸数慶子参院議員があいさつしました。

大門議員あいさつ

カジノ合法化 "待った"
全国設置反対連絡協議会設立へ

全国カジノ・賭博場設置反対連絡協議会準備会＝21日、東京都内

 刑法が禁じる賭博場・カジノの合法化法案の国会審議入りがねらわれるなか、法案を阻止する幅広い市民、法曹関係者らによる「全国カジノ賭博場設置反対連絡協議会」の設立に向けた準備会が21日、東京都内で開かれました。

 「これから短期決戦だ。各地の人々にかけ、集会などを広げたい」（全国クレサラ・生活再建問題対策協議会代表幹事の木村達也弁護士）という発言もあり、東京、仙台、愛知、大阪、兵庫など各地の代表幹事が参加しました。

 準備会では「全国各地に広がるカジノ賭博場設置に反対する人々と広範に連携して、全国的な取り組みを行う」との設立趣意書を確認しました。

 同協議会では、ギャンブル依存被害者と家族の告白集を発刊する予定で、4月に行う設立総会・記念集会にむけ、世論とたたかいを広げていくことにしています。

 反対派、慎重派への働きかけも必要だ」などの発言が続きました。

 日本婦人の会、主婦連合会、全国消費者団体連絡会、労働者福祉中央協議会を訪ねカジノと広範に連携し、カジノに入れないということになれば子どもの問題、教育問題のなかでも広げていくことにしています。

 参加者からは、「親がカジノに入れ込み、家庭が壊されるということは、世論とたたかいを広げていくことにしています。

資料　新聞記事

奨学金

教育 10版　2012年(平成24年)6月8日　金曜日　朝日新聞

教育　奨学金 重い返還義務

「給付型」求める動き加速

いまや大学生2人に1人が利用すると言われる奨学金。しかし、公的制度である日本学生支援機構の奨学金は、原則返還が必要で、卒業後に「借金」として重くのしかかるケースもある。「借りたものを返すのは当然」との指摘がある一方、雇用状況の悪化を受け、返還不要の「給付型」を求める動きが強まっている。支援機構の制度はどうなっているのか。

年収の倍の「借金」

機構の奨学金には無利子の「1種」と有利子の「2種」が、例外的。2010年度の奨学金を新規に受けた学生（大学院生を含む）が約35万人。一方、返還免除は約8800人だった。

返還が始まるのは原則卒業の約半年後。月9千〜3万2千円程度を返す。2種で月8万円を4年間借りた場合は、利息分を加えた総額約500万円を20年かけて返さなければならない。

厚生労働省の11年の賃金構造基本統計調査によると、大卒者の初任給は約20万円。卒業と同時に年収の倍の借金を抱え、「返済生活」が40歳代まで続く人もいる。

10年度末時点で、返還金を滞納している人は約34万人。この時点で返還済となっていれば、返還金は約4400億円。うち約850億円が未返還だった。3カ月以上滞納して信用情報機関に登録された個人も1万人を超えた。登録されると、カードやローンの利用が制限される可能性があるため、「ブラックリスト化」とも言われる。

返還を続ける東京都内の男性。機構の「返還のてびき」は大切に取ってある＝東京都

「体調が思わしくなく修士論文が書けない。退学になる」、これまで機構から借りた500万円強の奨学金の返還が迫る。それを考えると動悸がする」

京都市内の大学で学生相談カウンセラーを務める伊坂は、以前勤務していた国公立大で男子学生からこんな相談を受けた。「経済的な問題が不安の背景にある相談が増えている」と感じる。

延滞金が追い打ち

また、「延滞金が追い打ちをかけている」と、奨学金問題に取り組む首都圏なかまユニオンの伴幸生さんは指摘する。返還が滞ると、年10％の割合で延滞金が発生する。返還を再開しても、返還金はまず延滞金の支払いに充てられるため、元本を減らすのも難しくなる。長期の滞納で延滞金だけで数十万円に膨れ上がった例もあるという。伴さんは「返還猶予制度を利用してほしい」と勧める。失いない。借り始めは入学が窓

今年度から、年収300万円以下の場合は期限なく返還猶予を受けられる「世払い奨学金」が導入されたが、概算要求で盛り込まれていた給付型は、予算化が見送られた。

多くの返還困難者が生まれている一方で、対策は進んでいる。

口になるが、卒業と同時に大学の手を離れるので、個々の状況に陥ることがなかなか理解されない面もある。総務省の労働力調査によると、全雇用者に占める非正規社員の割合は年々増加傾向で、11年は平均で35.2％に達した。

中京大の大内裕和教授は「現在の奨学金は、正規雇用で年を追うごとに収入が増える年功序列型賃金制度を前提としている。しかし、いまやそれは崩れている」と話す。首都圏なかまユニオンの伴さんらは毎月、連絡会を開いて当事者の事例を集めてい

以前と雇用環境が異なり「返したくても返せない」状況に陥ることがなかなか理解されないことが理由の一つに挙げられる。
（四水康宣）

る。機構から裁判所に督促を

申し立てられた人たちの相談にも乗り、今後弁護士とも協力して給付型の導入を求めていく方針だ。相談は首都圏なかまユニオン（03・3267・0266）で受け付けている。

連絡帳

教師教育研究フォーラム　9日午後1時、早稲田大学22号館201教室。「教育の今を問う 実践力のある教師を育てる――授業で子どもの学びをどうつくるか」をテーマに学習院大の佐藤学教授、早稲田大教育・総合科学学術院の岡村遠司教授が話す。主催は早大教師教育研究所。申し込み不要。先着70人。問い合わせは安藤昇さん（n.adachi@kurenai.waseda.jp）。

■日本学生支援機構の奨学金制度

〈1種〉
・無利子
・自宅通学は国公立4万5千円、私立5万4千円、自宅外は国公立5万1千円、私立6万4千円。ほかに3万円も選択可
・高校の成績が5段階評価の3.5以上、4人家族で年収約900万円以下などの条件
・月割りの場合、通学形態や国公私別に月額約9千〜1万4千円の返還。月6万4千円（自宅外、私立）借りた場合は月1万4222円を18年にわたって返還する

〈2種〉
・上限年3％の利息付き
・通学形態、国公私問わず、3万、5万、8万、10万、12万円から選択
・高校の成績が平均水準以上、4人家族で年収約1200万円以下など
・月割りの場合、貸与月額別に月額約1万1千〜3万2千円の返還。月8万円で借り、年利3％の場合は月2万1531円を20年にわたって返還する

〈返還について〉
・卒業や退学の約半年後から返還開始
・延滞した場合、年10％の割合で日数に応じて延滞金が課される

奨学金破産 延べ1.5万人

5年で 親族半数 連鎖招く

国の奨学金を返せず自己破産するケースが、借りた本人だけでなく親族にも広がっている。過去5年間の自己破産は延べ1万5千人で、半分近くが親や親戚の保証人だった。奨学金制度を担う日本学生支援機構が初めて朝日新聞に明らかにした。無担保・無審査で借りた奨学金が重荷となり、破産の連鎖を招いている。

▼2面=「父さんごめん」

金にからむ自己破産は16年度までの5年間で延べ1万53538人。内訳は本人が8108人（うち保証機構分が4751人と5）で、連帯保証人と保証人が計7230人。ただ、機構は、1人で大学と大学院で借りた場合などに「2人」と数えている。機構は「システム上、重複を除いた実人数は出せないが、8割ほどではないか」とみる。破産理由は「調査できず分からない」という。

だった。国内の自己破産が減る中、奨学金関連は3千人前後が続いており、16年度は最多の3451人と5年前より13％増えた。

自己破産は、借金を返せる見込みがないと裁判所に認められれば返済を免れる手続き。その代わりに財産を処分され、住所・氏名が官報に載る。一定期間の借り入れが制限されるなどの不利益もある。

国の奨学金の保証制度（日本学生支援機構）

国内全体の自己破産（裁判所が個人の自己破産を認めた数）（96年～）

奨学金関連の自己破産（保証人／連帯保証人／本人）（12年度 13 14 15 16）
日本学生支援機構などの集計による延べ人数

国の奨学金制度

1943年に始まり、現在は日本学生支援機構が憲法26条「教育の機会均等」の理念の下で運営している。2016年度の利用者は131万人で、大学・短大生では2.6人に1人。貸与額は約1兆円。成績と収入の要件があり、1人あたりの平均は無利子（60万人）が237万円、要件の緩やかな有利子（81万人）が343万円。給付型奨学金は17年度から始まり、新年度以降、毎年2万人規模になる。

高校生向けの奨学金事業は05年度に都道府県に移管されており、全額が無利子の貸与となっている。

奨学金をめぐっては、返還に苦しむ若者が続出したため、機構は14年度、延滞金の利率を10％から5％に下げる▼年収300万円以下の人に返還猶予を認める制度を16年度末で延べ10万人。その期度の利用期間を5年から10年に延ばす、などの対策を採った。だが、その後も自己破産は後を絶たない。奨学金制度の後の利用者は16年度末で延べ10万人。その後以降、返還に困る人が続出する可能性がある。

（諸永裕司、阿部峻介）

機構は2004年度に日本育英会から改組した独立行政法人で、大学などへの進学時に奨学金を貸与する。担保や審査はなく、卒業から20年以内に分割で返す。借りる人は連帯保証人（父母のどちらか）と保証人（4親等以内）を立てる「人的保証」か、保証機関に保証料を払う「機関保証」を選ぶ。機関保証の場合、保証料を奨学金から差し引かれる。16年度末現在、410万人が返している。

奨学金にからむ自己破産の背景には、学費の値上がりや非正規雇用の広がりに加え、機構が回収を強めた影響もある。本人らに返還を促すよう裁判所に申し立てた件数は、この5年間で約4万5千件。16年度は9106件と機構が発足した04年度の44倍になった。

視点

返還中の人に支援を

機構の2015年度の抽出調査によると、延滞3カ月以上の人は大半が年収300万円以下。この制度は機関保証された経済的弱者とも言える。

「失われた20年」と言われ、日本経済の低迷した時期が、奨学金を返す時が、働いて奨学金を返せなかった年収では25歳から39歳までが8割を占める。低い年齢では格差が広がる中で生み出された経済的弱者とも言える。しかも返せないため、保証人が苦しむこともなくなる。

政府は20年度以降、消費税の増税分から毎年8千億円を教育無償化に充てる方向で検討している。延べ10万人が返還猶予の期限切れを迎え始める19年春が迫るなか、奨学金を返還中の人への対策も忘れてはならない。

（諸永裕司）

朝日新聞2018年2月12日

滞納処分

2016年（平成28年）1月5日（火曜日）

地方税徴収 生活苦でも

滞納者 追い込む自治体

住民税や固定資産税などを納税しようにも払えない地方税滞納者が、自治体から厳しい徴収を受け、生活が困窮したり、精神的に追い詰められたりするケースが相次いでいることがわかった。滞納者への徴収は個別事情に応じて柔軟に対応することが原則だ。しかし事情を把握しないまま、画一的に徴収し、結果的に生活苦に追い込んでいる。学者や税理士なども是正を求め始めた。

（須藤恵里）＝関連③面

滞納相談センターに寄せられた地方税の相談事例

相談者	滞納額	滞納の経緯とその後の状況
東京都内50代女性	1000万円超	事業失敗で税滞納。収入はほぼ皆無ながら、月1、2万円納税。延滞税も膨らみ、精神的にも追い詰められた
東京都内70代男性	600万円超	夫婦ともに病に。多額の医療費に加え事業の不振も重なり税滞納。年金から月15万円ずつ納税も追いつかず
東京都内70代男性	300万円超	脳梗塞で倒れ仕事ができなくなる。妻は介護の毎日。滞納による延滞金だけで300万円近くに
神奈川県70代男性	約120万円	事業失敗で自己破産。税の滞納は残り、財産もなく唯一の収入である月11万円の年金から1万円ずつ納税

納税猶予制度 機能せず

多くの国民は遅滞なく納税しており公平性を確保するためにも、滞納者に対する徴収は重要だ。だが、まじめに働いてきた人が病気で倒れて稼ぎがなくなるなど、税金を払いたくても払えない状況に陥るケースもある。税の徴収が生活を追い詰めることにならないよう、国税庁や地方行政を所管する総務省は、税の徴収は「個々の滞納者の事情を把握した上で取り組む」ことを原則としている。

しかし、滞納問題に詳しい福田悦雄税理士は、地方税の現場で「自治体による機械的な徴収の結果、追い詰められる例が起きている」という。本来、生活苦に陥る恐れがある場合などは、納税猶予の制度もある。だが、自治体が生活状況を正しく把握せずに、ぎりぎりの生活を送る年金生活者や収入がほとんどない人などに対しても、一般の滞納者と同様に徴収や差し押さえを実施。その結果、消費者金融などから高利の借金をして納税したり、「もう死ぬしかない」など精神的に追い詰められたりする人が出てしまうという。

こうした徴収について、大学教授など税の専門家らで構成する「民間税制調査会」（座長・三木義一青山学院大学長、水野和夫日大教授）は、自治体の構造的問題が背景にあると分析する。つまり①自治体職員は人事異動で税務担当部署に配属され、習熟する前に転属してしまう②小規模の自治体では、税務を専門に担当するだけの職員数がいない—といった点だ。

民間税調は、こうした体制を改めるよう昨年十二月に提言。また福田氏ら東京を中心とする税理士グループは昨年九月、「滞納相談センター」＝電話03（6268）8091＝を発足。寄せられた相談は三カ月で四十件を超えた。

地方税の滞納　国税は国税庁が徴収するが、住民税や固定資産税といった地方税は市町村が徴収を担う。住民税はサラリーマンなどの場合、天引きされるが、自営業者や企業退職者などは、自ら納税しなければならない場合、滞納となり、延滞税などが課される。

東京新聞2016年1月5日

専門性不足　機械的に徴税

生活再建支援の自治体も

滞納した地方税の徴収で追い詰められる事例が相次ぐ背景には、滞納者の実態を自治体が把握できず、しゃくし定規に徴収してしまう状況がある。公平性を守るため、滞納した税の徴収はもちろん重要だが、行政は最低限の市民生活を守ることも必要だ。滞納者の実態を把握し、共に解決していこうとする自治体も出ている。

（須藤恵里）

追い込まれる滞納者

地方税の滞納残高はここ数年減少傾向にあり、総務省は「自治体の徴収に対する意識が高まり、しっかり徴収が行われるようになった」と胸を張る。しかし昨年十二月、兵庫県姫路市で税徴収に携わる全国の自治体職員らが集まった会合では「ノルマ達成を求められる」「徴収の成果が人事に直結する」「経験の浅い職員ほど、マニュアル通りの機械的な差し押さえに走りやすい」など、現場の悩みが次々と飛び交った。

自治体の課題は少なくない。まず負担の重さだ。滞納問題に詳しい角谷啓一税理士は「一人の担当者が受け持つ滞納案件は、国税で約四百件だが、地方税は二千件を超える場合がある」と指摘する。

専門性の不足も深刻だ。国税は税の専門家が徴収するが、自治体では専門性を高めづらい。こうした構造がルールを機械的に当てはめる徴収になりやすく、滞納者を追い込む結果を生み出してしまう。

事態打開に向け、滋賀県野洲市は「おせっかいを強化する」と打ち出した。市民と接する窓口職員は、多額の借金や税滞納で困っている市民の話を耳にすると、市民生活相談課へ連絡。同課は滞納者や担当部署と相談し、利用可能な制度の提案や司法書士など専門家を紹介する。

同市で一人暮らしの六十代男性は、収入が年金しかない中、病に倒れた家族の医療費で借金を重ね、健康保険料や公営住宅の家賃も払えなくなった。退去を迫られる中、市が「おせっかい」。公的支援を受けると同時に、貸金業者に約四百万円の過払い金があることなどが判明。返還された過払い金を原資に借金などを完済し、生活を立て直すことができた。

市民生活相談課の生水裕美課長補佐は「困っている人ほど相談には来ない。滞納などを入り口に、困窮の「見える化」につなげる。市役所だからこそできることだ」と話す。

自治体が滞納者の生活実態を把握できるようにするため、首都大学東京法科大学院の川村栄一非常勤講師が訴えるのは「徴収の広域化」だ。近隣の自治体がそれぞれ職員を派遣し、一体となって徴収に取り組むことにより「人員確保が難しい自治体でも、税務の専門知識を持った職員を育てられる」としている。

地方税の滞納残高の推移

個人住民税　固定資産税　その他　※総務省調べ

（縦軸）3（兆円）2　1　0
（横軸）2002　03　04　05　06　07　08　09　10　11　12　13年度

資料　新聞記事

（第3種郵便物認可）

東　京

こちら特

地方税滞納　過酷取り立て

給与口座 残高０円に

（兼お借入明細）

(円)	お預り金額 (円)	差引残高 (円)
000	(MICS)	*341
108	(MICS)	*233
	*99,173	*99,406
	*7,712	*107,118
00	(セブンBK)	*17,118
6	(セブンBK)	*16,902
0	(MICS)	*1,902
3	(MICS)	*1,794
	(603)	*794
	*86,803	*87,597
差押え		*0

国保税を滞納し、預金全額を差し押さえられた女性の通帳（一部画像処理）

宮城県地方税滞納整理機構が、国民健康保険税などを滞納した女性の銀行口座から約九万円の預金全額を差し押さえた措置に「違法徴収では」との疑念が広がっている。滞納者が生活できなくなる差し押さえは法律で禁じられているからだ。近年、地方税をめぐる過剰な取り立ては全国で起きており、「違法」判決も出ている。地方税の現場で何が起こっているのか。

（白名正和）

宮城県大崎市の女性（仮名）は先月十五日、コンビニのATMで現金が下ろせなかった。パートの給与が振り込まれたはずなのに「残高が足りません」。

銀行で通帳記入をすると、目を疑う文字が躍っていた。預金はすべて引き出され、残高は「0」。その隣には「差押え」と記されていた。「頭が真っ白になった。何かの間違いじゃないかって」と振り返る女性は、絞り出すようにつぶやく。「生活費も全部差し押さえるなんて死ねと言うようなもの。こんなやり方ないっちゃ」

三十代で離婚し、一人で四人の子どもを育ててきた。子ども三人は引っ越し家を出ており、現在は、引きこもりの長男と二人暮らし。月八万〜十一万円の女性のパート収入で食いつないでいる。十年ほど前まで歯を食いしばって納税してきたが、無理がきかなくなり、市民税や県民税、国保税などの滞納が重なっていた。

女性のもとに支払いの催告書が送られたのは今年五月。送付主は宮城県地方税滞納整理機構だ。税滞納への対策強化を目的に〇六年ごろから全国に設置された組織で、宮城県では〇九年につくられた。現在、県と二十二市町村が参加し、滞納の取り立て実務にあたっている。

女性は、機構の担当者から〇八年以降の滞納額が延滞税を加えて計約百九十七万円に上っていると告げられた。「とてもそんなお金は払えない。分割納付をお願いしたが『分割なんてやっていない』と断られた」

やむなく女性は、年金暮らしの九十代の母親に頭を下げた。母親は年金を担保に百万円を借りてくれたが「二度と顔も見たくない」となじられた。六月、その百万円をすべて返納に回した。

元金は残り約三十九万円になり、女性は何度も分割納付を申し入れたが、機構側は応じない。女性の預金が全額差し押さえられたのは、その交渉が続く最中のことだった。「確かに、滞納をした自分が悪い。悪人が何を言うのか、と思われるかもしれない。でも、な

納付を申し入れたが、機構側は応じない。女性の預金が全額差し押さえられたのは、その交渉が続く最中のことだった。「確かに、滞納をした自分が悪い。悪人が何を言うのか、と思われるかもしれない。でも、なんでこんなに追い詰めるの。滞納した人には何をしてもいいの？」と言葉を詰まらせる。

月収をすべて失った女性はもう一度母親に頭を下げ、生活費を借りたが「お金のことでは一切頼れない」と絶縁された。ほかに頼れるあてはなく、今後の生活のめどは立たない。「不安で毎日、寝られない。機構が勤務先に口座を照会して事情が知られ、働きづらくなった。でも、機構側は『全額返してくれればこんなことはしない、来月も同じように対応します』と言うんです」

追い込まれる生活　行政側は「適切な対応」

「こちら特報部」は、機構事務局の県地方税徴収対策室を取材した。前原良二室長は「個別の案件には、事実関係を含めて答えは差し控える。一般論として、私たちは法律の趣旨にのっとって適切な対応をしている」と繰り返すのみだった。しかし、現に女性は差し押さえで生活に困窮している。

本当に「残高０円」で生きていけると考えたのか。間うと、耳を疑う言葉が返ってきた。「生活実態を把握してからでないと差し押さえができないわけではない」

東京新聞2017年10月30日

215

各地で強権的徴収 違法判決も

支給日の年金・児童手当差し押さえ

女性は、機構に参加する県と大崎市を訴える準備を進めている。女性の相談を受ける佐藤靖祥弁護士は「機構の対応は国税徴収法に違反している」と指摘する。「要は三カ月分の食費や水道光熱費など当座の生活費を差し押さえできないという規定。その意味でも、今回の差し押さえは違法以外の何物でもない」

地方税の徴収にも適用される同法は、月収十万円以下の場合には給料の差し押さえを禁じている。「滞納者の生活を破綻させないためにも、機構は給与が口座に振り込まれたら『財産』になるとみなして差し押さえたい。『給与』ではないと言いたいのかもしれないが、脱法的なやり方だ」

さらに同法では、財産で、県議会の野党系会派が「機構が滞納者に一括納付を求め、相談に応じようとしない」と要望書を出した。佐藤氏は「数字を上げることばかりを考え、過酷な取り立てが増えていくのではないか」と懸念する。

実際、全国でも税滞納の徴収強化に伴い、財産の差し押さえも増加。徴収強化の「先進自治体」と目される前橋市では、国保税と一般税を合わせた差し押さえは〇六年度の三千五百十件から、一四年度の一万七千六十八件と三倍になった。

「この中には、疑問のある差し押さえも数多く含まれる」と、反貧困ネットワークぐんまの仲道宗弘司法書士は指摘する。仲道氏が受けた相談では、市税や国保税を滞納した七十代の男性が、二カ月に一度振り込まれる約二十四万円の厚生年金を支給日にほぼ全額、差し押さえられていた。

鳥取県も〇八年六月、個人事業税と自動車税を滞納した男性から、法律で禁止された児童手当十三万円を差し押さえた。このケース

機構の徴収率は初年度の21%からほぼ一貫して伸び続け、一六年度は55%に達している。全国平均20〜30%を大きく上回る成果の陰で、その手法を問題視する声も絶えない。一二年には東日本大震災を挟んで...

数字優先傾向「法の理念を勉強不足」

地方税の徴収現場で何が起こっているのか。

元税務署員で税理士の戸田伸夫氏はまず職員の認識不足を危ぶむ。「納税者の実情も考えず、いきなり強権的な手段を使うことは法の趣旨に反する。国税の担当官は毎年のようにある研修で法の理念を再確認しているが、自治体の職員は勉強が足りないようだ。もっと研修を積むべきだ」

一方、税理士の角谷啓一氏は「小泉政権以降、国と地方の税財政を見直す三位一体改革により地方交付税が削減されてきたことが、財源不足に苦しむ自治体が徴税強化を進める背景にある」と指摘する。

過剰な差し押さえの背景には、過剰な取り立てを繰り返す自治体。前田の戸田氏は「人があっての自治体。滞納した人を守って育て、再び所得を生み出すようにして税金を納めてもらうのが本来あるべき姿だ。過剰な差し押さえで追い詰めてつぶしてしまえば、自分の自治体が悪くなるだけ。考え方を改めなければならない」

付金を上積みする「保険者努力支援制度」を始めた。この制度は、徴収に拍車をかけているようなものだ。ますます自治体が、過剰な徴収へと傾いていく恐れがある」と懸念を隠さない。こうした状況に、今年四月、角谷氏は全国の税理士や弁護士らとともに「滞納処分対策全国会議」を結成。被害救済の動きも始まっている。

税の専門家らが繰り返すのは、「過剰な取り立ては、自治体のためにもならない」という点。前田の戸田氏は「人があっての自治体。滞納した人を守って育て、再び所得を生み出すようにして税金を納めてもらうのが本来あるべき姿だ。過剰な差し押さえで追い詰めてつぶしてしまえば、自分の自治体が悪くなるだけ。考え方を改めなければならない」

では「滞納者を悪だと単純に決めてかかっている。自治体職員は数年でほかの部署に異動するため、弱者を救うという法の理念が蓄積されないためだ」と危ぶむ。

東京新聞2017年10月30日

生活保護

生活保護制度の陰で ④

改革、脅かす受給権利

「人の命に、期限をつけるな」

10日、東京・日比谷公園近くの厚生労働省や、大阪市東京事務所が入るビルの前を、約70人がデモ行進した。職を失った後に生活保護で立ち直りのきっかけを得たという女性（32）は、「私たちを守る制度を壊さないで」と訴えた。

厚労省はいま、生活保護制度の見直しに向けた自治体との協議を非公開で進めている。昨年10月、政令指定市長でつくる「指定都市市長会」が、大阪市の発案をきっかけに政府に改革を検討する、医療費の一部の自己負担を求める、といった項目がある。このため保護を受けている人らは「憲法25条が保障する最低限度の生活が守られなくなる」と反発している。

市長会の提言には、働けると見られる保護受給者が職を得られない場合には一定期間後に保護取りやめをきっかけに政府に改革を検討する、医療費の一部の

生活保護制度の改革に反対するデモ＝10日、東京都千代田区、樫山晃生撮影

らにかきたてているのが、大阪市の動きだ。今年1月、市は各区役所の担当者に保護申請者への就労についての助言指導のガイドラインを配った。働けると見なせる申請者が「就職面接を何回もしたが就労の機会がない場合」は保護を認める一方、「就労への意欲がなく、求職活動を行わないと判断される場合などは却下するとの内容だ。すでに実例も出ている。

失職した30代の男性は6月に保護申請。担当職員から「週に2回は面接を受けるように」と求められたが、交通費に事欠き、体調が悪くて外出できない日もあったことで「熱心さがない」と却下された。男性は受給者の権利擁護に取り組む弁護士たちの助力を得て、ようやく保護が認められた。

小久保哲郎弁護士は、「ガイドラインがほかの自治体に広がり、新たな申請拒否の動きにつながる可能性もある」と懸念する。

一方で、無料低額宿泊所の事業者に対する全国的な規制の動きは鈍い。民主党の有志が昨春から規制法案の国会提出を検討中だが、政局の混乱もあって見通しが立たないままだ。

生活保護制度の改革に反対する学者らは、生活保護以外の社会保障の枠から外れがちな非正規雇用からの失業者らを救うことこそ問題解決につながると主張。住居確保や職業訓練を含めた就労支援など「第2のセーフティーネット」の拡充を求める。

首都圏のある自治体の生活保護担当幹部は語る。「生活保護は国民を守る最後の砦だ。ここに来る前に救えれば保護対象者は減り、業者もはびこらない。それなのに、現状は『最初で最後の砦』。矛盾は大きくなる一方だ」

（吉田啓、園田耕司）＝おわり

日本経済　　１　４版　　2011年（平成23年）11月9日　水

生活保護 最多205万人

7月 働ける世代 受給急増

厚生労働省が9日に公表した今年7月の生活保護受給者数は、前月より8890人多い205万495人で、通年の平均で過去最多だった1951年度の204万6646人を上回った。受給者数が毎月1万人前後のペースで増える傾向にあり、今年度は通年でも05年度に比べ2倍以上最多になる可能性がある。政府は貧困対策の強化を求められそうだ。

▼8面＝大阪市にみる実態

生活保護を受けている世帯数も、前月より6730世帯多い148万6341世帯と過去最多を更新した。世帯の種類別で最も多いのは「高齢者」。63万52世帯と全世帯の42％を占める。働ける現役世代を含む「その他」は25万1176世帯。リーマン・ショック前の3年前の同月（11万70）の2倍以上に増えた。仕事が見つからず、生活保護を受けざるを得ない世帯が増えている。

生活保護費支給総額は10年度で3兆228億9億円にのぼる。市区町村別でみると、大阪市が15万1097人で最多だった。

貧困問題の深刻化を受け、政府は10月に求職者支援制度を導入した。失業手当が出ない非正社員だった人らに無料で職業訓練を受けてもらい、収入の少ない人にはその間の生活費として月10万円を支給する。厚労省は「第2のセーフティーネット（安全網）」と期待するが、雇用情勢は厳しく、どこまで生活の自立に役立つかは未知数だ。また、東日本大震災で被災した世帯のうち、939世帯が9月末までに新たに生活保護を受けている。

日本経済新聞2011年11月9日

生活保護203万人 過去最多に迫る

5月

全国で生活保護を受給している人が、5月時点で203万1587人と、1年度（月平均）の約2959060世帯増の147万人に迫る水準となったことが7日までに、厚生労働省の集計で分かった。前月から1万17人増えた。世帯数は過去最多を更新し、前月比1万1257世帯に上った。

厚労省は、東日本大震災などによる雇用情勢の悪化や、デフレによる景気低迷の影響が受給増につながったとみている。

04万人に迫る水準となり、戦後の混乱の余波で203万1587人と、5月時点で過去最多だった195人を約2万増えた。前月から1万17人増えた。世帯数は過去最多を更新し、前月比1万1257世帯に上った。

被災地などで今後、雇用保険の失業給付が切れることから生活保護受給が急増する可能性があり、近く204万人を突破して過去最多を記録する公算が大きい。

日本経済新聞2011年9月7日

貧困率、最悪の16％　85年以降

全国民の中での低所得者の割合や経済格差を示す相対的貧困率が2009年に16.0％となり、1985年以降で最悪になったことが12日に発表された厚生労働省の2010年国民生活基礎調査で分かりました。前回調査（06年）では15.7％でした。

17歳以下の子どもの貧困率は15.7％で、やはり85年以降最悪。前回に比べ1.5ポイント増加しています。母子あるいは父子世帯など、おとなが1人で子どものいる世帯では、貧困率は50.8％に達しています。

全世帯の32％が年収300万円未満で、母子世帯では7割、高齢者世帯では6割が300万円未満です。「生活が苦しい」と答えた世帯が6割で、ここ5年間増え続けています。貯蓄ゼロの世帯は1割、母子世帯では3割近くになっています。

また、10年6月時点で、65歳以上の高齢者のみの世帯は、1018万8000世帯と、調査開始後初めて1000万世帯を突破。高齢者同士で介護するいわゆる「老老介護」の割合が65歳以上同士で45.9％となっています。

相対的貧困率　低所得者の割合、所得格差を示す指標。国民の可処分所得を高い人から順に並べたときの中央の人の額（中央値）の半分未満の所得の人が、どれだけいるかの割合を示したもの。

しんぶん赤旗2011年7月13日

資料　新聞記事

2019年（平成31年）2月28日（木曜日）　11版　特報　24

特報部　FAX 03(3595)6911　Eメール tokuho@chunichi.co.jp

厚生労働省が二〇一三年から、生活保護費の給付水準（生活保護基準）を引き下げた問題を巡り、社会保障や統計学の研究者たちが二十七日、引き下げの撤回を求めた共同声明を発表した。声明は、同省が引き下げの根拠とした物価下落率を意図的に「偽装」して大きく見せていたと指摘し、被害者らを支援するさまざまな制度にも影響したとし、被害回復を求めている。

（中山岳）

共同声明について記者会見する金沢大の井上英夫名誉教授（右から2人目）ら＝厚労省で

厚労省の物価下落率「偽装」

生活保護以外にも被害

「統計不正以上の偽装ではないか」。厚労省の記者クラブで同日、記者会見した花園大の吉永純教授（公的扶助論）は、危機感をあらわにした。

共同声明は吉永教授らが呼びかけ、社会保障を研究する学者ら百六十四人が賛同した。声明によると、厚労省が二〇一三〜一五年に生活保護費のうち食費や光熱費など日常生活に充てる「生活扶助費」を段階的に減額した際、「物価偽装」ともいうべき統計の乱用」があったと指摘。第三者の検証を求めている。

物価偽装とは何か。厚労省は当時、減額の主な理由に「デフレによる物価下落」を挙げた。下落率を示すため「生活扶助相当消費者物価指数（CPI）」という新指標を作り、この下落率の計算で、二〇〇八〜一一年に4.78％下落したと公表。二つの異なる計算方式を組み合わせて実際より大きく見せたことが「偽装」に当たるとした。

この下落率を基に、生活保護費のうち、生活扶助費が三年間で段階的に減り、物価下落の反映分五百八十億円を含めて総額六百七十億円減った。

呼びかけ人で静岡大の上藤一郎教授（統計学）は、生活扶助相当CPIが、不正が指摘された毎月勤労統計のような公的統計ではなく、統計法の適用も受けない「いわば厚労省が作った内部資料」と指摘。同省が、生活保護基準を検討する社会保障審議会の意見を聞かず、独自に下落率を計算して生活扶助費を引き下げた手法を問題視する。「内部資料をもとに政策を決めることはあってはならない。統計不正といい生活扶助基準引き下げといい、厚労省はデータをいいかげんに扱っている」

引き下げは生活保護受給者の暮らしを直撃した。受給者千二百二人は国を相手取り、削減の行政処分取り消しを求めた「いのちのとりで裁判」が東京、名古屋など全国二十九地裁に提訴され、現在も係争中。名古屋地裁の裁判では、厚労省側は二つの異なる計算方式が使われたことは認めたが、「裁量の範囲内」などと反論している。

会見に参加した、低所得者支援事業を担う一般社団法人「つくろい東京ファンド」の稲葉剛代表理事は、受給者のうち単身の高齢者で減額割合が大きく、エアコンを付けられない受給者も少なくないと指摘し、「健康に深刻な影響が出る」と危ぶんだ。さらに「生活保護の基準が下がり、ギリギリで受給できない人の生活も苦しい。対応に苦慮している」と訴えた。

研究者共同声明「不利益受けた人への対応を」

声明は、引き下げの影響は生活保護受給者だけでなく「多くの低所得者が被害を受けた」と影響の大きさを指摘する。生活保護基準は、各市町村による就学援助や、国民健康保険の保険料・自己負担額の減免など、低所得者の生活を支える四十七以上の施策に連動しており「被害の規模は勤労統計不正を上回ると推測される」という。

呼びかけ人で、金沢大の井上英夫名誉教授（社会保障法学）は「生活保護基準は、市民の生活を下支えしている『岩盤』。引き下げられれば、社会保障、教育支援、最低賃金などに影響し、多くの人の生活水準も引き下げられる。このような偽装による引き下げを撤回させ、不利益による引き下げを受けた人々への被害回復を強く求めたい」と話した。

東京新聞2019年2月28日

障害年金

厚労省のガイドライン運用開始　精神・知的障害の判断に目安

障害年金支給　地域差なくせるか

「薬で改善」と不支給→2級認定

都道府県で最大6倍の差

こちらについて……

　　　　　　　　　　　　　不支給
1　自発的に適切に
　　できる
2　時に支援が必要　　不支給または3級
3　支援を必要とし
　　する場合が多い
4　長期的な援助が　　2級または1級
　　なければできない
5　援助があっても　　2級または1級
　　ほとんどできない

障害年金を支給するめやす

金銭管理と買い物

身辺の清潔保持

適切な食事摂取

日常生活の7能力

社会性・意思疎通

身辺の安全保持や危機対応

近隣や対人交流

適切な対人交流

障害基礎年金の不支給割合

都道府県	不支給割合（%）
北海道	11.6
青森	10.4
岩手	7.2
宮城	5.7
秋田	11.2
山形	6.3
福島	12.8
茨城	23.2
栃木	4.0
群馬	8.9
埼玉	16.3
新潟	5.2
長野	5.8
千葉	12.2
東京	10.3
神奈川	7.2
山梨	12.2
富山	8.6
石川	6.7
岐阜	8.6
静岡	12.9
愛知	8.4
三重	8.7
福井	16.3
滋賀	12.4
京都	14.0
大阪	22.4
兵庫	16.7
奈良	12.8
和歌山	13.9
鳥取	6.5
島根	13.7
岡山	19.3
広島	21.2
山口	6.2
徳島	8.6
香川	9.6
愛媛	9.7
高知	16.7
福岡	22.9
佐賀	11.9
長崎	9.8
熊本	24.4
大分	7.3
宮崎	13.9
鹿児島	17.6
沖縄	12.5
全国平均	12.5

2010〜12年度の平均（実数字は不支給割合の高い順）

朝日新聞2017年9月28日

追い出し屋

日本消費経済新聞　平成23年(2011年)　11月14日

追い出し行為防止

不当な契約条項指摘
差止め訴訟では全国で初の提訴

記者会見するKC'sの検討委員ら

家賃保証委託契約書や賃貸借契約書に不当な「追い出し」行為につながりかねない条項が含まれているとして、適格消費者団体でNPO法人「消費者支援機構関西（KC's）」は11月8日、家賃保証会社の「日本セーフティー」（大阪市）と不動産賃貸業者の「明来（あき、同）」を相手取り、消費者契約法に違反する契約条項の差し止めを求める訴訟を大阪地裁に起こした。同日、記者会見したKC'sによると「いわゆる追い出し屋といわれる事業者の契約条項の差し止め請求訴訟は全国初となる」としている。

不当とされる契約条項が無効と判断されれば、同種の被害防止に役立つほか、国会審議が滞っている貸借人居住安定化法案（追い出し屋規制法案）の成立に弾みがつくことが期待される。

KC'sによると、日本セーフティーが使用する家賃保証委託契約書には、違法な追い出し行為につながりかねない条項が含まれているという。

賃借人から同社以外の連帯保証人を設定、賃貸契約終了時の物件明け渡しで差戻確認の立会いで、

連帯保証人に対し、契約終了時の賃貸契約内容の見直しを求めてきたが、十分な回答が得られなかった。

明来については、家賃を滞納した賃借人に対し、法的手続きをとらずに室内に立ち入り、家財道具

などの動産を処分し鍵の交換を可能にした上、賃借人の異議を放棄させる条項などが契約書に含まれていたとしている。

こうした契約条項が消費者契約法に違反するとして、関連する条項の差し止め、本人と連絡がとれない場合は連帯保証人の同意で物件明け渡しが可能になる内容。

「原状回復費用の価格決定について連帯保証人に権限を与え、本人と連絡がとれない場合は連帯保証人の同意で物件明け渡しが可能になる内容。

訴訟代理人の1人でKC's検討グループ長を務める増田尚弁護士は「現在、国会で家賃債務保証業者に対する規制、いわゆる追い出し屋規制法案が審議中だ。昨年3月に法案が提出されたが3回の継続審議で棚さらしの状態となっている。今回の提訴もこうした状況を改善し、一刻も早く法案の制定につながればいいと考えている」と話した。

供を受けた今年8月の時点では、申し入れに対して「質問事項については現在既に変更されている」と回答があり、同月末に改定契約書の提出を受けいわゆる追い出し屋規制法案が審議中だ。

不当とされる条項は契約書本文には記載されていないこともあるが、特約という形で付されているという。

同社からの契約書の提供を受けた今年8月の時点では、賃貸関係で業態を隠れず鍵のかけ替えや中の物を持ち出す、夜中に押しかけるなどの不当な行為は罰則をもって禁止する、という。

しかし不当な契約条項が使われる追い出し行為が跡を絶たない。今回の提訴もこうした状況を改善し、一刻も早く法案の制定につながればいいと考えている」と話した。

飛ばし携帯

新貧困ビジネス
「携帯名義売って」

7台で報酬2万円→利用料15万円請求

身分証明ができる路上生活者らを狙って携帯電話を何台も契約させ、報酬と引き換えに巻き上げる手口が大阪で横行している。契約者本人には後日、高額な利用料が請求されるが、生活費ほしさにだまされるケースも多い。こうした「飛ばし携帯」は犯罪行為に悪用される恐れがあり、支援団体は「新たな貧困ビジネス」と警戒を強めている。

生活困窮者のための相談会を開いている「大阪クレジット・サラ金被害者の会」によると、大阪市内の80代男性は今年1月、西成区内で見知らぬ男から声をかけられ、2店舗を回って携帯電話計7台を契約。2万円の報酬を受け取った。その後、このうち2台分について約15万円の利用料請求が来たという。

別の60代男性は、同様の方法で携帯電話2台を契約し、1万円の日当を受け取ったが、後で10万円以上を請求されたという。

かつて、プリペイド式など使用者が特定できない携帯電話が誘拐や振り込め詐欺などの犯罪行為に使われるケースが相次ぎ、2006年4月に完全施行された携帯電話不正利用防止法で、契約時の本人確認が義務づけられた。この法規制をかいくぐるため、この「本人」自らに契約をさせる手口が目立つようになった。

派遣切りなどで失職した中年層の被害もある。大阪・ミナミでネットカフェ暮らしをしていた40代男性は09年秋、「アルバイトせえへんか」と男に声をかけられた。「悪いことは思ったが、お金に困って応じた」と5日間で3事業者と17台分を契約。うち8台は見知らぬ人物と養子縁組をさせられ、名前を変えての契約だった。携帯はすべて男に渡し、20万円受け取ったという。

譲渡目的での携帯電話契約は、不正利用防止法違反や詐欺罪にあたる恐れがある。各携帯電話事業者の契約を一個人による複数台の契約を認めていることについて、「自立支援センターおおよど」の田渕勝彦施設長は「明日食べる物もない、電話が犯罪に使用されるのでは、と想像する力が欠如する切羽詰まった状態では、だまされてしまう。販売店は複数台の申し込みにもっと注意を払うべきだ」と指摘する。

（大野正智）

「飛ばし携帯」の契約の仕組み

- ①契約
- ②携帯電話
- ③携帯電話
- ④報酬
- ⑤利用料請求

携帯電話事業者 ／ 契約者 ／ 第三者

The Asahi Shimbun

免許証など所持 標的に

ホームレス問題に詳しい安永一郎弁護士（大阪弁護士会）の話 以前と違って、最近の路上生活者は運転免許証などを所持しており、身分を証明しやすいので狙われる可能性が高い。契約した本人でさえも困窮生活に陥っている状況があり、犯罪行為に加担している認識がある場合もある。ただ、背景には若者でさえ社会の被害者といえる。

朝日新聞2011年11月10日

資料　声明

市民の力で貧困を絶ち人間らしく働き生活できる社会の実現を目指す決議

　働いても人間らしく生活できる収入を得られないワーキングプアが急増しています。年収200万円以下で働く民間企業の労働者は1000万人を超え、給与所得者の4.4人に1人に及んでいます。女性の場合、正社員の比率は47％に低下しており、女性の非正規雇用化が進んでいます。また、パートタイム労働法の適用がなく、雇用の保障がない法の谷間にいる非正規公務員も増えており、フルタイムで働いても人間らしく生活できる収入が得られない官製ワーキングプアが拡大しています。

　ワーキングプア拡大の主な原因は、構造改革政策の下で、労働分野の規制緩和が推進され、加えて元々脆弱な社会保障制度の下で社会保障費の抑制が進められたことにあります。

　労働分野では、規制緩和が繰り返され、経費節減のため雇用の調整弁として非正規雇用への置き換えが急速に進められています。それとともに、偽装請負、残業代未払い等の違法状態が蔓延し、不安定就労と低賃金労働が拡がり、正規労働者においても賃金水準が低下し長時間労働が拡大するという構造が生まれています。社会保障分野では、予算の切り詰めが最優先とされ、自己負担増と給付削減が続く中で制度が十分に機能していません。

　格差の拡がりにより、一握りの金持ちが生まれる一方で、多くの市民は苦しい毎日を送らなければならなくなっています。このままでは、未来に希望がもてない社会となってしまいます。

　そこで、私たちは、人間らしい労働と生活を実現するため、消費者運動、労働運動、社会保障運動など様々な取り組みをしてきた人たちが、枠を越え、立場を越えてつながり合い、以下の課題に取り組むことを決意します。

1　正規雇用を原則とし、非正規雇用は例外的場合に限定されるべきであり、そのために、派遣対象業務の専門的業務への限定、登録型派遣の廃止など労働者派遣法の抜本的改正を早急に行うことを含め、労働法制・労働政策を抜本的に見直し、人間らしく働くルールを確立すること

2　すべての人が人間らしい生活を営むことのできる水準に、最低賃金を大幅に引き上げること

3　偽装請負、残業代未払いなどの違法行為の根絶を図るため、監督体制を強化させ、使用者に現行労働法規を遵守させるための実効ある措置をとらせること

4　ワーキングプアが社会保険や生活保護の利用から排除されないように、社会保障制度の抜本的改善を

図ること
以上、決議します。
2008年11月8日
第28回全国クレサラ・商工ローン・ヤミ金被害者交流集会in秋田
第17分科会（拡大するワーキングプア）参加者一同

ギャンブル依存症に対する国の積極的な施策を求める決議

　現在わが国では、競馬競輪などの公営ギャンブルが存するのみならず、パチンコも刑法上の賭博罪には該当しないとされています。特にパチンコは、30兆円産業と言われたこともあり、現在はテレビCMなどの広告を席巻し、公共交通機関の車体の広告（ラッピング車両）も存在します。

　そうした中、本日この分科会に集まった私たちは、ギャンブル依存症の深刻な実態を知りました。ギャンブル依存症の患者は、100万から200万人とも言われています。

　ギャンブル依存症は、本人のみならず、家族を巻き込んで深刻な問題となります。クレジット・サラ金等による多重債務問題に取り組んできた私たちは、借金の問題としてギャンブル依存症の当事者と向き合うことになりますが、借金の整理だけを行うと再びギャンブルをしてしまいかねず、借金問題解決後の生活立て直しの一環として、依存症への対処は重要な問題です。

　昨年この被害者交流集会の分科会で講演された、作家で精神科医の帚木蓬生氏は「治療には通院と自助グループへの参加が鉄則」と語っています。

　自助グループについては、全国各地に、当事者の自助グループであるＧＡ（ギャンブラーズ・アノニマス）、家族のグループであるギャマノンがあります。その他、ギャンブル依存症からの回復施設もNPOなどにより設置されています。

　一方、病院への通院に関しては、そもそもギャンブル依存症の治療を行う病院が少ないのみならず、ギャンブル依存症がわが国では病気と認められていないために保険診療が行われないなど、まだまだ不充分な点があります。

　ギャンブル依存症の問題について海外に目を向けると、カジノが開かれたシンガポールでは依存症に対する取り組みが行われており、さらに隣国韓国では、官民あげて治療や予防に向けての積極的な取り組みがなされています。

　しかしながらわが国では、国会議員や地方自治体の

223

長が、経済活性化の観点のみからカジノの合法化を求める発言をしており、国の施策としてのギャンブル依存症対策の重要性が論じられることはほとんどありません。

そこで私たちは、国に対し、ギャンブル依存症を病気と認めて保険診療の対象とすることと、わが国の盛んなギャンブルの実態を踏まえて積極的なギャンブル依存症対策を講じるよう求めます。

2010年（平成22年）11月28日
第30回クレジット・サラ金被害者全国交流集会in岐阜
第12分科会「ギャンブル依存症とは」　参加者一同

改正貸金業法完全施行に伴う声明

私達は、高金利・過剰融資を規制する改正貸金業法が本日完全施行されるに至ったことに対し、心より歓迎すると共に、今日まで完全施行に向けて施策を進めてこられた金融庁並びに関係者に対し、心より敬意を表するものです。

言うまでもなく今回の貸金業法の改正は、消費者金融・信販会社・商工ローン業者等による多重債務被害が大きな社会問題となる中で、「多重債務被害の根絶」をスローガンに法改正に向けて国民的な運動が展開され、その成果として実現されたものです。

平成18年12月の法改正後、政府のもとには多重債務者対策本部が設置され、平成19年4月に策定された「多重債務問題改善プログラム」に基づき、全国の地方自治体における多重債務相談窓口の設置や、官民共同しての多重債務相談などが実施され、多重債務対策は被害者の救済に向けて順調に推移しています。過日の政府の調査によれば、国民の大半が貸金業法の改正を評価しているところです。

本日、完全施行にあたり、私達は関係当局に対し、多重債務問題解決のため、以下の通り要請するものであります。

1　多重債務問題の背景には貧困問題が存すること、貧困は個人の努力のみによっては解決が困難であることを認識し、生活保護・公的扶助等社会保障制度の充実並びにワーキングプア（働く貧困層）の解消に尽力すること。

2　貸金業者に対して本法の遵守を指導し、脱法行為を厳しく監視すると共に、違反業者を厳しく処分すること。

3　貸金業者の貸出上限金利が、利息制限法所定金利（年15％～20％）でも大変高利であることに鑑み、これを早急に引き下げること。

4　今日の高利の消費者金融業・商工ローンに代わ

り、借り手の生活・事業を破壊しない安全かつ安心できる消費者・生活者・中小零細事業者向けの健全な金融制度を早急に確立するとともに、これまで種々の悲劇を生んできた個人保証制度について、これを抜本的に改めること。

5　ヤミ金融の検挙・撲滅に一層尽力すること。

6　官民共同して更なる多重債務者救済に尽力するとともに、貧困者に対する生活保護・公的扶助等社会保障制度の活用を促進すること。

私達も、今後ともクレサラ・多重債務被害の根絶のため全力を挙げて取り組むと共に、全ての関係者に対し、強く本法の遵守を訴え、ここに声明するものであります。

2010年6月18日
全国クレジット・サラ金問題対策協議会
代表幹事　木村達也

東日本大震災に関する声明

2011年3月11日に発生した東日本大震災は、我が国観測史上最大のマグニチュード9.0を記録し、大地震に伴う巨大な津波による被害と相まって、壊滅的ともいえる大規模な人的・物的被害を発生させ、さらには原子力発電所事故により、国民全体に対し多大な混乱と不安を与えている。

当会は、犠牲者の方々に哀悼の意を表するとともに、未曾有の地震・津波災害に直面された被災者の皆様の一日でも早い安全確保と生活の安定と被災地の復旧・復興されることを強く願って、以下のとおり決議する。

当会は、これまで、多重債務問題および貧困問題による被害救済に取り組んだ経験から得られた教訓を活かして、東日本大震災の被災者の方々に対し、力の限りを尽くし、当会においても支援体制を構築し、関係団体と連携して、あらゆる支援を行うことを、ここに誓うとともに、以下の通り、国、関係省庁、地方自治体、関係機関に強く要請する。

1　金融機関、貸金業者は、被災者の生活再建のため、その貸付金の返済を免除すること。

2　金融機関、貸金業者は、被災者に対する裁判、その他法的手続きを大震災からの復旧に目処がつくまで停止すること。

3　被災者が一日も早く必要な生活支援、法的支援を受けられるようにするとともに、国、自治体、関係諸機関、諸団体と連携し、可能な限り早期に主に被災者を対象とする無料法律相談を実施するなどして、被災者の生活の不安を取り除くことに尽力すること。

4 　国、地方自治体は、早期に被災者支援のための債務免除（被災した住宅や自動車等のローン残債務の免除）を含む立法措置や行政の適切な対応を早急に行うこと。

5 　各政府機関、自治体は、被災者の当面の生活を確保するため、生活再建までに必要な生活費用を拠出することや、「無利息、長期間によるセーフティネット貸付」制度などの特例措置や、生活福祉資金貸付制度をはじめとした公的貸付制度の要件を緩和し被災者に優先的に貸し付けするなど、公的制度の迅速かつ柔軟な対応を行うこと。

6 　被災者の生活再建まで長期化が予想されることに鑑み、国、行政、関係諸機関は、被災者の心身、健康状態に十分配慮して、生活物資を十分に供給するとともに、医療体制の整備、被災者の健康維持に努めること。

2011年4月9日

全国クレジット・サラ金問題対策協議会

代表幹事　木村達也

我が国の人材育成を考える—問題提起—

1 　第32回全国クレジット・サラ金・ヤミ金被害者交流集会in北海道において、私たちは、「我が国の人材育成を考える〜給付型奨学金の実現と司法修習生に対する給費制の復活を求めて〜」とのタイトルで分科会を行った。

　　この分科会を運営した者として、以下、問題提起を行う。

2 　近年、独立行政法人日本学生支援機構（以下「日本学生支援機構」という。）は、奨学金の返済滞納者に対し、支払督促・訴訟等の法的手続、信用情報機関への登録を行う等して、強硬な回収を行っている。

　　このような日本学生支援機構の対応は、日本における世界的にみても高い教育費の下で多くの学生が奨学金に頼らざるを得ないことともあいまって、非正規労働者の増加等の雇用環境の悪化や格差の拡大による家計の困難の拡大等の情勢の下で、奨学金を返済したくても返済することができないでいる多くの人達を追い詰める状況を生み出している。

　　私たちは、奨学金の滞納が上記のとおり構造的に生み出されていることを意識する必要があると考える。

　　本来、教育の機会を確保し、人生の選択肢と可能性を広げることに資するための奨学金が、逆に人生にハンディを負わせ、厳しい状況に更に追い打ちをかけるものであってはならないはずである。しかるに、日本学生支援機構の奨学金は、すべて貸与型であり、基本的には返済する必要がある。そうすると、貸与型の奨学金制度は、教育の機会均等を真に実現するものとしては限界があるといえるのではないだろうか。

　　上述までの問題の根本には、教育を受けることについて各人の経済的負担を原則とする「受益者負担」政策がある。しかし、教育を受けることは権利である。権利の実現として教育を受けることを、「自己投資」としてのみ捉えて、国が積極的な支援を行わないことは、国がその責務を全うしていないものとも評価し得る。

　　また、教育を受ける者に対する支援の不十分さは、我が国の将来を支える人材の育成に深刻な影響を及ぼし得ることにも留意する必要があると思われる。

　　私たちは、教育を受ける権利の観点から、「受益者負担」政策の弊害に向き合う必要があることに注意を喚起したい。

3 　「受益者負担」政策の弊害は、教育の分野に限られない。

　　「受益者負担」政策の一つとして、2011年から、司法修習生の司法修習費用について、それまでの給費制が廃止され、貸与制が開始されている。

　　司法改革の下で方向づけられ、現実化してしまった給費制の廃止と貸与制の導入は、法曹を志そうとする者が実際に法曹を目指す際の障害の一つとなっているものと思われる。機会の不平等を助長させる貸与制は、多様な人材を法曹界に迎え入れるという司法改革の題目と矛盾するとも解し得る。

　　また、司法制度は、国民の権利利益の実現・擁護に密接に関わるものである。その担い手である法曹の養成制度に問題が生じることは、国民の権利利益に重大な悪影響を及ぼしかねない。

　　私たちは、安易な「受益者負担」論を批判的に検証し、「受益者負担」を根拠とする貸与制の本質的影響を見極める必要があることを強調したい。

4 　以上を踏まえ、私たちは、ここに次のとおり問題を提起する。

① 　奨学金問題に対する全国的な取り組みを強化し、奨学金の返済困難者に対する支援を行き届かせる必要があるのではないだろうか。

② 　給付型奨学金の実現と将来的な高等教育の無償化に向けた運動を発展させる必要があるのではないだろうか。

③ 　司法修習生に対する司法修習費用の給費制について、その復活のための理解と運動を拡げる必要があるのではないか。

④ 　拡げられた格差を温存・増長させる「受益者負担」政策を見直し、我が国の人材育成について、公平かつ健全な環境を構想する必要があるのでは

ないだろうか。

2012年10月28日

第32回全国クレジット・サラ金・ヤミ金被害者交流集会in北海道

第19分科会「我が国の人材育成を考える～給付型奨学金の実現と司法修習生に対する給費制の復活を求めて～」

「ISD条項のあるTPPからの即時撤退を求める」決議

TPPは、国家のあらゆる制度や慣行を、貿易の自由を妨げる「非関税障壁」とみなして撤廃することを本質とする条約です。中でも日本政府が推進を表明しているISD条項は、多国籍企業に対して国家を超える法主体性を与えるもので、「非関税障壁」を撤廃する強力な武器となるものです。ISD条項は、私達国民・市民の基本的人権と、それを守る立法・行政・司法を、ことごとく投資家の利益に従属するものに変化させます。

しかも、広く国民生活全般に影響を及ぼす条約であるにも拘わらず、完全な秘密交渉で進められるため国会を通じた国民によるコントロールすらできません。さらに締結後、4年間、交渉過程でなされた議論や合意を秘匿されるため、個別の条文の解釈が極めて困難になる上、国民はなぜこうした条約が結ばれることになったかを知ることすらできません。国民を徹底して排除した秘密交渉によるTPPは国民主権の根幹を揺るがす、憲法違反の条約です。

このことを、私達は、本日、TPP交渉の現状と、過去のISD条項の発動による多数の国家賠償事例を学んで、知りました。

日本はISD条項の適用を後進国に求める側で、訴えられる心配はないなどという発言が政府関係者から出たと聞きました。しかし、事態を正確に見つめるならば、TPPの相手方は、アメリカに本拠を置く多国籍企業であるというべきです。私達は、これらの多国籍企業が飽くなき利益を求めてアメリカ国民すら犠牲にし、暴走している実態を知っています。日本の環境・公害、食品安全のための規制、医療・医薬品法制、労働法制、金利規制などの国内法の規制がこれらの外国企業の「合理的な期待利益」を損ねるとして、ISDによって賠償を求められる事態は容易に予測されます。

そして、従来の国際仲裁判断は、多国籍企業の利益を代表する限られた仲裁人によって行われ、投資家の利益を偏重し、被投資国の命や健康・生活・環境等を軽んじ、もしくは無視してきたと言っても過言ではありません。

さらに、最も懸念されるのは、日本政府が自ら行っていくと予想される、規制撤廃の方向での自己規制です。

韓国とアメリカのFTAで実際に起きているように、資本の利益を損ねると解されうる多数の国内法の規制が、賠償請求を受ける以前にどんどん撤廃され、資本の利益を最優先にする社会への、大改造が行われていくことが予想されます。

しかし、私達は、重要なのは、一握りの大資本家や企業の利益ではなく、大多数の国民市民の権利だと考えます。国民主権に基づく立法・行政・司法により、国民・市民の基本的人権が守られること、すなわち、経済的弱者の立場に置かれる人々の権利、例えば、高金利に脅かされることなく、徴兵されて戦争の前面に立たされることもなく平和の内に生きる権利、環境権と生存権、労働者の権利、安心して公平な医療を受ける権利、消費者・生活者の権利、教育を受ける権利が、何にも優先する社会こそ、私達が目指してきた社会です。

投資家の利益はこれらを脅かすことのない範囲でしか、認められるべきではありません。

被投資国の国民、ことに、経済的弱者の人権を、投資家が脅かすことのないように規制することこそが、これからの日本と世界にとって、大切です。

私達は、高金利の引下げと貸金業法改正をかちとりました。しかし、ISD条項によって、外国投資家の利益を損ねると解される法制が、根本からすべて否定され覆される危機が迫っています。

今、私達は、声を大にして、TPPのISD条項が、投資家の利益を最優先にして、私達の人権と命を従属させる危険性が高いことを訴え、TPPとくにISD条項に反対しTPP交渉からの即時撤退を求めます。

また、秘密裏にアメリカとの間で進められている2国間交渉の凍結と情報開示を求めます。

2013年10月27日

第33回クレジット・サラ金・ヤミ金被害者交流集会
参加者一同

武富士創業家の責任追及を徹底するため、司法の正義を求める決議

武富士は、平成22年9月28日、会社更生法の適用を申し立て、倒産した。そして、東京地方裁判所民事第8部は、同年10月31日、会社更生手続開始決定をした。武富士から会社更生を依頼された弁護士である小畑英一氏その人が、管財人として、武富士の会社更生を遂

資料　声明

行するという異常な手続が開始されたのである。

武富士創業者武井保雄の意思に支配された武富士は、従業員に対し、過酷なノルマを課し、武富士の従業員は、貸付ノルマを達成するためには過剰融資をし、回収ノルマを達成するためには違法・不当な取立をせざるを得ないということが、常態化していた。そのような業務実態は、亡保雄が死亡した後も、全く改まることはなかった。

そうした違法な業務実態の中で、武富士の顧客らは、武富士から、返済能力を超えるほどの過剰な貸付を受け、その貸付金に対応する高利の支払を余儀なくされ、違法・不当な取立を受けることを恐れて、計算上債務を完済した後も、義務なき支払を免れることができず、その結果、武富士には、莫大な不当利得（過払金）が蓄積する結果となった。

そして、亡保雄は日本有数の大資産家となり、日本国内の無数の消費者を相手方とする金銭消費貸借上の利息収入（それは、一部無効な利息契約に基づく、法律上の原因のない不当利得であり、本来、顧客らに返還しなければならないはずのものである）によって獲得した巨額の富が、現在もまだ、亡保雄の相続人らのもとに残されている。

借主が、武富士への支払いのために、生活費を削り、食べたいものも食べられず、子どもの教育費も削り、税金も払えず、健康保険料も払えず、病気になっても病院に行くのも我慢して、場合によっては過酷な取立のために精神等を病んで自ら命を絶つ、そうした悲劇が繰り返されてきた。この結果、武富士の創業家に莫大な資産が蓄積されたということである。

武富士が借主を騙し脅して蓄積してきた過払金は約２兆4000億円にも達している。このうち更生債権として約91万人から届出があった過払金は約１兆3800億円で、これに対する弁済率はわずか3.3％に止まっている。

武富士の違法経営を陣頭指揮してきたのは、武富士の創業者・支配者であり同社の代表取締役を長く務めた亡保雄であり、亡保雄の後継者であった、二男健晃である。とすれば、武富士の取締役として同人らの法的責任が厳しく追及されなければならない。また、亡保雄から生前贈与を受けたにもかかわらず、贈与当時日本に住所がなかったから課税できないとした最高裁判決によって約2000億円にも上る税金が還付された元専務取締役・長男俊樹が、亡保雄の相続に基づき、還付された血税を含めた私財をもって過払債権者らの損害を賠償する責任を負うべきは当然である。利子に当たる「還付加算金」だけでも約400億円に上るというのであるから、これをまんまと手中にするのは、まさに濡れ手に粟の所行であって、とうてい国民の理解が得られることではない。

徹底的に武富士の経営陣や創業家に対する損害賠償請求などの責任追及がなされなければ、全国の無数の過払債権者の理解、ひいては世論の理解はとうてい得られない。武富士創業家の責任を追及するため、「武富士の責任を追及する全国会議」は、提訴のための助力を続けてきた。取締役責任の追及訴訟である。第７陣までの集団提訴により、累計で17地裁１支部に40都道府県の原告ら約2800人が約64億円の損害賠償を請求している。その第１陣の東京地方裁判所の裁判が現在終結間近となっており、来年３月にも判決がなされる見込みである。

この裁判は、長年にわたり武富士から虐げられ、騙し続けられ、脅し続けられ、人生の長い時間や場合によっては生命そのものすら犠牲にして返済を続けてきて、その挙げ句の果て、そうして積み上げた過払金を踏み倒されようとしている武富士の元顧客たち、すなわち原告らが、不公正の疑いがある会社更生手続に頼ることもできずに、自ら立ち上がって、司法の正義を求める訴訟である。この訴訟は、そうした原告らが、「怒り」や「苦しみ」や「後悔」といった感情を清算し、人としての尊厳を取り戻す闘いである。

この裁判の判決において、司法の正義が高らかに宣言され、被害者救済の道を拓くことを期待する。

平成25年10月27日
第33回全国クレジット・サラ金・ヤミ金
被害者交流集会in仙台　参加者一同

国民健康保険料等の滞納に対する公的対処を求める決議

平成26年１月28日付けの厚生労働省の記者発表によれば、市区町村が国民健康保険（以下、国保という）の保険料を滞納している人に対して、預貯金や給料などを差し押さえて強制的に滞納分を支払わせた件数が、2012年度には、全国で約24万件と５年前の約２倍に達しており、差し押さえ総額は約900億円、差し押さえ額が平均で40万円近くになっている。

国保の保険者には、高齢者や非正規労働者などの低所得者も少なくなく、保険料の支払により急に生活苦に追い込まれる人も多いと思われる。懸命に働いても糊口をしのぐ程度の収入しか得られないため、給与から保険料などが天引きされた後、家賃など生活費を支払えば、ごく僅かな現金しか手元に残らない例もあり、その上、安易な国保料の滞納差し押さえがされることになれば、生活基盤を壊しかねず、由々しき問題である。

そもそも、税金（国税、市県民税）、国民健康保険料（税）、国民年金保険料を滞納している者が、生活

227

苦や困窮状況にあることが判明した場合には、徴収窓口において、免除手続き、徴収猶予、長期分割納付の制度を教示するなどして、生活を立て直し、滞納状態解消のための建設的手だてを指導するのが筋であり、市民の生活を守るべき立場の市区町村が延滞事情の調査をせずに、給料や預貯金を差し押さえてよいものかどうか、甚だ疑問である。

よって、市区町村は滞納者に対して国保料等を徴収する場合には滞納に至った事情を十分聴取の上で、たとえば、「多重債務の場合には債務整理手続きをすること」、「生活保護が必要な場合には生活保護手続きをすること」、「義務教育期間中の子どもがいる場合には就学援助を利用すること」など、滞納者の生活基盤を守るべきであり、われわれは市区町村に対し、このような公的対処を求めるものである。

以上、決議する。

2014年4月12日

全国クレサラ・生活再建問題対策協議会
拡大幹事会　参加者一同

住宅扶助基準と冬季加算の引下げを許さず、生活扶助基準の引き上げを求める決議

第5分科会（生活保護問題）提案決議

政府は、2013年、史上最大（最大10%）の生活扶助基準の引下げを決め、これを段階的に実施しているが、来年4月には最後の引下げが予定されている。この引下げは、デフレで物価が下がったことを主な根拠としているが、この間、物価は上がり続けており、特に生鮮食品等の食料や高熱水道費等の生活必需品の高騰が著しい。現在、このように物価の上昇局面にあることからすれば、来年4月に予定されている生活扶助基準の引下げを行う根拠は失われており、むしろ、引き上げがなされなければならない。

ところが、政府は、本年6月の骨太の方針2014において、住宅扶助や冬季加算等について「必要な適正化措置を平成27年度に講じる」と明記しており、年末の来年度予算編成において、これらのさらなる引下げが決定されることが強く懸念されている。

しかし、社会保障審議会・生活保護基準部会で示された調査結果によれば、国が定めた「健康で文化的な住生活を営む基礎としての住宅の面積水準」である「最低居住面積（設備条件含む）」を満たしている住居に居住している単身被保護世帯は31%に過ぎないこと、「腐朽破損」がある世帯が14%もあること、建築基準法上「既存不適格」とされる危険な住居に住んでいる世帯が43%もあること、エレベータ無し住居が88

%を占めていることなど、生活保護利用者の住居の質は極めて劣悪であることが明らかとなった。財務省は「低所得層の家賃に比べて住宅扶助基準が2割高い」とするが、実は、生活保護利用者の家賃実態は低所得層の家賃に比べても低いし、住宅扶助基準を下げても、貧困ビジネスはその不利益を生活保護利用者に転嫁するだけであり、貧困ビジネス規制は別途行わなければ意味がないことからしても、住宅扶助基準を引き下げるべき根拠はない。

また、財務省は、北海道等の寒冷地に支給されている冬季加算は、暖房費の冬季（11月から3月）増加額より高いと指摘し、減額に誘導しようとしている。しかし、通常10月から6月まで暖房を要する寒冷地において、11月から3月とそれ以外の期間を比較すれば差が小さくなるのは当然である。地域別の年間光熱費を比較すると、札幌の暖房消費量は他都市の約5倍であるなど冬季加算の基準が実態と乖離して高額であるとは到底いえない。

生活必需品の高騰の中、生活扶助基準の引下げに加え、住宅扶助や冬季加算まで削減されることとなれば、生活保護利用者の生活にとってまさにトリプルパンチそのものであって、健康を害する人、場合によっては命を落とす人も続出しかねない。

したがって、私たちは、国に対し、住宅扶助や冬季加算の引下げを行わないこと、来年4月の生活扶助基準の引き下げは見送り、むしろ基準を引き上げるべきことを強く求めるものである。

2014年11月2日

第34回全国クレサラ・生活再建問題
被害者交流集会in広島　参加者一同

貸金業規制緩和に断固反対をする声明

報道によると、自民党は貸金業者に対する金利規制・総量規制を緩和する法改正を検討するとのことである。

貸金業法は、破産・自殺の急増など深刻な社会問題となっていた多重債務問題を解決すべく平成18年12月に当時の自民党・安倍政権下で与野党全会一致で成立した画期的な法律である。貸金業法による高金利規制・総量規制の完全施行と官民を挙げた多重債務問題改善プログラムに基づく相談窓口の拡充等の取り組みにより、その後多重債務は確実に減少し大いに成果を上げてきたところである。今、この貸金業法を改悪して金利規制・総量規制を緩和する立法事実は何ら存しない。それどころか、高金利・過剰融資・過酷な取り立てという「サラ金三悪」を復活させ、再び多重債務

問題を招来することは明らかである。年率20%という現行の利息制限法・出資法の上限金利ですら明らかに高利であり、制限利率の更なる引き下げこそが強く求められている。

今般の「改正」の動きでは、純資産額・貸金業務取扱主任者の配置人数・顧客の返済能力の審査・苦情や相談を受け付ける体制の整備などから「健全経営」であると認可された貸金業者について、金利の上限を現在の年率20%から29.2％に戻し、総量規制（いわゆる「収入の3分の1ルール」）についても業界が定める自主基準に沿って広げる案が浮上しているとされている。銀行融資を受けにくい中小零細企業などが消費者金融から借り入れやすくすること、決済など一時的な資金を調達しやすくすること、小口の資金需要に柔軟に対応できるようにすることが理由として掲げられているようである。

しかしながら、これまで多重債務被害は、武富士（日本保証）・アイフル・日栄（ロプロ）・商工ファンド（SFCG）など消費者金融業界・貸金業界のトップ企業も含めて引き起こされてきた。「健全経営」である貸金業者であるならば、高金利・過剰融資とならない融資を率先して行うべきなのであって、かかる貸金業者に高金利・過剰融資の恩恵を与える案は本末転倒である。認可が与えられた貸金業者に出資法違反という犯罪行為を許容することも極めて正義に反する。過剰融資規制の自主規制化による緩和についても、平成18年貸金業法改正以前においても業界には自主規制基準が存したが一向に守られてこなかったことを思い起こすとおよそ歯止めとなるものではない。カウンセリング体制強化を進めていくとされているが、かかる取組みは既に多重債務改善プログラムのもとで強力に進められてきたのであり、高金利・過剰融資を容認し多重債務者を生み出すことをおよそ正当化するものではない。現行貸金業法下においても事業者向け融資については総量規制の例外が認められているし、かかる事業者に必要な融資は高利融資ではなく、事業破綻を招かない安心・安全なセーフティネット貸付である。

現行貸金業法成立後も、貸金業者に親和性があるとされる一部の心ない政治家により、繰り返し貸金業法再改悪の動きが存したがその都度頓挫してきた。今般の貸金業規制緩和の策動についても早期に撤回されるべきである。

当協議会は、悲惨な多重債務問題を再び招きかねない貸金業法改悪の動きに断固反対する。

2014年4月21日
全国クレサラ・生活再建問題対策協議会
代表幹事　弁護士　木村達也

「安保関連法案」の撤回と貧困対策・生活再建問題への重点的取組みを求める決議

現在、日本の貧困率、とりわけ一人親世帯や子どもの貧困率は先進国においても極めて高く深刻な状況にある。生活保護の相次ぐ切り下げやワーキングプアの温床となる労働者派遣法などの労働規制の改悪が、経済的・社会的弱者の生活を更に苦しめている。若者は学生ローン化した貸与型奨学金による過重債務状態に追いやられている。

今、政治に求められているのは、貧困対策に正面から取組み、経済的・社会的弱者の生活再建を促進する施策である。国民は憲法25条で保障された健康で文化的な生活を実現する政治を強く求めている。

しかるに、政府は国民を貧困に追いやる一方で、集団的自衛権の容認や自衛隊の海外活動の拡大など「戦争法案」とも称される「安保関連法案」の成立に躍起である。多くの憲法学者や法律家団体、元内閣法制局長官などによる憲法違反との指摘にも耳を貸さず、国民の反対の声を無視して衆議院において強行採決をするなど強引な国会運営を続けている。

貧困は戦争の温床となる。国民の生存権を脅かしながら、政府の無策を隠ぺいするために、その怒りの矛先を国外に向けさせる政治は危うい。また、若者を貧困に追い込み、生活を維持するためにやむなく自衛隊に入隊するように仕向け、集団的自衛権の行使などの苦役を担う要員とすることは、若者の幸福追求の権利・職業選択の自由などを奪う「経済的徴兵制」である。

また、防衛費の更なる増大が社会保障関連費の際限なき切り下げにつながることが目に見えている。

私たちは、多重債務被害者・生活保護利用者・非正規労働者・奨学金利用者などの社会的・経済的弱者の救済に取り組んでいる。今、政治に必要なことは、生存権・勤労権・学習権を保障した憲法を活かすことであり、平和的な生存の基盤となる憲法9条を破壊することでは決してない。

政府・国会におかれては、「安保関連法案」を速やかに撤回するとともに、国民の生活にしっかりと目を向け、貧困対策・生活再建問題に重点的に取り組むことを強く求める。

2015年7月11日
全国クレサラ・生活再建問題対策協議会
拡大幹事会in高松　参加者一同

精神・知的障がいに係る障害年金の認定を格差解消に名を借りた過度な支給抑制をしないことを求める声明

　精神・知的障がいに係る障害年金の認定に関しては、かねてから、障害認定を受けやすい地域と、認定が厳しい地域との格差が生じているとの指摘があった。日本年金機構が昨年公表したデータによれば、障害基礎年金を申請したにもかかわらず不支給の裁定を受けた割合は、もっとも低い栃木県で4.0％であったのに対し、もっとも高い大分県では24.4％であった（2012年度から2014年度までの3年間の平均値）。

　厚生労働省は、この問題に対処するため、本年2月から専門家検討会を開催している。専門家検討会では、障がい認定の地域間格差を是正するため、全国統一の等級判定のガイドラインを、夏までに作成するとしている。

　障害年金を受給しやすい地域と受給しにくい地域があるという現状は、年金制度の公平の観点から是正されるべきではあるが、格差解消に名を借りて、認定が緩やかな地域をより厳しくするという形で地域間格差を解消するのは適切ではない。

　障害年金は、障がいによって経済的に不利な立場に立たされる人に対して、年金支給を通じてその不利益を多少なりとも緩和しようという制度である。その法的な根拠は、憲法25条、14条、障害者権利条約に求められる。

　国際的にみても、日本の障害年金は、財政規模が小さく、受給者数が少なく、給付水準が低いと指摘されている。国は、障がいのある人がより手厚い給付を受けられるよう、日々改善の努力をすべきであって、地域間格差の解消を口実に、障害年金の支給水準やその対象の範囲を後退させるようなことがあってはならない。

　関係当事者団体が指摘するところによれば、申請しても認定される見込みがないなどと称して、申請書の用紙を交付することさえ拒否する窓口対応すらあるという。これは、生活保護における水際作戦と同じものであり、直ちに是正されなければならない。

　私たちは、社会保障制度の充実を求める立場から、今般の地域間格差の解消のための取り組みが、実質的な年金支給抑制につながることがないよう求めるものである。

　　2015年5月22日
　　　　　　全国クレサラ・生活再建問題対策協議会
　　　　　　　　代表幹事　弁護士　木村達也

特定商取引法に事前拒否者への勧誘禁止制度の導入を求める決議
―特定商取引法専門調査会「中間整理」についての意見―

　現在、内閣府消費者委員会特定商取引法専門調査会で、特定商取引法改正5年後の見直しに向けて、訪問販売・電話勧誘販売における不招請勧誘規制の在り方が議論されている。

　平成20年改正において勧誘拒否者に対する再勧誘の禁止等が盛り込まれたが、改正後も全国の消費生活相談窓口に寄せられる訪問販売、電話勧誘販売の苦情相談件数は減少しておらず、特に高齢者の苦情相談が大きな割合を占めている現状に鑑みれば、現在の訪問・電話勧誘に対する規制は不十分と言わざるを得ない。

　また、近時消費者庁が行った調査によれば、消費者の96％以上が訪問勧誘、電話勧誘を「全く受けたくない」と回答しており（平成27年5月「消費者の訪問勧誘・電話勧誘・FAX勧誘に関する意識調査」）、これらの勧誘が消費者にとって迷惑であり、その私生活の平穏を害するものであることは明らかである。

　諸外国では、名簿登録により予め拒否の意思表示をした人への電話勧誘を禁止するDo-Not-Call制度や、訪問販売お断りステッカーの掲示や名簿登録により予め訪問勧誘を拒絶した人への勧誘を禁止するDo-Not-Knock制度など、事前拒否者に対する勧誘禁止制度（オプトアウト規制）が導入されている。

　事業者団体は、事前拒否者に対する勧誘禁止であっても、営業の自由に対する過剰規制である、健全な営業活動が阻害される等と強く反対しているが、私生活の平穏やプライバシーも保護されるべき重要な法益であり、自宅での勧誘を望まない人に対する無差別電話や飛び込み訪問勧誘が、営業の自由によって正当化されるのか、健全な営業活動といえるのか、甚だ疑問である。消費者の自己決定権の観点からも、生活の場である自宅で勧誘を受けたくないという消費者の意思は最大限に尊重されるべきである。

　高齢者の深刻な被害実態や勧誘を望まない消費者が圧倒的多数を占めている現状に鑑みれば、消費者からの要請や同意を得ない勧誘の禁止（オプトイン規制）が望ましいところであるが、まずは消費者の意思を事業者に尊重させるという最低限のルールを確立することが喫緊の課題であり、我が国においても、速やかにDo-Not-Call制度、Do-Not-Knock制度が導入されるべきである。

　よって、当協議会は、特定商取引法における勧誘規制の見直しに当たり、下記のような立法措置を講ずることを求める。

　　　　　　　　　　　　　　　　　記

1　事前拒否者に対する電話勧誘を禁止する制度（Do-Not-Call制度）をすみやかに導入すること。その際、電話勧誘拒否者の情報が事業者間で流通することがないよう制度設計を工夫すること。
2　事前拒否者に対する訪問販売を禁止する制度（Do-Not-Knock制度）をすみやかに導入すること。その際、訪問販売お断りステッカーの掲示等を事前拒否の意思表示の方法として認める制度設計とすること。

2015年9月12日
全国クレサラ・生活再建問題対策協議会
拡大幹事会in金沢　参加者一同

カジノ賭博合法化法案の成立に抗議し、その廃止を求める決議

「特定複合観光施設区域の整備の推進に関する法律」、いわゆるカジノ賭博合法化法が、12月15日未明に成立した。

私たちは、多重債務問題に取組むなかで、その背景にギャンブル依存の問題が横たわっていることに気づかされ、ギャンブル依存者支援、そして、ギャンブル依存を生まない社会を作るためにどうするかという視点で運動を進めてきた。

ギャンブル依存者らが蒙っている被害の深刻さ、その回復の困難さに直接触れた私たちからすれば、これまでにないギャンブル被害を生むことが明らかであるカジノ賭博合法化は断じて許すことのできない悪法であり、それゆえに、これに反対するとの意見を繰返し表明してきたものである。

国民の大多数がこれに反対し、また、新聞各紙も例外なく消極意見を表明していたにもかかわらず、これらの声を蔑ろにし、また、市民の懸念に答えることもなく、カジノ賭博合法化を許す法律が制定されてしまったことに、強い憤りを禁じえない。

カジノ賭博合法化法の提案者らは、これによりギャンブル依存対策が進むなどと喧伝するが、ギャンブル依存対策を進める方向性は、パチンコを含む異常な我が国の賭博実態の縮小でなければならず、カジノ賭博合法化はこれとは真逆の政策である。

よって、私たちは、カジノ賭博合法化法の成立に厳重に抗議し、本法の速やかな廃止を求めるものである。

2016（平成28）年12月17日
全国クレサラ・生活再建問題対策協議会常任幹事会

えっ！　18歳でサラ金に⁉　若年者（18歳・19歳）の「未成年者取消権」を奪い、多重債務被害・消費者被害を招く民法の成年年齢引き下げに反対する声明
―「民法の成年年齢の引下げの施行方法に関する意見募集」に対する意見書―

私たちは、多重債務被害や貧困問題等の救済に取り組む弁護士・司法書士・多重債務被害者の会・相談員・研究者等で結成する任意団体です。これまでサラ金・クレジットによる消費者被害や非正規雇用や奨学金など若者の貧困問題に取り組んできた立場から、民法の成年年齢引き下げについて以下のとおりの意見を申し上げます。

第1　意見の趣旨

1　民法の成年年齢引き下げに強く反対をする。
2　万が一成年年齢を引き下げる場合においても次の施策を必ず講じることを求め、下記の措置が講じられた後を施行日とすべきである。
⑴　18歳・19歳の若年者の取消権を民法ないし消費者契約法において引き続き保障すべきである。
⑵　18歳・19歳の若年者に対する貸金業者・銀行等による消費者向け貸付（キャッシング・カードローン等）を禁止すべきである。
⑶　18歳・19歳の若年者の個別クレジット及び包括クレジットの利用を原則禁止すべきである。

第2　意見の理由

1　現行民法は成年年齢を20歳とし（4条）、未成年者の法律行為について取消権を付与している（5条）。未成年者は、心身の未成熟や社会的な未経験故に十分な自己決定を行うことが類型的に困難であること等から民法は未成年者に取消権を付与している。そして、消費経済活動が高度に発展した現代社会においては、未成年者取消権は、未成年者を様々な消費者トラブルから守る極めて重要な機能を有している。ローンやマルチ商法などの消費者トラブルの相談は成年となる20歳を境に急増していることからも未成年者取消権が未成年者を消費者被害から守ってきたことは明らかである。民法の成年年齢が18歳に引き下げられると18歳・19歳の若年者が「未成年者取消権」を奪われ、新たな消費者被害のターゲットとなる年齢層が創出されることとなる。
2　ところで、ほとんどの若年層は収入は皆無かごく僅かであり、資産形成もなされていない。若年層をターゲットとする悪質商法は、消費者金融や信販会社のキャッシングやクレジットを利用させた上で行われることが少なくない。大学内等で拡がるマルチ商法や投資詐欺被害などでは、消費者金融から多額の借金をさせて、それを原資とさせる場合が多い。

医療美容サービスの被害事件においては、施術台に乗せられたまま高額のクレジット契約をさせられる事案などもある。その結果、高額のキャッシングやクレジットの債務だけが残ってしまい、多重債務に陥る結果となる。

3 また、低賃金・不安定雇用である非正規雇用の拡大やブラックバイト被害など若年層の貧困は深刻である。学費や生活費の高騰、親の収入の低下により、学生の経済生活は極めて厳しくなっている。経済苦の若年層が生活費や学費のために借金をし、多重債務に陥る懸念もある。若年層の収入は変動が大きく、継続的な返済が困難となりがちである。就職や進学など新生活が始まる18歳・19歳は賃貸や家具や衣類等の購入など何かと物いりとなりがちであるが、その購入を契機に多重債務に陥ってしまう懸念もある。

なお、貸金業法・割賦販売法には過剰融資・過剰与信規制が存するが、これらの制度には適用除外等の例外規定も多い。また若年者の雇用は不安定かつ低賃金であり、一時的な収入を基礎に貸付等をすることにより、その後の返済困難・経済的破綻を招来させるおそれがある。そして銀行等のキャッシングには貸金業法の適用はなく、過剰融資が現に横行している。貸金業法等の過剰融資規制等だけでは若年者の多重債務を防止することは極めて困難なのである。

4 これまで大手貸金業者や銀行等は未成年者取消権の存在があることから18歳・19歳の若年者に対する貸付は行っておらず、クレジットについても親権者の同意がない限りは利用ができなかったと認識している。未成年者取消権の存在が、18歳・19歳の若年者によるキャッシング・クレジットの利用を防止してきたと言える。ところが、民法の成年年齢を18歳に引き下げると18歳・19歳の若年者にキャッシング・クレジットが解禁される結果となり、18歳・19歳の若年者の多重債務被害・消費者被害の急増は必至である。

5 私たちは、18歳・19歳の若年者の多重債務被害・消費者被害を予防するという観点から民法の成年年齢の引き下げには強く反対をする。また万が一、民法の成年年齢を18歳に引き下げるとしても、18歳・19歳の若年者には引き続き取消権を保障すべきである（少なくとも消費者契約については若年者取消権を付与すべきである）。選挙権の付与と法律行為・契約の取消権の年齢を同一とする必要はないし、万が一民法の成年年齢を18歳とするとしても、法律行為・契約の取消権を奪う必要はない。民法の成年年齢の引き下げについての報道等を見ても、18歳・19歳の法律行為・契約の取消権を奪うことまで了解し

ているとはおよそ思われない。

また、競馬等の賭博や飲酒・喫煙については引き続き20歳未満によるこれらの行為を禁止するという。さすれば青少年に賭博・飲酒・喫煙に匹敵する害悪を及ぼす借金（キャッシング・クレジット）については引き続き20歳未満については禁止をすべきである。サラ金を18歳（高3）から利用できることを国民の多くは望んでいないはずである。

6 今般のパブリックコメントでは、成年年齢の引き下げを所与の前提として意見募集が行われているが、その意見募集自体が誤導であり、大いに欺瞞に満ちている。18歳・19歳の若年者の多重債務被害・消費者被害を招く成年年齢の引き下げの是非を正面から問うべきである。そして、私たちはこれに断固として反対する。仮に民法の成年年齢を18歳にするとしても、20歳未満の者の取消権を引き続き保障すればよいのであり、これを奪うことは許されない。ましてキャッシング・クレジットの利用を解禁することは断じて許されない。

2016年9月29日

全国クレサラ・生活問題対策協議会
代表幹事　木村達也

新しい住宅セーフティネットにおいて住宅弱者の住まいの権利が守られることを求める決議

住宅確保要配慮者に対する賃貸住宅の供給の促進に関する法律（住宅セーフティネット法）が改正され、10月25日から施行された。改正法により、高齢者、障がい者、外国人、子育て世帯、低額所得者などの住宅確保要配慮者の入居を拒まない民間賃貸住宅の登録制度が創設され、登録住宅の情報提供等を行うための「セーフティネット住宅情報提供システム」も運用を開始した。住宅確保要配慮者の民間賃貸住宅等への入居の円滑化に係る活動を行う居住支援法人の制度が創設され、国がその活動費用の一部を補助することとした。また、予算措置として、専ら住宅確保要配慮者に提供される登録住宅（専用住宅）については、賃貸事業者に、改修費用の補助や、初回保証料・家賃の補助を行うこととなった。併せて、登録住宅における家賃債務保証の提供や、専用住宅における保証料補助を行うには、事業の適正が確保された家賃債務保証業者でなければならないこととして、家賃債務保証業者登録規程を10月25日に施行し、家賃債務保証業の登録制度を創設した。

このような新しい住宅セーフティネットの整備は、

資料　声明

概ね、市場において、住まいを確保することが困難な住宅弱者というべき層に住宅を提供し、その居住の安定を図ることが国の責務であるとの考え方に基づくものであって、評価することができる。しかし、住宅弱者の住まいの権利を保障するためには、まったくの民間任せにすることはできない。特に、家賃債務保証業者は、専ら、賃貸事業者が家賃未収リスクを回避するために使用されるものであり、自身の損失を防ぎ、収益を確保するために、過酷な取立てや、住宅の使用を阻害する「追い出し」行為など賃借人の居住権を侵害することになりがちであり、居住の安定を損ないかねない。

　よって、住宅確保要配慮者の居住の安定を確保するという新しい住宅セーフティネットの制度趣旨をより実効あらしめるためには、次のような改善や新たな制度の整備が求められる。

1　家賃債務保証業については、早急に、法律により登録を義務づける制度を創設すべきである。また、家賃債務保証業登録規程においては、登録業者の内部規則による自主規制によって、求償権の不当な行使による賃借人等の権利侵害を防ぐこととしているが、端的に、行為規制と定めて、違反した登録業者に対し行政指導を行うことができるようにすべきである。

2　登録住宅においては、登録家賃債務保証業者による保証のみならず、高齢者住宅財団等の公的保証制度の利用も位置づけるべきである。

3　居住支援協議会には、居住支援法人など様々な入居支援に取り組む民間団体も参加させ、賃貸事業者等との連携により、住宅確保要配慮者の住まいの確保を円滑に行うことができるようにすべきである。

4　家賃・初回保証料の補助については、住宅確保要配慮者の住宅に対するニーズを的確に調査・把握をした上で、これに応じた利用ができるよう制度設計をすべきである。

5　住宅セーフティネットを十全たらしめるためにも、公営住宅の供給戸数を増やすべきである。また、公営住宅の入居に際し保証人を要求することにより、住宅確保要配慮者を排除することのないようにすべきである。

以上のとおり、決議する。

2017年11月5日

第37回全国クレサラ・生活再建問題
被害者交流集会inうえだ　第8分科会参加者一同

クレサラ対協並びに関係団体組織一覧

名誉代表幹事	甲斐道太郎	副代表幹事	弁護士 宇都宮健児 新里 宏二 椛島 敏雅 小久保哲郎		司法書士 小澤 吉徳	監査役	税理士 杉本 泰孝
代表幹事	弁護士 木村 達也						

事務局	弁護士 河野 聡　山田 治彦　小野 順子　吉田 哲也 司法書士 水谷 英二　新川 眞一　末山 尚子　　　　　川内 泰雄（大阪いちょうの会）
部会	マスコミ広報渉外部会　部会長 弁護士 及川智志　　　国際交流部会　部会長 弁護士 木村達也 社会保障問題研究会　代表 弁護士 木村達也　　　事務局長 司法書士 水谷英二
常任幹事	弁護士 伊澤正之　弁護士 尾川雅清　弁護士 拝師徳彦　弁護士 青山定聖　弁護士 猪股 正 弁護士 和田聖仁　弁護士 村上 晃　弁護士 藤澤智実　弁護士 尾藤廣喜　弁護士 辻 泰弘 弁護士 茆原正道　弁護士 茆原洋子　弁護士 瀧 康暢　弁護士 仲山忠克　弁護士 池本誠司 弁護士 宮田尚典　弁護士 舟木 浩　弁護士 菅 陽一　弁護士 長井貴義　弁護士 釜井英法 弁護士 岩重佳治　弁護士 増田 尚　弁護士 名波大樹　弁護士 秋田智佳子　弁護士 中西 基 弁護士 加藤 修　弁護士 三上 理　弁護士 常岡久寿雄　弁護士 斎藤 匠　弁護士 塩地陽介 弁護士 林 治　弁護士 佐藤靖det　弁護士 織田恭央　弁護士 久保田和志　弁護士 篠田奈保子 司法書士 小寺敬二　司法書士 関井正博　司法書士 井口鈴子　司法書士 和田洋子　司法書士 喜成清重 司法書士 木下 浩　司法書士 大部 孝　司法書士 稲本信広　司法書士 徳武聡子　司法書士 入山和明 司法書士 池田誠治　司法書士 小野 慶　司法書士 野澤貞人　司法書士 上原 修　司法書士 永田廣次 司法書士 皆川容徳　司法書士 秋山 淳　司法書士 堀 泰夫　司法書士 伊東弘嗣 学者 柴田武男 田中祥晃（尼崎あすひらく会）　　日下健二（広島つくしの会）　　中村正美（呉つくしの会） 中野赫子（消費生活相談員）　井元英子（労働団体）　　　伊藤 彬（秋田なまはげの会） 田中千鶴子（和歌山あざみの会）　澤口宣男（夜明けの会）　　髙濱登志子（熊本クレ・サラ被害をなくす会） 岡田 悟（高知うろこの会）　　小倉光雄（群馬ひまわりの会）　鋼谷健一（高松あすなろの会）（但し順不同）
連絡先	〒530-0047　大阪市北区西天満4-11-16 ニュー梅新東ビル7階　山田・長田法律事務所内 **全国クレサラ・生活再建問題対策協議会事務局** 電話 06-6360-2031　　FAX 06-6360-2032

クレサラ対協関連団体一覧表

全国クレサラ・生活再建問題被害者連絡協議会
会長 岡田 悟　　事務局長代行 川内泰雄
連絡先：大阪市北区西天満 4丁目5番6号マーキス梅田301号 大阪いちょうの会内
TEL 06(6361)3337　　FAX06(6361)6339

全国ヤミ金融・悪質金融対策会議 (2014年1月31日結成)
代表幹事 宇都宮健児・新里宏二　　事務局長 三上 理
連絡先：埼玉県桶川市南町 2-12-23
TEL 048(775)5892　　FAX 048(772)0076

全国カジノ賭博場設置反対連絡協議会 (2014年4月12日結成)
代表幹事 新里宏二　　事務局長 吉田哲也
連絡先：兵庫県三田市中央町9-38 ユマニティビル2階 三田あおぞら法律事務所（弁護士法人青空三田支所）
TEL 079(556)5741　　FAX079(556)5742

生活弱者の住み続ける権利対策会議 (2015年4月11日結成)
代表 田中祥晃　　事務局長 増田 尚
連絡先：千葉県松戸市本町 5-9 浅野ビル3階
TEL 047(362)5578　　FAX 047(362)7038

43条対策会議 (2005年4月16日結成)
代表 茆原洋子　　副代表 呉東正彦
連絡先：神奈川県川崎市宮前区鷺沼 1-18-11 ニューウェル204
TEL 044(854)5414　　FAX 044(855)5657

奨学金問題対策全国会議 (2013年3月31日結成)
代表 大内裕和・伊東達也　　事務局長 岩重佳治
連絡先：東京都世田谷区太子堂 4-7-4 セラピュアビル4階
TEL 03(6453)4390　　FAX 03(6453)9392

保証被害対策全国会議 (2011年5月結成)
代表幹事 宇都宮健児　　事務局長 辰巳裕規
連絡先：兵庫県芦屋市大桝町 5-13 芦屋グランドビル302
TEL 0797(61)5215　　FAX 0797(61)5216

利息制限法金利引下実現全国会議 (2007年3月4日結成)
代表 茆原正道　　事務局長 小澤吉徳
連絡先：静岡市駿河区稲川 3-3-10
TEL 054(282)6505　　FAX 054(282)4885

滞納処分対策全国会議 (2017年4月8日結成)
代表 角谷啓一　　事務局長 佐藤靖祥
連絡先：仙台市青葉区一番町 1-17-24 高裁前ビル3階
TEL 022(722)6435　　FAX 022(722)6436

クレジット被害対策・地方消費者行政充実会議 (略称クレ5ほ) (2005年7月16日結成/2008年7月29日改組)
代表 釜井英法・池本誠司・村上美和子　　事務局長 拝師徳彦
連絡先：千葉市中央区中央 4-8-8 日進ビル4階
TEL 043(225)6665　　FAX 043(225)6663

生活保護問題対策全国会議 (2007年6月3日結成)
代表 尾藤廣喜　副代表 竹下義樹・河野 聡　事務局長 小久保哲郎・猪股 正
連絡先：大阪市北区西天満 3-14-16 西天満パークビル3号館7階
TEL 06(6363)3310　　FAX 06(6363)3320

セーフティネット貸付実現全国会議 (2008年7月6日結成)
代表 宇佐見大司・新里宏二　　事務局長 村上 晃
連絡先：長野市旭町 1098番地 長野県教育会館4F
TEL 026(235)1321　　FAX 026(235)5561

非正規労働者の権利実現全国会議 (2009年11月22日結成)
代表幹事 脇田 滋　　事務局長 村田浩治
連絡先：堺市堺区一条通 20-5 銀泉堺東ビル6階
TEL 072(221)0016　　FAX 072(232)7036

全国追い出し屋対策会議 (2009年2月15日結成)
代表 増田 尚　　事務局長 堀 泰夫
連絡先：大阪市北区西天満 4-5-5 マーキス梅田301号
TEL 06(6361)0546　　FAX 06(6361)6339

依存症問題対策全国会議 (2008年7月4日結成)
代表 加藤 修　　事務局長 吉田哲也
連絡先：兵庫県三田市中央町9-38 ユマニティビル2階 三田あおぞら法律事務所（弁護士法人青空三田支所）
TEL 079(556)5741　　FAX 079(556)5742

多重債務による自死をなくす会 (2007年3月3日結成)
代表 弘中照美　　事務局長 弘中隆之
連絡先：神戸市中央区多聞通 2-5-18
TEL 078(371)3577　　FAX 078(362)5621

武富士・日栄債権取立対策会議 (2013年1月12日結成)
代表 釜井英法・鈴木嘉夫　　事務局長 及川智志
連絡先：千葉県松戸市本町 5-9 浅野ビル3階
TEL 047(362)5578　　FAX 047(362)7038

武富士の責任を追及する全国会議 (2010年10月24日結成)
代表 新里宏二　　事務局長 及川智志
連絡先：千葉県松戸市本町 5-9 浅野ビル3階
TEL 047(362)5578　　FAX 047(362)7038

全国クレサラ・商工ローン調停対策会議 (2001年9月29日結成)
代表幹事 甲斐道太郎　事務局長 水谷英二・野澤貞人
連絡先：名古屋市北区山田 1-1-40 寿ぢやマンション大曽根2階
TEL 052(916)5080　　FAX 052(911)3129

CFJ被害対策全国会議・多重債務者自主再建支援会議 (2010年3月27日結成)
代表 河野 聡　事務局長 吉田哲也　事務局次長 末山尚子
連絡先：大分市中島西 1丁目4番14号 市民の権利ビル3階
TEL 097(533)6543　　FAX 097(533)6547

アイフル被害対策全国会議 (2005年4月16日結成)
代表 河野 聡　事務局長 辰巳裕規
連絡先：兵庫県芦屋市大桝町 5-13 芦屋グランドビル302
TEL 0797(61)5215　　FAX 0797(61)5216

編集後記

　本書を編集するにあたり、柴田武男編集長を中心に「変身、脱皮」をキーワードに、「今、求められるクレサラ対協のあり方」の議論を重ねてきました。これまで節目ごとに記念誌を発行してきましたが、この記念誌では主に結成30周年から40周年にかけての活動を中心に編集しています。ここ数年、貸金業法改正に伴う爆発的な多重債務事件がひと段落したところで、会員数が減少し、組織の存在意義の議論を共有しつつ、本編集は始まりました。

　振り返れば、貸金業法改正運動は、社会的弱者が巨大組織と対峙した、象と蟻の闘いだったと思います。目的を実現・達成できた要因は、被害者と被害の実態と真摯に向き合い、弱者の人権救済を旗印に、世論喚起し、最高裁判決を勝ち取り、集会、声明、国会ロビー活動、デモなど、実効性のあるありとあらゆる手段を駆使したことによるものです。

　この10年、クレサラ対協は、これまでのクレサラ問題に加えて、新たに、韓国、台湾との国際交流と、社会保障制度の歪みに関する問題に取り組みました。本年10回目を開催することになる東アジア金融被害者交流集会は、多重債務被害が韓国、台湾に波及する中で、その被害撲滅に大きな成果を上げています。また、生活保護問題対策全国会議、奨学金問題対策全国会議、滞納処分対策会議、社会保障問題研究会が設置され、これらの団体の取り組みは画期的な成果を上げ、クレサラ対協の活動の幅を大きく広げています。

　本書では、研究者、マスコミ関係、行政関係の方々からも貴重な寄稿をいただき、外部から見た全国クレサラ対協に対する提言などをいただきました。本書が、現在のクレサラ対協だけではなく、法律家団体、被害者の会、行政、市民が取り組むべく現在の課題を示す道しるべとなることを編集者一同祈念しております。

　最後になりましたが、本書制作にあたり、耕文社兵頭圭児さんには大変にお世話になりました。この場をお借りして厚く御礼申し上げます。

　　　2019年5月

編集委員 司法書士 水 谷 英 二

編集委員

木村 達也 　　柴田 武男 　　水谷 英二 　　來山 尚子

新川 眞一 　　小野 順子 　　岡澤 史人

クレサラ対協40周年記念誌
失われ続ける時代、生活再建の今

2019年 6 月15日　初版第一刷

編・著・発行　全国クレサラ・生活再建問題対策協議会

〒530-0047 大阪市北区西天満 4 -11-16　ニュー梅新東ビル 7 階

山田・長田法律事務所内

TEL. 06-6360-2031　　FAX. 06-6360-2032

URL：http://www.cresara.net

装　　丁　株式会社 ミックスフィックス

印　　刷　株式会社 耕文社　〒536-0016 大阪市城東区蒲生 1-3-24

TEL. 06-6933-5001　FAX. 06-6933-5002

ISBN978-4-86377-055-3　　定価 本体1852円＋税